本书获"北京市重点学科'世界经济'"和
"北京师范大学'211工程'三期重点学科建设项目子课题
'国际教育服务贸易和人才跨国流动中的政策选择'"
建设经费的支持，特致谢忱！

赵秋雁◎著

电子商务中消费者权益的法律保护：
国际比较研究

人民出版社

序　言

　　现代市场经济关系的特点是现代化、社会化和国际化，经济法正是适应现代社会经济的客观需要而产生，而且随着经济全球化的进程逐步发展与完善。消费者是经济法的核心主体，在科技迅速发展的时代，消费服务不断推陈出新，消费者与生产经营者在有关商品的原理、性能、品质、使用方法等方面的信息越来越不对称，消费者在商品交换中往往处于弱势地位，因此，消费者的权益保护问题是经济法研究的一个重要问题。网络经济对消费者权益保护制度造成了巨大冲击，如何优化网络消费环境、规范网络秩序、切实保护消费者的合法权益，是一个具有重要理论价值和实践意义的课题。当前，消费者权益保护问题已成为制约包括中国在内的许多国家经济和社会可持续发展的瓶颈，加强对该领域及相关制度的研究，刻不容缓。

　　作为法律的研究者和实践者，秋雁博士早在 1997 年就开始关注电子商务立法，并开展科学研究，参加北京市经济法学会 1998 年、1999 年年会提交的论文《网上银行的法律问题研究》荣获学术论文二等奖，她的论文和发言得到与会者的高度评价。2005 年她撰写的博士论文《电子商务环境中消费者权益的法律保护》获得答辩委员会专家的一致好评。她深刻认识到，尽快完善与社会主义市场经济体制相适应的消费者权益保护法律的学科体系与法规体系，不仅是一个重要的理论问题，也是一个亟待解决的实践问题。因此，她怀着强烈的社会责任感和使命感，在电子商务中消费者权益保护的研究方面，孜孜不倦地探索，取得了可喜的成果。本书以"电子商务中消费者权益的法律保护：国际比较研究"为题，广泛吸收近年来该领域的国内外最新研究成果，从消费者的权益入手，运用比较法和经济法学分析等研究方法，探讨了消费者权益保护的基础理论和基本制度，提出了许多有建设性的意见，具有较高的学术研究价值。

这部阐述电子商务中消费者权益法律保护的学术著作，内容丰富、体系完善，在理论和实践上均有创新。尤其难能可贵的是，较好把握了该课题学科的交叉性，融合了法律、经济和技术等领域的知识，提出了一些创新性见解，如书中运用了经济法学基础理论的"社会责任本位"和"平衡协调原则"，并以国际背景作为切入点，进行比较研究，提出了我国电子商务中消费者权益保护的"同等保护原则"、"特别保护原则"和"综合保护原则"等，我相信，本书的出版将有助于促进我国电子商务中消费者权益保护法律体系问题的研究，并对我国的相关立法与政策的制定具有参考价值。我认为，这是对我国和谐消费环境建设的一份贡献。同时，也为该领域的研究者、工作者和学习者提供了很好的资料。为此，我深感欣慰，写下片语以示鼓励，是为序。

中国人民大学法学院教授
北京培黎职业学院董事长
北京市经济法学会会长
北京市专家顾问团顾问
2009 年 9 月 26 日

目　录

2

内 容 摘 要

　　网络经济的蓬勃发展拓宽了消费市场，增大了消费信息量，给消费者带来了福音，但是，由于目前网上交易双方非面对面直接交流，尤其是交易安全存在一定隐患等因素的影响，网上购物的发展受到很大的限制，又不可避免地使消费关系复杂化，并增大了消费者的合法权益受侵害的可能性。然而，纵观国际立法和各国国内立法，笔者发现，尽管国际上和各国国内的电子商务相关立法很多，但是，关于网络消费者权益保护的专门立法却寥寥无几，而且内容主要集中于数据保护、身份确认和电子支付等方面。笔者作为消费者，同时作为法律学习者，深刻认识到消费者权益保护制度在网络经济的法律制度中的重要地位和作用，因此，以"电子商务中消费者权益的法律保护：国际比较研究"为题，选取B2C作为探讨的立足点，研究网络经济环境下消费者权益的法律保护问题。

　　消费者权益保护应当秉承何种原则，体现何种精神，是贯穿整个立法活动的精髓和衡量立法实效的标准，这成为消费者权益保护的首要问题。这里至少应当回答三个重要问题：传统经济和网络经济条件下消费者享有的保护是否同等？网络经济中是否还需秉承特别保护原则？解决消费者问题是否主要依靠国家政府为主导制定并贯彻的消费者保护政策？笔者借鉴国际立法并结合中国国情，运用经济法学基础理论，秉承"社会责任本位"和

"平衡协调原则"，提出同等保护原则、特别保护原则、综合保护原则的创新见解。

网上消费法律关系主体在法律关系中居中心地位。网络经济条件下的主体制度与传统经济形态中的主体制度相比，具有广泛性、虚拟性、主体形象多维化和权利行使多样化等与众不同的特点。涉及主体的广泛性，需要建立科学的市场准入制度，保证主体资格适法；身份确认制度针对主体身份的虚拟化和数码化而建立，以保证其真实性；主体形象的多维化，迫切需要主体权益的全面保护；而主体权利行使方式的拓展，需要明确界定主体的权利、义务和责任。

网上消费法律关系的客体与传统消费法律关系的客体相比较，有共性也有个性，具有的共性呈现出新特点，个性涌现出新问题。笔者探讨了客体的划分，根据是否在线交付，划分为离线交付的客体和在线交付的客体。分析了离线交付客体消费安全与消费便利为主导的消费取向，研究了在线交付客体易复制、易传播和易篡改性的三大特性，从而提出双方当事人合法性交易原则。

消费者的权利和经营者的义务，是消费者权益保护法律规范的重心，也是本书研究的核心。笔者采用了以消费者权利为主线，经营者义务为辅线的写作体例，探讨消费者权利体系与相应的经营者的义务体系。安全权是消费者所享有的最基本的权利，是消费者追求的最基本的价值目标，是人身安全权、财产安全权和隐私安全权的有机统一体。因此，经营者应当保证商品或者服务符合安全消费要求，依据法律法规、行业惯例等制定出规范的隐私权保护政策，履行告知义务、合法收集和依法使用义务、防范泄密义务、提供信息救济等义务，并致力于实现绿色消费和可持续消费。信息不对称造成的信誉危机是电子商务发展和消费者权益保护的瓶颈，必须打破经营者所谓的"销售控制"，削减信息不对称，建立和完善在线信息披露制度，使消费者便捷地获取关于交易对象、交易标的、交易条件等在内的真实充分和容易理解的信息，实现知情权。完整的自主选择权贯穿合同订立和履行的各个环节，包括消费者自主选择商业邮件，自主选择商品或者服务，自主选择提供商品或者服务的经营者，其中，笔者提出了科学界定邮件许可营销和商业垃圾邮件的维权新思路。公平交易权实现的途径是网上格式合同的规制，笔者提出系统规制方案：行政规制前置手段以示范和备案制度为中心，经营者应当接受规制和监督；法律规制应当作为最重要和最终解决手段，经营者应当遵循法律对条款纳入的合同要求，包括事前提供、便于复制存储、通俗易懂、简短醒目等，并满足公平正义的合同效力评价；民间团体规制为辅助手段，经营者应当自觉接受监督。无因退货权是消费者在收到货物的一定期限内，有权要求经营者无条件退货，经营者不得拒绝，负责退还货款，并承担消费者为此付出的额外费用的义务，笔者强调了退货是无条件的，一定期限是法定的，商品是法定范围内的。鉴于网上消费的法律关系内容与传统消费的法律关系内容的不可分割性和交叉性，笔者对其他如结社权、获得有关知识权、人格尊严和民族风俗习惯受尊重权、监督权等权益不做详细探讨。

随着互联网技术的飞速发展和国际经济交往日趋频繁，消费者问题也日益增加和多样化，传统的消费者争议的解决方式已经无法实现争议的及时和妥善的解决，笔者以建立灵活、便捷、费用低廉而高效的争议解决机制为目标，探讨了建立网上和解与调解平台、在线快速仲裁、公益诉讼和小额诉讼并行的三项机制，以及如何完善消费者原地管辖制度的问题。

电子商务中消费者权益法律保护的立法趋势与展望是全书的

升华。笔者提出以人为本、平衡协调和社会责任本位的立法精神。消费者本质回归于人，以人为本，就是一切从人的需要出发，促进人的全面发展；科学发展观的核心是统筹兼顾，是全面平衡协调发展。消费者权益保护法作为经济法的一部分，必然将平衡协调理念贯彻始终。可持续发展的理论，正是社会责任本位的集中体现，各方主体必须在对社会共同尽责的基础上，处理和协调好彼此之间的关系，实现可持续发展。基于此，笔者探讨了修订原有法规与新立法两步走的立法体系建设问题，并提出完善立法技术和提高立法质量的建议。

在我国，虽然网上购物还处于发展初期，但其发展的速度、影响力是不容低估的。我们必须把借鉴国际理念与中国国情有机结合起来，逐步健全中国的网上消费法律体系，这是一项长期、艰巨、复杂的社会工程，必将对建设社会主义和谐社会，即建设一个民主法治、公平正义、诚信友爱、充满活力、安定有序、人与自然和谐相处的社会起到积极的促进作用。

Abstract

Flourish of network economy extends the consumer market as well as the amount of consuming information which is a gospel to the consumer, unfortunately the development of network shopping is blocked by the indirectly exchange manner between parties and the hidden trouble within the internet transactions, moreover, it also inevitably causes more complicated transaction relationship, as well as increases the possibility of consumer's legitimate rights violation. However, after investigating the international and domestic legislation of the various countries, the author discovered that although there are a lot of international and domestic electronic commerce related legislation, rights protection specific legislation for network consumers is very less, which mainly concentrates on data protection, identification and electronic payment, as a consumer as well as a legal learner, the author profoundly realizes the importance of the regulation of consumer rights protection in legal system of network economy, therefore, chooses the topic of " international comparison on the legal protection of consumer rights in the electronic commerce ", selects B2C as a standpoint of the discussion, studies on the legal protection of consumer rights in the environment of network economy.

What kind of principle and what kind of spirit of consumer rights protection are the soul of the entire legislation process and the measurement of legislation effect, and they are also the principal questions on the consumer rights protection. We need to at least find out the answer of the following three important questions: Whether or not the consumer can obtain the same level protection both in the traditional economy condition and network economy condition? Are there any special protection's principles need to follow in the network economy? Does it mainly depend on government to address the issues of consumer by constituting and carrying out the policy of consumer protection? According to the international legislation and the condition of China, based on economical legal theory, holding the standard of social responsibility and the principle of balance coordination, the author creatively proposes the principle of equal protection, the principle of special protection, the principle of synthesis protection and the principle of balance coordination.

The subject of legal relationship on internet shopping is in the central position of the legal relationship. Subject system of network economy, comparing to the traditional economic form, has some different characters, such as universality, unreality, multi-dimensional image and diversification of execution and so on. Due to the comprehensive subject, it needs to establish the scientific market access system in order to guarantee the legality of subject; to establish the identification system to guarantee the authenticity of virtual subject; The multi-dimensional image of subject induces the anxious need of comprehensive protection of subject right; But the way of subject right execution needs to identify the right, the duty and the responsibility of subject.

Comparing the object of the legal relationship between network shopping and traditional shopping, there has commonness as well as individuality, commonness presents the new characteristic, the individuality emerge new issues. The author discusses the object division, according to payment method, divides to off-line payment object and the on-line payment object; and also analyzes the payment security and payment convenience of off-line payment object, points out the consuming trend with the bright future while the path is winding; Studying on the three characters: easy to duplicate, easy to disseminate and easy to tamper, in on-line payment object, the author proposes a legal transaction principle of bilateral party, which includes the legality of products and services that business operator offers, the legality of electronic control and electronic self-rescue method, and also includes exclusive right protection of products and services from consumer, legally utilizes the sharing right of product or the service.

Consumer's right and business operator's duty, are the center of consumer right protection law, and also is core of this article. The author uses a new writing style which takes the consumer right as the master line, the business operator duty as the auxiliary line, discusses the consumer right system and the corresponding business operator's voluntary system. Security right is the most basic right that the consumer should have, which is also the most basic goal that the consumer pursues, it is also the entity of personal safety, property safety and privacy safety. Therefore, the business operator must guarantee the products or the service to conform the safely consuming requirement, and establishes a policy of privacy right protection based on laws, regulations and industry convention and so on, fulfill the duty of inform, the duty of legitimate collection and usage, the duty of

7

information anti-leak and information relief, and devote to realize green consuming and sustainable consuming. The prestige crisis created from asymmetrical information is the bottleneck of the electronic commerce development and the consumer right protection, it must to break the so-called "the sales control" from the business operator, reduce the asymmetrical information, establish and consummate the disclosure regulations of on-line information, enable the consumer to conveniently obtain the real and easy understanding information which includes the transaction object, the transaction bidding, the transaction condition and so on, and realize knowing right. The complete independent choosing right goes through each part of the contract working out and fulfillment, independently chooses the commercial mail, independently chooses the products or the service, the independently chooses the service provider, the author proposed the new thought of right protection by scientifically limiting mail marketing and the commercial junk mail. The realization way of fair transaction is to regulate Standard Contract in the network, the author proposes the system rules and regulations plan: Demonstration and file system are the center of the preposition method of administrative rules and regulations, the business operator should accept the rules and regulations and inspection; The legal rules and regulations should be the most important method and final solution, the business operator must be law compliance and provides briefly information that is easily duplication, store, understand in advance, and brings into the contract requirement, and meets the assessment of the contract effectiveness; The civilian association rules and regulations is the assistant method, the business operator must consciously accept the surveillance. Withdrawal right without condition means the consumer has the right to return the products or service to business operator without any condition during a period after purchase, the business operator can not reject this withdrawal requirement, and also has the responsibility of refund and compensation for withdrawal, the author emphasizes that no condition of withdrawal and the period and product should be in the scope of legal. Whereas the content inalienable and crossable of the legal relationship of net consumption and traditional consumption, the author will not particularly discuss association right, intelligence right, the human dignity, the nationality manners and customs' respected right and supervisory authority and so on.

Along with the rapid evolution of Internet technology and more frequent intercommunion of international economy, the consumer issues also increase and have more diversification, the traditional solution of consumer controversy can not realize a prompt and proper controversy solving today, the author sets a target of establishing a convenient, cheap and high efficiency mechanism of disputes settlement, discusses the establishment of three mechanisms: online conciliation and mediation platform, the on line fast arbitration, the group and small-claim lawsuit, as well as how to consummate the home jurisdiction system.

Legislation tendency and forecast of the consumer right legal protection in electronic commerce are the sublimation of this article, the author proposes a legislation spirit standing on humanist, the balanced coordination and the social responsibility standard. The essence of consumer returns in the human, humanist means that everything starts from human needs, and promotes human's full scale development; The core of scientific development is the all-round consideration, is the comprehensive balance coordinated development, the consumer right protection law as a part of the economic rules and regulations inevitably will carry through the coordinated idea from start to end; The sustainable development theory is a precise presentation of the social responsibility standard, all the main bodies under the foundation of responsibility fulfillment to the society should well process and coordinate the relations of each other, and realize the sustainable development. Based on this, the author discusses the question of two step of legislation system construction by revision and new legislation, and proposes a suggestion of consummating the legislation technology and enhancing legislation quality.

In China, although the internet shopping is still in the initial period, the development speed and the influence can not be underestimated. We must combine the vision of international with the condition of China, and gradually improve the legal framework of Chinese internet shopping, this is an long-term, arduous and complex social project, it will certainly boost to constructs an harmonies socialistic society which is a more democratic, jural, fair, justical, faithful, companionate, vital and stable society.

导　论

一、信息经济文明时代的机遇与挑战——研究的背景

　　美国社会学家阿尔温·托夫勒在其《第三次浪潮》一书中，把人类历史上的文明划分为三个时期，即：第一次浪潮，农业经济文明时期，时间约为公元前 8000 年到公元 1750 年左右；第二次浪潮，工业经济文明时期，时间约为 1750 年到 1955 年左右；从 20 世纪 50 年代开始的第三次浪潮，为信息经济文明阶段，时间约为 1955 年至今。① 当信息高速公路和互联网使整个地球变成地球村的时候，网络和数字化信息便成为衡量一个国家发达与否的重要标志。2009 年 7 月 16 日，中国互联网络信息中心（China Internet Network Information Center，简称 CINIC）在北京发布《第二十四次中国互联网络发展状况统计报告》。报告显示，截至 2009 年 6 月 30 日，中国网民规模达到 3.38 亿人，较 2008 年年底增长 4000 万人，半年增长率为 13.4%。其中，宽带

---

　　① ［美］阿尔温·托夫勒：《第三次浪潮》，朱志焱等译，香港三联书店 1984 年版，第 23～45 页。

网民规模达到 3.2 亿人，占网民总体的 94.3%。基础资源建设方面，IPv4 地址达到 205031168 个，较 2008 年年底增长 13.1%。域名总数为 1626 万个，域名注册者在中国境内的网站数（包括在境内接入和境外接入）达到 306.1 万个，较 2008 年年末增长 6.4%。网络国际出口带宽达到 747541Mbps，较 2008 年年底增长 16.8%。① 这反映了中国互联网应用与基础资源建设之间已经形成了一定的良性互动，互联网应用引发了对互联网基础资源的强大需求，互联网基础资源的快速发展又促进了互联网深入而广泛的应用，进而推动中国互联网经济的全面发展。

同时，必须清醒地认识我国与发达国家的差距。网民规模和网络应用水平不仅仅是衡量一个地区互联网发展状况的指标，还成为信息化和工业化融合的特征。尽管中国互联网普及率达到 25.5%，超过了世界平均水平（23.8%），但仍然落后于韩国（76.1%）、美国（74.7%）、日本（73.8%）、巴西（34.4%）和俄罗斯（27%）。虽然中国的宽带网民规模巨大，宽带普及率很高，但是，宽带的接入速度远远落后于互联网发达国家，根据经济合作与发展组织（Organization for Economical Cooperation and Development，简称 OECD）的统计，2007 年 10 月，OECD 主要国家的平均网络下行速率已经达到 17.4 兆，作为宽带最发达的日本，下行速率甚至已经超过 90 兆，而中国以 ADSL 为主的网络接入，大多数下行速率都不超过 4 兆。同时，因为是共享带宽，在高峰时段，速率会更低，这与我国网民规模的增长速度很不相称。而且，在 2009 年中国互联网基础资源增速放缓，IP 地

---

① 参见《第二十四次中国互联网络发展状况统计报告》（2009 年 7 月），http://www. cnnic. cn/html/Dir/2009/07/15/5637. htm，2009 年 7 月 25 日浏览。

址、国际出口带宽、网站数的增长速度明显低于 2008 年，域名数出现小幅下滑，尤其是目前 IPv4 资源增长率持续下滑，随着 IPv4 资源的短缺，形势将更加严峻。从网民的使用目的来看，网络应用行为可以划分为信息获取类、交流沟通类、网络娱乐类、商务交易类四种，基本涵盖了目前的网络新闻、搜索引擎、即时通信、博客、网络游戏、网络音乐、网络购物、网上支付、网络金融等具体应用类型。整体来看，目前中国网民在网络娱乐、信息获取和交流沟通上使用比例较高，除了论坛/BBS 外，这三类网络应用在网民中的普及率均在 50% 以上。商务交易类的使用仍然处于较低的水平，其中网络购物普及率为 26%，由 7400 万扩大到 8788 万，增加了近 1400 万用户，即目前中国网民中，大约 4 个人中有 1 个人是网络购物用户，而在欧美和韩国等互联网普及率较高的国家，每 3 个网民中就有 2 个人在网上购物。① 因此，如何在信息化浪潮中，发挥后发优势迎头赶上，从而构建一个人人受益的信息化社会，缩短中国与世界经济发展以及与世界互联网络发展的距离，是需要我们不断思考与实践的课题。

二、研究的主题与范围

互联网经济、网络经济、数字经济、比特经济、智能经济、后工业经济、新经济等都是对信息社会经济的不同称谓，这些称

---

① 参见《第二十四次中国互联网络发展状况统计报告》（2009 年 7 月），http：//www. cnnic. cn/html/Dir/2009/07/15/5637. htm，2009 年 7 月 25 日浏览。

谓都是从某一个特定方面来反映这一经济特征的。网络经济既包括网络贸易、网络银行、网络企业以及其他商务性网络活动，又包括网络基础设施、网络设备和产品以及各种网络服务的生产和提供等经济活动。它可细分为互联网的基础层、应用层、服务层、商务层。电子商务（Electronic Commerce or Electronic Business）是互联网经济的一个重要内容。① 当今呈现电子商务促进和引领全球经济蓬勃发展的趋势，"1994 年全球电子商务销售额为 12 亿美元，1997 年增长到 26 亿美元，1998 年比 1997 年增长近 20 倍，达到 500 亿美元，2002 年电子商务营业收入已达到 6000 亿美元"。② 电子商务概念首次引入中国是在 1993 年；第一笔网上交易发生在 1996 年；1998 年以推动国民经济信息化为目标，企业间电子商务示范项目开始启动；1999 年，消费类电子商务市场全面启动。自此，电子商务开始进入市场导入期，呈现出蓬勃发展的势头。③ 2009 年 1 月 4 日，IDC（中国）研究公司（International Data Corporation，简称 IDC）发布了《电子商务服务业及阿里巴巴商业生态的社会经济影响》白皮书，报告显示，2008 年中国电子商务总体交易规模达到 19510 亿元人民币，比 2007 年的 16078 亿元增长 20% 以上，与整体低迷的宏观经济形成鲜明对比。④ "基于电子商务的，或者说，以电子商务为传动链条的新经济形态，正在迅速而深刻地改变着人们传统的

① 参见乌家培：《信息化与网络经济》，《人民日报》2002 年 8 月 13 日。

② 李晓东：《电子商务——21 世纪全球商务主导模式》，《国际贸易问题》2000 年第 3 期，第 58 页。

③ 参见《企业间电子商务现状调查报告》，http：//www. telepower. com. cn/21ctp/company3w/index. asp? id = 56，2004 年 2 月 10 日浏览。

④ 参见《电子商务服务业及阿里巴巴商业生态的社会经济影响》，http：//info. china. alibaba. com/news/detail/v5003256 - d1004417727. html? own-flag = alyj0，2009 年 2 月 10 日浏览。

社会和经济生活方式"。① 这些深入骨髓的转变对传统社会秩序、法律制度产生巨大的冲击与挑战，其影响是深刻的和全方位的，有些甚至是根本性的，这使得建立和完善网络经济的法律制度迫在眉睫。这是一个十分重要的理论问题，也是一个亟待解决的实践问题，而且，是一项长期、艰巨、复杂的国家工程和社会工程，需要全社会的共同努力。

从社会经济活动主体角度，电子商务涵盖了企业和企业（Business to Business，简称 B2B）、企业和个人（消费者）（Business to Consumers，简称 B2C）、企业和行政机关（Business to Government，简称 B2G）、个人（消费者）与行政机构（Consumers to Government，简称 C2G）、个人与个人之间（Consumers to Consumers，简称 C2C）等的各种经济活动，其中，"B2C 是个人走进互联网世界的一条最自然的途径，门类各异、形态百千的交易在企业与消费者之间通过不同的组合在网络平台上发生，这是电子商务发展最快、最激动人心的部分"。② 根据国内外立法对消费者③和经营者④概念的界定，笔者以"电子商务中消费者权益的法律保护：国际比较研究"为题，选取 B2C 作为探讨的立足点，主要运用国际比较研究方法，探讨网络经济环境下消费者权益保护的新规则。在宏观上，对网上消费者权益保护的基本原则和立法趋势进行理论研究，这是构建网上消费者

---

① 张鹏：《e-bank 在中国》，《IT 经理世界》1999 年第 17 期，第 26 页。

② 巴金松：《电子商务的发展趋势与立法原则的调整》，http：//www. chinese - voices. net/tanpanjuaiche/0995，htm，2005 年 2 月 24 日浏览。

③ 是指为满足个人或家庭生活需要而购买、使用商品或接受服务的自然人。详见本书第三章第一节。

④ 是指从事商品经营和营利性服务的自然人、法人和其他组织。详见本书第三章第一节。

权益法律保护整体环境的基础；在微观上，对网上消费的具体制度，从经济法学的角度，研究网上消费法律关系的主体制度、客体制度、消费者的权利和经营者的义务，以及争议解决机制。以期促进相关问题的研究，并对相关立法提出建议。

本书分为八部分：导论简要介绍了研究的背景、研究的主题与范围、研究的理论与实践意义、研究的基本思路与方法；第一章"网络经济对消费者权益保护制度的冲击"，探讨网络经济对于消费者权益保护的基本原则、主体制度、客体制度、消费者权利与经营者义务、纠纷解决机制的冲击，并分析国内外因应网络经济冲击的立法现状，提出亟待解决的问题；第二章"网上消费者权益保护的基本原则"，提出了同等保护原则、特别保护原则、综合保护原则；第三章"网上消费法律关系的主体制度"，着重分析了主体的广泛性与科学的市场准入制度，主体身份的虚拟化和数码化与身份确认制度，主体形象的多维化与主体权益的全面保护，主体权利行使方式的拓展与主体责任的体系化；第四章"网上消费法律关系的客体制度"，主要对客体的划分、客体的性质和合法性交易原则进行了分析；第五章"消费者的权利和经营者的义务"，这是本书研究的核心内容，探讨了消费者的网络隐私安全权、在线信息知情权、自主选择权、公平交易权、无因退货权等权益的保护问题；第六章"网上消费的争议解决"，以建立高效便捷的在线争议解决机制为目标，探讨了网上和解与调解平台、在线快速仲裁、公益诉讼与小额诉讼并行的三项机制，以及消费者原地管辖制度的问题；第七章"电子商务中消费者权益法律保护的立法趋势与展望"，这是全书的升华部分，笔者提出以人为本、平衡协调和社会责任本位的立法精神，探讨了修订原有法规与新立法两步走的立法体系建设问题，并提出完善立法技术和提高立法质量的建议。

三、研究的理论与实践意义

　　网络经济的蓬勃发展拓宽了消费市场，增大了消费信息量，增加了市场透明度，给消费者带来了福音，但同时，由于网上交易双方非面对面直接交流、服务水平较低、价格尚缺乏竞争力，尤其是交易安全存在一定的隐患等因素的影响，网上购物的发展受到很大的限制，而且不可避免地使消费关系复杂化，并增大了消费者的合法权益受侵害的可能性。实际产品与图片宣传相差甚远；商品质量难以保证，甚至可能是"三无"产品；发生问题后退换商品难；购买假冒伪劣商品前去索赔，却被网站以率先发布有格式声明为由拒绝赔偿等现象比比皆是，严重侵害了消费者的根本利益。"据中国消费者协会和全国 30 个省、自治区、直辖市消费者协会（委员会）的统计汇总，2008 年全国消协组织共受理消费者投诉 638477 件，比 2007 年下降 2.8%，从消费者申诉举报量和关注的程度来看，互联网投诉呈持续上升趋势，比 2007 年上升 12.3%，其中质量问题投诉上升 9.1%，营销合同问题投诉上升 44.1%"。① "全球性的网络环境对每一个国家或其法律制度解决电子商务中消费者保护问题的能力提出了挑战"。

　　作为消费者，同时作为法律学习者，笔者深刻认识到消费者权益保护制度在网络经济的法律制度中的重要地位和作用。一方面，网络经济是购买力经济，消费者是现实购买力的主体，是电

---

① 参见《2008 年全国消协组织受理投诉情况统计分析》，http：//www.cca. org. cn/web/xfxx/picShow. jsp? id=4254 4，2009 年 2 月 11 日浏览。

子商务的基础。只有提供消费者权益的充分保障，才能建立消费者对网络交易的信心，并显现网络经济的生命力，促进电子商务的大发展；另一方面，随着社会经济的发展和改革开放的深入，消费领域发生了深刻变化，新的消费理念、消费方式应运而生，消费者的维权意识也大大增强。为适应这一客观形势发展的需要，切实保护消费者的合法权益，优化网络消费环境，规范网络经济秩序，必须建立和完善电子商务中消费者权益保护的法律制度，这也是以人为本，促进人的全面发展，构建和谐社会，实现可持续发展的客观需要。

四、研究的基本思路与方法

本书将同时展开理论研究、政策法律研究和调查研究，这决定了研究方法的多样化。既有规范分析，又有实证分析；既有一般分析，又有个案研究等。而且，这些方法又交叉使用，并贯穿始终。具体而言，本书的研究将运用以下分析方法：

第一，经济分析法。经济分析法学（Jurisprudence of Economic Analysis）是运用经济学的有关理论和方法来分析法律问题的边缘学科，本书将运用微观经济学、公共选择理论及其他有关理论和方法，考察研究消费者权益法律保护的形成、结构、过程的法律效率。

第二，比较分析法。通过对中外电子商务中消费者权益保护的立法现状和趋势的横向比较，对我国消费者权益保护法律发展历程的纵向比较等，对我国电子商务中消费者权益的法律保护提出可行性建议。

第三，实证研究法。从对国内外经典案例的分析中，考察立法的思路与价值取向，从而认识电子商务中消费者权益保护立法发展趋势。

第四，其他方法。包括从具体到抽象，再从抽象上升到具体的辩证思维方法，还有归纳与演绎、分析与综合的方法等。

第一章 网络经济对消费者权益保护制度的冲击

第一节 网络经济对消费者权益保护制度的全面冲击

"全球性的网络环境对每一个国家或其法律制度解决电子商务中消费者保护问题的能力提出了挑战",[①] 这种挑战是全方位的,既有对基本原则的冲击,也有对具体制度的冲击。

一、对基本原则的冲击

消费者权益保护[②]应当秉承何种原则,体现何种精神,是贯穿整个立法活动的精髓和衡量立法实效的标准,这成为消费者权益保护的首要问题,在这里,至少应解决三个重要问题:

---

① 经济合作与发展组织:《关于电子商务中消费者保护指南的建议》,载《国内外信息化政策法规选编》,上海信息化办公室编译,中国法制出版社2001年版,第99页。

② 最早提出消费者保护思想的,是1756年英国王室法庭首席法官曼斯菲德。他针对当时法律所奉行的"小心选购,出门不换"主义,提出了"买受人付给完整价金,应获得完美商品"的意见,从而第一个明确阐述了消费者保护的思想。参见张严方:《消费者保护法研究》,法律出版社2003年版,第34页。

首先，传统经济和网络经济条件下消费者享有的保护是否同等，如果不同等保护，那么，原因何在，差异何在？如果同等保护，那么，实现的途径如何？规则的一致性是否能够体现等水平保护的目标？

其次，在传统经济形态下，国际立法以及各国国内立法均对消费者的弱者地位予以认可，并提出了特别保护原则：即国家给予经济上处于弱者地位的消费者以特别保护的原则。消费者与经营者是相对应的，他们在法律地位上是平等的，在商品交易中也是平等的主体，但在经济上却是不平等的，消费者常常是弱者。[①] 那么，在网络经济中是否还需秉承"特别保护原则"？网络经济提供给消费者更广泛的选择和更人性化的服务，是增强了其与经营者平起平坐的能力，还是进一步强化了其弱者地位？

最后，在传统经济形态下，一般提倡国家政府为主导制定并贯彻消费者保护政策，即政府为解决消费者问题，完善有关消费的法律和制度，并以此为基础制定各种消费者保护方案的一系列过程。消费者政策的第一目标在于消费者问题的解决。[②] 而基于网上消费的特性，解决消费者问题的主要依靠的力量是什么？是消费者自我保护？是行业自律？是政府管理？还是法律调整？

二、对主体制度的冲击

网络消费法律关系主体是网络消费法律关系的参加者，是权利的享有者、义务的履行者和责任的承担者，是客体的物的支配者和行为的实施者，在法律关系中居中心地位。网络经济条件下的主体制度与传统经济形态中主体制度相比，具有虚拟性、广泛

---

① 参见潘静成、刘文华主编：《经济法》，中国人民大学出版社1999年版，第226页。

② 参见张严方：《消费者保护法研究》，法律出版社2003年版，第161页。

性和创新性等与众不同的特点。

首先，电子商务采用数字化电子方式进行商务数据交换和开展商务活动。这种虚拟性，导致交易主体的身份难以确认，因此，明确主体的身份，保证其真实性、合法性，成为主体制度中的首要问题。

其次，在交易过程中，交易、认证、支付、配送等主体之间都将彼此发生业务关系，具有主体广泛性，那么，如何区分主体间的权利义务，界定主体间的责任，成为主体制度中应解决的一大问题。

最后，主体的创新性体现在"新兴主体"的出现，需要确认其具备何种法律地位，如"电子代理人"是独立的交易主体，还是交易主体的代理人，还是应当视为交易主体本人？不同的认定导致交易法律效果的归属不同，从而影响主体的权利义务的分配，乃至合同的成立和效力确认。

可见，这些独有的特征给主体地位的确认和权利的认定等均带来一定的困难，从而影响到对权利的切实保护。因此，在主体制度中，必须明确参与网络经济活动应具备怎样的资格与能力以及如何保障参与电子交易的各主体的权利、规制各主体的义务和确认各主体的责任。

三、对客体制度的冲击

根据《中华人民共和国消费者权益保护法》（以下简称《消费者权益保护法》）[①] 规定，消费行为的客体是指用于生活消费的商品和服务。针对网上消费法律关系，根据是否在线交付，即

[①] 此后，在法律法规引用中，笔者将省略"中华人民共和国"字样，除标识国际组织名称或国家地区名称外都视为中国，例如，《反不正当竞争法》，即《中华人民共和国反不正当竞争法》。

配送方式的不同，划分为在线交付的客体（数字化商品和在线服务）和离线交付的客体（非数字化商品和离线服务）。

网上消费法律关系的客体与传统消费法律关系的客体相比较，有共性也有个性，其具有的共性呈现出新特点，如有形商品的网上售卖网下配送，如何界定经营者的产品责任？需要以新的视野或用新的方法来解释原有的理论，使其有新发展。个性又涌现出新问题，如在线配送商品如何适用退货规则？这就需要从新的经济现象出发，研究和确立新的规则。

四、对消费者权利和经营者义务的冲击

《消费者权益保护法》第二章规定了消费者的九项权利：安全权、知情权、自主选择权、公平交易权、求偿权、结社权、获得有关知识权、人格尊严和民族风俗习惯受尊重权、监督权。但是，在 0 和 1 的神奇转换中，传统的消费观念和方式发生了巨大的变化，在电子化的世界（The Electronic World）如何界定消费者的权利和经营者的义务，成为一个重要问题，不仅应对特定的消费者实现切实保护，更应对消费者阶层实现整体保护。

有"新"权益亟待确认。例如，在传统的消费市场中，隐私权保护问题一般不属于消费者权益保护的突出问题，但是，基于网上消费的特点，消费者隐私保护问题变得非常必要。相应的，经营者应当履行何种隐私权保护的义务、隐私权的设置是否必要、隐私权政策制定应当遵循何种规则等问题都应当得到解决。

也有"旧"权益需要补充新规则。例如，由于在线世界的独特性，完整的网上消费自主选择权应当贯穿合同订立和执行等各个环节，包括消费者自主选择商业邮件、自主选择提供商品或服务的经营者、自主选择商品或服务的权利。这样，如何界定商业垃圾邮件和邮件的合法营销就成为消费者权益保护中的重要

13

问题。

五、对纠纷解决机制的冲击

消费者网上消费时，可能丧失本国消费者权益保护法的保护，这是否公平？由于旅途费用、时间跨度、不熟悉当地法律及其救济方式等原因，消费者很可能得不到救济，这是否公平？

根据《消费者权益保护法》第34条规定，争议解决的途径有五种：与经营者协商和解；请求消费者协会调解；向有关行政部门申诉；根据与经营者达成的仲裁协议提请仲裁机构仲裁；向人民法院提起诉讼。首先，经营者与消费者是通过缔结互联网消费合同而建立法律关系，那么，双方的非面对面协商能否取得预期和解效果，是否会增加消费成本？其次，消费者协会调解的优势是通过第三方介入实现和解，但是，消费者协会的调解毕竟缺乏法律强制执行力，而且受到协会职能等诸多限制，并不能给消费者以足够的法律保护。再次，向有关行政部门申诉又会涉及申诉地点和申诉部门的选择，还会受到行政效率的影响。最后，由于诉讼成本和仲裁成本过高，常常使消费者对索赔望而却步，无法公平地享受诉讼和仲裁资源。如何及时、有效地解决这些争议，增强消费者对电子商务的信心，促进电子商务的健康发展，引起了各国的高度重视与研讨，建立灵活、便捷、费用低廉而高效的争议解决机制，成为消费者权益保护中的重要问题。

可见，"网络经济对传统法律制度的冲击是全方位的，有些甚至是根本性的。略显迟滞的传统法律制度在新的社会经济条件下面临困境"。[①] 因此，迫切需要从电子商务交易的特点出发，修改和制定相关法律，建立和健全网上购物消费者权益保护机

---

① 齐爱民、徐亮：《电子商务法原理与实务》，武汉大学出版社2001年版，第7页。

制。这样，才能真正营造出良好的消费环境，真正有利于构建"和谐社会"。正如经合组织秘书长 Donald Johnston 所指出的，如果消费者对电子商务没有信心，则无论技术上取得怎样的进步和突破，电子商务绝对不可能实现其巨大发展潜力。

第二节　国内外因应网络经济冲击的立法现状

尽快在全球范围内营造良好的电子商务法律环境已经成为国际组织和各国政府的共识，世界范围内的立法工作正处于一个广泛探索的阶段。"在巨大变革的时代里，要保持遵纪守法的习惯是比较困难的，因为人们必须不断地使其行为适应新的法律要求，而这很难与习惯或传统上遵守法律的思想相一致"。[①] 从与网上消费规范的相关性角度，国际立法和各国国内立法大致可以分为三类：一是指导性原则方面的立法，旨在构建电子商务的政策法律环境，成为网上消费活动规范的基础。如，1996 年联合国《电子商务示范法》、1997 年美国《全球电子商务纲要》、1998 年新加坡《电子商务政策框架》、1998 年英国《网络的利益——英国电子商务发展规划》、1999 年加拿大《统一电子商务法》以及韩国、哥伦比亚、百慕大群岛、泰国、印度、爱尔兰、墨西哥、菲律宾、突尼斯、罗马尼亚等国通过的电子商务法案。确立的行业自律、保护隐私、建立信任等原则，均对消费者权益保护原则的建设具有重要意义。二是网上消费所涉环节的具体立

[①]　[英] P. S. 阿蒂亚著：《法律与现代社会》，范悦等译，辽宁教育出版社、牛津大学出版社1998 年版，第 91 页。

法，主要集中于数据保护、电子合同、电子签章及认证、电子支付等领域，以网络隐私权保护为例，美国、德国、意大利、澳大利亚、丹麦、希腊、芬兰、日本等国都出台了网络隐私权保护方面的相关法律和制裁规定。这些法律法规成为消费者权益保护的具体制度建设中的重要组成部分。三是规范网上消费活动的专门立法，重点在于消费者权益的保护和消费行为的调整，这是网上消费活动规范的核心内容。笔者在此无意穷尽所有立法，仅简要分析具有典型意义的相关立法、报告或建议。

一、国际组织的立法

联合国（United Nations，简称 UN）立法旨在向各国提供一套国际公认的法律规则，以供各国法律部门在制定本国电子商务法律规范时参考。联合国国际贸易法委员会（the United Nations Commission on International Trade Law，简称 UNCITRAL）和世界知识产权组织（World Intellectual Property Organization，简称 WIPO）等为推进网络经济发展做出了积极的努力。UNCITRAL 早于 1986 年 7 月就制定并公布了《关于电子资金划拨的法律指南》（*Legal Guide on Electronic Funds Transfers*），并且于 1992 年 5 月通过并公布了《国际资金划拨标准法》（*Model Law on International Credit Transfers*），以满足电子商务中的电子资金运作方面的要求。1996 年 12 月 16 日，UNCITRAL 在第 85 次全体会议上通过了《电子商务示范法》（*Model Law on Electronic Commerce*），该法是第一个世界范围内的电子商务的统一法规，实践中，该法为解决全球电子商务所遇到的法律冲突、消除各国电子商务立法中出现的新的冲突和规则上的不统一做出了应有的贡献，各国和地区在本国电子商务相关立法中大多以此为蓝本或作为重要参考。电子签名的日益普及引发了国际社会的高度关注，各国及国际组织纷纷开始立法，2001 年 12 月 12 日

UNCITRAL 通过的《电子签章示范法》（*Model Law on Electronic Signatures*）在借鉴上述规定的基础上，对电子签名的可靠性问题做了更为具体的界定，该法立即获得了各国的广泛回应，全球迅速掀起电子签名的各国国内立法高潮。UNCITRAL 第 39 届会议 2006 年 7 月 6 日通过的《关于 1958 年 6 月 10 日在纽约制定的〈承认及执行外国仲裁裁决公约〉第 2 条第 2 款和第 7 条第 1 款的解释的建议》中明确指出，为确保对国际贸易法领域的各项国际公约和统一法做出统一的解释和适用，应当考虑到电子商务的广泛应用，考虑到各项国际法律文书，例如后来特别对其第 7 条第 2 款做出修订的 1985 年《贸易法委员会国际商事仲裁示范法》、《贸易法委员会电子商务示范法》、《贸易法委员会电子签名示范法》和《联合国国际合同使用电子通信公约》等。1998 年 10 月 26 日，WIPO 成立了"国际互联网名址分配公司（Internet Corporation for Assigned Names and Numbers，简称 ICANN）"，于 1999 年 3 月 4 日公布了"关于委任域名注册机构规则的声明"，1999 年 8 月 26 日公布了《统一域名争议解决政策》（Uniform Domain Name Dispute Resolution Policy，UDRP），同年 10 月 24 日公布了《统一域名争议解决政策实施细则》（Rules for Uniform Domain Name Dispute Resolution Policy）。鉴于域名争议解决机制理论研究较为深入，在实践中又发挥了巨大作用，各国均试图以此为基础探索数字化经济中消费争议解决机制。2000 年 11 月 6 日至 7 日，WIPO 在瑞士日内瓦召开了电子商务争议解决国际研讨会，会议围绕争议解决探讨了八个主题，其中就包括"域名争议解决机制——未来的发展模式"和"数字化经济中消费争议解决专题讨论会"。2003 年 10 月 15 日，教育、科学及文化组织（United Nations Educational, Scientific and Cultural Organization，简称 UNESCO）公布了《普及网络空间及促进并使用多种语言的建议书》(*Recommendation concerning the Promotion and Use of Multilingualism and Universal Access to Cyberspace*)，以及《保存数字遗产宪章》(*Charter on the Preservation of Digital Heritage*)。2004 年，联合国贸易和发展会议(UNCTAD)发布《电子商务与发展报告》(*UNCTAD E-Commerce and Development Report*)等。

世界贸易组织（World Trade Organization，简称 WTO）一直努力促使"世界范围内信息技术产品贸易自由的最大化"。1996年 12 月 9 日至 13 日，WTO 在新加坡召开第一次部长级会议。会议期间，正式提及电子商务问题，29 个国家和单独关税区签署了并通过了《贸易与信息技术产品的部长宣言》(*Ministerial Declaration on Information Technology Products*)，即《信息技术产品协议》(*Information Technology Agreement*)，根据这份宣言，ITA取消了一系列信息和电讯产品的税收，其中包括许多与电子商务息息相关的基础设施产品，签署成员有 42 国，占世界信息技术产品交易额的 93%。1998 年 5 月 20 日，在日内瓦召开的 WTO第二次部长级会议上，部长们通过了《全球电子商务宣言》(*Declaration on Global Electronic Commerce*)并敦促总理事会"制定一个全面的工作计划，以考察所有与电子商务相关的贸易问题"。部长们重新确认：至少于 1999 年下次部长级会议之前，会员国将维持其不对电子商务征收关税的现有做法。在 1998年 9 月 25 日的特别会议上，总理事会阐述了《世界贸易组织电子商务工作规划》(*WTO Work Programme on Electronic Commerce*)，并确定由以下 WTO 的机构分别执行：服务贸易理事会、货物贸易理事会、与贸易有关的知识产权理事会、贸易和发展委员会。2002 年 12 月在多哈召开的第四次部长级会议上，WTO 各成员决定发动新一轮多边贸易谈判，电子商务是其中议题之一。

欧盟（European Union，简称 EU）相关立法文件众多、内容丰富，主要目的在于建立一个清晰的法律框架，以协调统一市场内部的有关电子商务的法律问题、保障和促进电子商务的发展。当然，"考虑到电子商务固有的全球性质，欧盟也与其他国家和地区（尤其是申请加入欧盟的国家、发展中国家以及欧盟的其他贸易伙伴）加强合作，共同探索全球性电子商务的法律规则"。① 例如，1997 年 4 月 15 日 EU 颁布的《电子商务倡议》（*the EU Initiative in Electronic Commerce*），从"电子商务革命"、"确保进入全球化市场：基本设施、技术和服务"、"建立一个有利的管理体系"、"促进有利的商务环境"等四个方面对欧洲电子商务的发展提出了建议。2003 年 1 月 28 日发布的《电子欧洲2005 行动计划》（*E-Europe 2005 Action Plan*）则具体规划了统一市场的联合行动。一般认为，欧洲议会于 1999 年 12 月通过的《电子签名指令》（*Directive on Electronic Signature*）和 2000 年 5 月通过的《电子商务指令》（*Directive on Electronic Commerce*）构成了 EU 电子商务立法的核心和基础。这两部法律文件较为全面地规范了关于开放电子商务的市场、电子交易、电子商务服务提供者的责任等关键问题。其中《电子商务指令》从其促进跨国界电子商务发展的目的出发，指出：本指令致力于在如下一些领域使各成员国关于信息服务的国内立法趋于统一，这些领域包括：内部市场制度、服务供应商的设立、商业信息传播、电子合同、服务中间商的责任、行业行为准则、争议的非诉讼解决、司法管辖和成员国间的合作。EU 非常重视电子商务中消费者权益保护领域的立法，1997 年颁布了《欧盟关于远距离合同中消费者权

----

① 郑成思、薛红：《国际上电子商务立法状况》，《科技与法律季刊》2000年 3 月，第 44 页。

益保护指令》(简称《指令》)(*Directive 97/7/EC of the European Parliament and of the Council of 20 May 1997 on the protection of Consumers in Respect of Distance Contracts*)，该《指令》明确其宗旨是在欧盟范围内协调有关在利用远距离通信技术订立合同的过程中涉及的消费者权益保护的法律问题。随后 EU 颁布了系列消费者隐私权保护指令，强调作为网络服务提供者对消费者在参与电子商务活动时，个人隐私权与相关数据信息的秘密性必须严格保护的责任。包括 1995 年 10 月 24 日《个人数据处理过程及个人数据自由流转过程中个人隐私保护指令》(*Directive on the Protection of Individuals with Regard to the Processing of Personal Data and on the Free Movement of Such Data*)、1997 年 12 月 15 日《关于处理个人数据及其自由流动中保护个人隐私的指令》(*Directive on the Processing of Personal Data and Protection of Privacy in the Telecommunication Sector*)、2002 年 7 月 12 日《隐私权与电子通信指令》(*Directive on Privacy and Electronic Communications*) 等。此外，EU 还颁布了《信息社会服务信息与司法合作公约》(2001 年 5 月 4 日，*Convention on Information and Legal Cooperation Concerning Information Society Services*)、《网络犯罪公约》(2001 年 11 月 23 日，*Convention on Cyber Crime*)、《电子增值服务适用附加增值税安排指令》(2002 年 5 月 7 日，*Directive Regards the Value Added Tax Arrangements Applicable to Services Supplied Electronically*)、《欧洲网络与信息安全机构设置规则》(2004 年 3 月 10 日，*Regulation on the Establishment of a European Network and Information Security Agency*) 等。

OECD 在消费者权益保护方面的立法相对较早，也较为丰富。早于 1980 年提出了《保护个人隐私和跨国界个人数据流指导原则》，1997 年 3 月，OECO 消费者政策委员会（Committeeon

20

Consumer Policy，简称 CCP）召开的"全球市场的入口——消费者和电子商务"会议上，提出了九点任务，即：Accessd 的充足与规制、认证、秘密的保护、欺诈与不忠实表示的防止、商品服务的信息提供与表示、合同的成立、价额支付、被害救济、标准法的讨论等。1998 年 10 月 7 日至 9 日，OECD 在加拿大渥太华召开题为"一个无国界的世界：发挥全球电子商务的潜力"会议，公布了《全球电子商务行动计划》（*Global Action Plan for Electronic Commerce*），并通过了《在全球网络个人隐私保护宣言》（*Declaration on the Protection of Privacy on Global Networks*）和《电子商务：税务政策框架条件》（*Electronic Commerce：Taxation Framework Conditions*）等报告。1999 年 12 月 9 日，OECD 在巴黎通过了一系列关于保护消费者和鼓励全球电子商务的持续发展的指导原则，制定了《关于电子商务中消费者保护指南的建议》（*Guidelines for Consumer Protection in the Context of Electronic Commerce*，以下简称《指南》），呼吁从事电子商务的企业：公平地进行贸易、广告和市场营销等商业活动；向消费者提供关于企业、产品或服务、交易条款和条件的准确无误的信息；交易的确认过程应做到透明化；要建立安全的支付机制；及时、公正、力所能及地解决纠纷和给予赔偿；保护消费者的个人隐私。在总原则上，准则强调的是如何对消费者进行保护。提出了保护消费者的三大原则以及七个目标，为各国立法提供了有益借鉴。此后，OECD 又通过了系列文件，规范网上安全和消费行为，如2002 年 7 月 25 日通过的《信息系统与网络安全准则》（*Guidelines for the Security of Information Systems and Networks：Towards a Culture of Security*）、2003 年 6 月 11 日通过的《跨国界特别是互联网商务欺诈行为中保护消费者准则》（*Guidelines for Protecting Consumers from Fraudulent and Deceptive Commercial*

Practices Across Borders，Particularly on the Internet）等。

亚太经济合作组织（Asia-Pacific Economic Cooperation，简称APEC）成立之初是一个区域性经济论坛和磋商机构，经过十几年的发展，已逐渐成为亚太地区重要的经济合作论坛，也是亚太地区最高级别的政府间经济合作机制。1998 年 10 月，APEC 发布了《电子商务行动计划》（*Blueprint for Action on Electronic Commerce*），敦促发达成员和发展中成员分别于 2005 年和 2010 年实现无纸贸易的目标，并在促进实现无纸贸易的目标、审查各成员采用电子商务的情况、推动中小企业利用电子商务、就电子商务涉及的有关问题组织研讨等方面做出了努力。

国际商会（the International Chamber of Commerce，简称 ICC），1987 年通过了一项《电传交换贸易数据统一行为守则》（*Uniform Rules of Conduct for Interchange of Trade Data by Teletransmission*），这项守则的目的是为电子商务的用户提供一套国际公认的行为准则，供用户以及经营网络系统的经营者使用。该守则为网络用户及网络经营者拟定具体的通讯协议提供了良好的基础。ICC 在1992 年版的基础上，制定了 1998 年版的《跨国数据流标准合同条款》（*Multinational Datastream Standard Contract Terms*），强调了对合同中涉及的个人数据和个人隐私的保护，2000 年版的《国际贸易术语解释通则》（*International Rules for the Interpretation of Trade Terms*）在修订中同样考虑了无关税区的广泛发展、交易中使用电子信息的增多以及运输方式的变化。此外，ICC 还通过了 1997 年《国际数字保证商务通则》（*General Usage for International Digitally Ensured Commerce*）、2001 年《国际数字保证商务通则（修正版）》（*General Usage for International Digitally Ensured Commerce*）（GUIDEC version Ⅱ）、2004 年《电子商务术语》（*ETerms*）、2004 年《电子订约指南》（*Guide to Electronic Contracting*）、2004 年

《销售业和广告业运用电子媒体指南》（*Guidelines on Marketing and Advertising Using Electronic Media*） 和 2005 年《有效部署和实施电子商品编码的原则》（*Principles for Responsible Deployment and Operation of Electronic Product Codes*） 等。

1999 年 10 月，全球商业联盟（the Alliance for Global Business，简称 AGB）提出的《全球电子商务行动方案》 （*A Global Action Plan for Electronic Commerce*）包括十大原则和四大行动方案。十大原则是：民间部门主导、市场公平竞争、减少政府干预、私营企业参与政策制定、符合国际标准、电子交易原则免税、电信基础建设自由竞争、尊重个人选择、保护隐私以及建立信用机制；四大行动方案是：应用电子商务追求最大的经济和社会效益、电子商务发展与信息基础建设并举、建立经营者与消费者的信任以及建立电子商务市场的基本法则。① 其中"民间部门主导、市场公平竞争、减少政府干预、私营企业参与政策制定"，不仅为电子商务的发展提供了指引，也为消费者问题的解决途径和方式提供了借鉴；"建立经营者与消费者的信任"反映了网上消费互动信任机制建设的理念；"尊重个人选择，保护隐私"则为消费者自主选择权和隐私权的保护提供了原则性建议。

此外，国际海事委员会（Commitee Maritime International，简称 CMI）1990 年通过了《海事委员会电子提单规则》（*Commitee Maritime International Rules for Electronic Bills of Landing*），该规则利用电子密码，使作为物权凭证的电子提单的转让成为可能。美国、英国、法国、德国、日本、意大利、加拿大、俄罗斯八国集

23

---

① 参见柳经纬主编：《电子商务法》，厦门大学出版社 2004 年版，第 20 页。

团（Group of Eight nations，简称 G-Eight）2000 年发布了《全球信息社会冲绳宪章》（*Okinawa Charter on Global Information Society*）。

二、各国国内立法

从全球范围看，美国电子商务的发展在世界上处于领先地位，起步早，发展快，而且，始终将电子商务中消费者保护视为电子商务发展政策的重要组成部分。首先，在消费者保护制度的环境建设上，美国重视统一国内市场和拓展国际市场。1995 年 5 月 1 日，美国犹他州颁布《数字签名法》（*Utah Digital Signature Act*），是美国乃至全世界的第一部全面确立电子商务运行规范的法律文件，2000 年 6 月 30 日，美国两院通过了《国际国内电子商务签名法》（*Electronic Signatures in Global and National Commerce Act*），表明了美国在电子商务立法中统一规范的态度。1997 年 7 月 1 日，美国出台《全球电子商务纲要》（*A Framework for Global Electronic Commerce*），号召各国要着眼于全球商务的便利化，不要对 Internet 上的商务活动进行限制和征税，并建议对一些共同关注的问题建立一套国内和国际的指导规则，得到发达国家的普遍响应。"1999 年 12 月 14 日，在美国加州旧金山的 St. FranCis 饭店，公布了世界上第一个 INTERNET 商务标准，对销售商等从事的业务进行指导，制定该标准共有五个目的：增加消费者在 NTERNET 上进行交易的信心和满意程度；建立消费者和销售商之间的信赖关系；帮助销售商获得世界级的客户服务经验，加快发展步伐并降低成本；支持和增强 INTERNET 商务的自我调节能力；帮助销售商和消费者理解并处理迅猛增长的各种准则和符号。显然，这一标准既可以被销售商用于其 NTERNET 商务，并且向所有消费者和合作伙伴宣称自己符合这一标准；也可以被消费者用来检验销售商是否可以提供高质量的服务。同时，也可以指导如 IT 供应商、网站开发商、系统集成商等从事相关的业务。虽然这并不是一个法律文本，但有理由相信，它在相当程度上规范了利用 Internet 从事零售业的网上商店需要遵从的标准。美国对于电子商务中可能出现的种种情况和细节，均给予了充分的设想和考虑，尤其注重合理体系的构建，其公布的商务标准是又一个优秀具体制度构建的典范"。① 其次，为发展全球电子市场，美国于 2000 年 9 月出台了一份政策报告：《全球电子市场中消费者保护前瞻》（Consumer Protection in the Global Electronic Marketplace Looking Ahead），提出了"对国家和国际上消费者保护进行部分整合，寻求有效的方式使消费者保护机构可以世界性分享信息和合作"等建议。再次，美国从电子商务的交易环节入手，规范对消费者的欺诈行为，消除电子交易的障碍。总体上，统一州法全国代议员会议在 1997 年 7 月末的定期总会上制定了《统一电子交易法》（Uniform Electronic Transaetions Acts）及《统一计算机信息交易法》（Uniform Computer Information Transactions Acts），促进了交易中电子手段的利用，构建了一个清晰的法律框架。在电子支付环节中，美国没有专门针对电子货币的法律，也没有对电子货币给出单独的定义。而对于电子支付中消费者权益保护却有专门立法，《诚实借贷法》（Truthin Lending Act）及其实施细则《Z 条例》对信用卡使用中的消费者权益予以保护。用它来指导消费信贷发放过程中的信息披露，旨在消除授信机构与消费者之间的信息不对称状况，使消费者能够根据自己的意愿选择授信机构。对消费者权益的保护主要表现在信用卡信息披露、责任限制和对信用卡账单的有效保护三个方

25

---

① 孙晔、张楚：《美国电子商务法》，北京邮电大学出版社 2001 年版，第 33 页。

面。《联邦电子资金划拨法》（*Electroic Fund Transfer Act*）及其实施细则《E 条例》，适用于使用信用卡支付以外的其他电子支付工具的消费者权益保护。例如，规定了一系列的信息披露制度，对金融机构信息披露的时间、方式、内容、责任等提出了明确详细的要求。主要有初始披露、定期披露和条件变更披露三种制度，对消费者的知情权实现提供了保障。最后，美国是典型的判例法国家，而在网络隐私权保护方面却有诸多成文立法，被很多国家和地区借鉴。主要包括 1966 年《信息自由法》（*Freedom of Information Act*）、1974 年《隐私法》（*Privacy Act*）、1986 年《电子通信隐私法》（*Electronic Communications Privacy Act*）、1988 年《个人隐私权保护法》（*Personal Privacy Protection Act*）、1998 年《儿童在线隐私保护法》（*Children's Online Privacy Protection Act*）和 2005 年《个人数据隐私与安全法》（*Personal Date Privacy and Security Act*）等。此外，还有 1991 年《电话消费者保护法》（*Telephone Consumer Protection Act*）、1997 年反电子盗窃法 [*No Electronic Theft*（*NET*）*Act*]、1999 年《反域名抢注消费者保护法》（*Digital Millennium Copyright Act*）、2003 年《公平信用交易法》（*Fair and Accurate Credit Transactions Act*）和 2003 年《禁止垃圾邮件法》（*Controlling the Assault of Non-solicited Pornography and Marketing Act*）等。

澳大利亚是计算机与互联网络应用普及较早的国家之一，也是电子商务开展较早的国家之一。1998 年 3 月 31 日，澳大利亚司法部长提出《电子商务：建立法律框架》的报告。1999 年澳大利亚议会颁布了《电子交易法》（*Electronic Transaction Act*），该法不仅是澳大利亚全国性的调整电子商务的基本法律文件，而且为各州及其他属地的电子商务立法提供了基础和框架。澳大利亚的《电子交易法》和新加坡的《电子商务法》一样，受到

1996 年联合国电子商务示范法的很大影响，立法目的也是为了消除阻碍电子商务发展的法律障碍，保障交易的安全和可预见性。①澳大利亚颁布的《电子资金划拨指导法》(Electronic Funds Transfer Code of Conduct)，对涉及消费者权益的规则和程序分别加以规范。例如，该法规定了消费者对未授权的资金划拨应承担的最高责任限额。规定了在账户持有人不存在欺诈和重大过失的情况下，对未授权划拨只承担 150 元或账户余额，或就通知账户机构支付工具的遗失、被盗或密码安全受威胁之前产生的实际损失承担责任。同时，也规定了在此种情况下的举证责任全部由账户机构承担。

面对国际互联网的飞速发展，日本以信息产业革命为契机，做出了"信息产业革命"和"信息产业立国"的战略性决策。其举措体现了三个特点：一是规划中明确了发展网络经济的战略地位，并较为充分地考虑了国际协调。2000 年 6 月，日本推出了《数字化日本之发端——行动纲领》(E-Japan Initiative：Action Plans)，将与信息产业革命有关的政策问题分成三类，分别从日本国家战略的高度对网络基础设施、技术平台和电子商务提出了方向性的意见，并对比美国和欧盟的做法，提出了适合日本国情的建议。② 2002 年的《电子商务准则》(Interpretative Guideline on Electronic Commerce) 和 2003 年的《第 2 阶段电子日本战略》(E-Japan Strategy Ⅱ)，也体现了从世界第二大经济强国向世界第一的数字化国家（e-Japan as No.1）的发展思路。2001 年 1 月施行的《高度信息通讯网络社会形成基本法》(Basic Law on the

27

---

① 郑成思、薛红：《国际上电子商务立法状况》，《科技与法律季刊》2000年 3 月，第 50 页。

② 郑成思、薛红：《国际上电子商务立法状况》，《科技与法律季刊》2000年 3 月，第 48 ~ 49 页。

Formation of an Advanced Information and Telecommunication Network Society，以下称《IT 基本法》），明确规定了国家发展电子商务的立法义务，并以此为纲领性法律构筑电子商务综合法律体系，基本解决了制约电子商务发展的法律"瓶颈"问题。① 二是立法技术的采用上，修订立法较多，重新立法较少，既与时俱进适应了网络经济发展的要求，也减少了立法成本，提高了立法效率。为解决电子合同和消费者权益保护问题，新的立法主要包括：2000 年《电子署名及认证业务法》（*Law Concerning Electronic Signatures and Certification Service*）、2001 年《关于电子消费者合同以及电子承诺通知的民法特例的法律》（*Law Concerning Exceptions of the Civil Code Related to Electronic Consumer Contracts and Electronic Notices of Acceptance*）、2002 年《发送特定电子邮件法》（*Law on Regulation of Transmission of Specified E-mail*）、2003 年《个人信息保护法》（*Personal Data Protection Law*）等，修订的相关立法主要有：两次修改《关于访问销售等法律（关于特定商业交易的法律）以及分期付款销售法的法律》，修改《特定商业交易法》、《商业登记法》、《公证人法》和《民法施行法》等；为保证电子证据、电子文件及网上商事行为的合法性，出台《关于基于修改商法等部分内容的法律之施行而调整、完善相关法律的法律》、《为关于书面交付等的信息通讯技术的利用，关于相关法律的整备的法律（IT 书面资料总括法）》等，修改《证券交易法以及金融期货交易法》和《商法》等；为防范不正当竞争和网络犯罪，两次修改《不正当竞争防止法》，出台《不正当接入禁止法》，并在 2001 年对《刑法》进行修改；为保护

---

① 李思志：《中日韩电子商务法律环境比较及启示》，《商业时代》2007年第 34 期，第 27 ~ 28 页。

知识产权，又对《著作权法》、《专利法》、《实用新型法》、《外观设计法》和《商标法》等进行了修改。① 三是除立法外，日本的消费者保护政策以及研究，对消费者权益保护起到了促进作用。日本通商省下属的电子商务交易实证推进协议会（ECOM）于 1998 年 3 月制定了《消费者交易指南》，邮政省的信息通信利用环境整备研究会通过研究与信息通信服务有关的消费者被害救济程序，于 1997 年 12 月发表了《关于互联网上信息流通规则的报告书》。法务部也在研究电子交易上的损害赔偿问题。

　　在发展中国家里，新加坡是发展信息高速公路及电子商务较早、较快的国家，在 1993 年就发布了《计算机滥用法》（*Computer Misuse Act*）。在联合国贸易法委员会于 1996 年颁布《电子商务示范法》之后，新加坡就开始了相关的立法研究与立法起草工作。1998 年，新加坡为了推动本国电子商务的发展，颁布了一部有关电子商务的综合性法律文件，即《电子商务法》（*Electronic Transaction Act*）。由于新加坡的这部法律颁布时间较欧盟的《电子商务指令》及美国的《统一计算机信息交易法》和《电子签名法》都早，而且在内容和体例上具有独到之处，因此，不仅在亚洲—太平洋地区，而且在世界范围内都产生了较大的影响。② 新加坡 1998 年《电子商务法》的目标是消除阻碍电子商务发展的法律障碍，消除现有法律适用上的不确定性，保护合理的商业预期，保障交易安全。该法第一章的第三条"目的与结构"中对其立法目的有明确的阐述，其中（b）款规定：

29

---

①　李思志：《中日韩电子商务法律环境比较及启示》，《商业时代》2007年第 34 期，第 27～28 页。

②　郑成思、薛红：《国际上电子商务立法状况》，《科技与法律季刊》2000年 3 月，第 42 页。

本法案目的在于"促进电子商务，消除因书面和签名要求的不确定所致的电子商务壁垒，推动实施安全的电子商务所必需的法律基础和商务基础的发展"。

在韩国，产业资源部正在研究并推进针对电子交易的综合政策的制定，而总管消费者政策的财政经济部门也在制定与推进电子交易中消费者保护的相关政策。参与 OECD 消费者政策委员会的财政经济部国民生活局于 1997 年 10 月 16 日成立了电子交易消费者保护对策班，该对策班主要检讨包括消费者保护在内的制度设计，并为《电子交易基本法》（*Basic Act on E-Commerce*）的制定付出诸多努力。1999 年 1 月 6 日，《电子交易基本法》以国会提案与政府提案共同审查的方式通过，并在 1999 年 7 月 1 起开始实施。该法以第五章的消费者保护为主要内容，该法还规定了电子交易的消费者被害赔偿适用一般交易法上的相关规定，但只规定了一般原则性的条款，可以说，这是该法在消费者保护方面的不足之处。该法的这种只规定具体指南的立法方法，与欧美国家的立法方式是一致的，即为了适应新的形势，补充原来立法的不足，而采取过渡性立法。但由于《电子交易基本法》仅具有指南性的特点，导致了该法实施后仍像实施前那样对消费者不能进行充分有效的保护，尽管当初主导制定该法的产业资源部曾计划制定一部详细的能保护消费者利益的法律，但最终还是仅制定了在条件上进行保护的宣言性的规定。该法第 5 章为消费者的保护，其中第 29 条确认了政府对电子交易消费者的保护义务，附加了电子消费者的知情权；第 31 条规定了政府对电子交易消费者被害的救济义务；第 32 条规定了电子消费者被害补偿机构的设置。该法于 1999 年 7 月 1 日起实施，并通过两次修订，扩大了该法案的应用范围。为了保证电子交易中电子文书的安全性与信赖性，《电子签名法》（*Electronic Signature Act*）也于同日施行，2001 年 12 月 31 日修订。① 韩国政府于 1999 年颁布《电子署名法》，并成立电子署名认证管理中心以全面推行本法令；同年还制定了《电子商务基本法》，并通过两次修订扩大了该法案的应用范围。为健全和便利电子金融交易，韩国政府正在起草《电子金融交易法》，规定电子支付的有效时间、电子货币的可转移性、电子金融交易的安全保证、用户保护、非金融机构提供电子金融服务的条件等。虽没有具体法律制度对互联网域名知识产权问题进行规定，但汉城地区法院在 1999 年的判决中曾引用《不公平竞争防止和商业秘密保护法》的相关规定。在网站经营企业管理方面，由韩国电子商务振兴院、新闻、报社等单位派出教授、研究员、网页评估专家、网站经营人、软件开发者等约 20 名成员组成 eTrust 认证委员会，专门负责评估项目的修订和完善，以及认证企业的评选和审查，向符合标准的网站经营企业颁发 eTrust 认证标识。为快速、有效地解决电子商务各方争端，韩国设立电子商务仲裁委员会。它采用比法庭诉讼程序更简单、更经济的仲裁体系，对司法诉讼知识能力有限的消费者和电子商务贸易合作方而言，该体系更易于使用和便于负担。② 此外，韩国还于 2002 年通过了《在线数字内容产业发展法》(*On-line Digital Contents Industry Development Act*)、2003 年通过了《软件产业促进法》(*Software Industry Promotion Act*)、2004 年通过了《电子教育发展法》(*E-Learning Industry Development Act*) 等。

2000 年 10 月，新西兰的消费者事务部颁布了《新西兰电子商务中消费者保护法典》(*New Zealand Model Code for Consumer*

---

① ［韩］李闰哲：《消费者保护法律制度比较研究》，西南政法大学博士学位论文 2007 年，第 39～42 页。
② 李思志：《中日韩电子商务法律环境比较及启示》，《商业时代》2007 年第 34 期，第 27～28 页。

Protection in Electronic Commerce)，该法典鼓励所有针对消费者的电子商务企业采取法典的规范，并声明，本法典只是现行法的补充而不是替代。从示范法典涉及的范围来看，它的思路和范围基本上与OECD相吻合，涉及"公平商业活动、合同条款和条件的公示、缔结合同机制的执行"等方面，也成为各国立法的借鉴范本。

此外，如德国1997年通过的《信息与通信服务法案》（*Information and Communication Services Act*）及在这之前于1976年制定的《通信教育受讲者保护法》及1985年制定的关于消费者在访问销售及类似交易中解除合同的法律；英国1974年制定的《消费信用法》；俄罗斯1995年制定的《联邦信息、信息化和信息保护法（信息法）》（*Federal Law on Information*，*Informatization*，*and the Protection of Information*）、泰国1999年制定的《电子交易法》（*Electronic Transaction Act*）、爱尔兰2000年制定的《电子商务法》（*Electronic Commerce Act*）、南非2002年制定的《电子通信和交易法》（*Electronic Communications and Transactions Act*）都体现出相关国家和地区对电子商务发展的重视及对消费者权益问题的关注。

三、中国立法概况

从1996年2月成立国际电子商务中心，到2007年国家发展改革委、国务院信息办发布《电子商务发展"十一五"规划》，中国电子商务发展的目标已经明确：抓住机遇，加快发展电子商务，是贯彻落实科学发展观，以信息化带动工业化，以工业化促进信息化，走新型工业化道路的客观要求和必然选择。从1994年2月18日国务院颁布《计算机信息系统安全保护条例》，到1999年修订《合同法》确认电子合同的法律效力，2000年1月6日香港特别行政区发布《电子交易条例》（*Electronic Transaction*

Ordinance），2001 年 11 月 14 日台湾发布《电子签章法》
（*Electronic Signature Act*），再到 2004 年出台第一部专门的电子商
务法律文件《电子签名法》，电子商务立法取得了一定的成果。
从 2005 年 4 月电子商务协会出台电子商务领域的第一个行业规
范《网络交易平台服务规范》，到中国广告协会互动网络委员会
2009 年 1 月 1 日颁布实施的《中国互联网广告推荐使用标准》，
说明行业自律规范也日趋成熟。这些立法工作和法律实践为中国
电子商务法律体系的形成奠定了基础，积累了经验，这一过程可
以大致分为两个阶段。

第一阶段是从 20 世纪 90 年代到 21 世纪初，这个阶段是探
索阶段。

首先，该阶段颁布了大量以基础设施、信息服务、域名管理
等为主要规范内容的法律法规，构建了电子商务发展的大环境，
但对电子交易环节的有效性和安全性问题涉及较少。包括《中
华人民共和国计算机信息系统安全保护条例》（1994）、《计算机
信息网络国际联网安全保护管理办法》（1994）、《中华人民共和
国计算机信息网络国际联网管理暂行规定》（1996）、《关于加强
计算机信息系统国际联网备案管理的通告》（1996）、《中国公用
计算机互联网国际联网管理办法》（1996）、《中华人民共和国计
算机信息网络国际联网管理暂行规定》（1997）、《中国互联网络
域名注册暂行管理办法》（1997）、《中国互联网网络域名注册实
施细则》（1997）、《计算机信息网络国际联网安全保护管理办
法》（1997）、《关于计算机信息网络国际联网业务实行经营许可
证制度有关问题的通知》（1998）、《计算机信息系统国际联网保
密管理规定》（2000）、《电信条例》（2000）、《互联网信息服务
管理办法》（2000）、《互联网电子公告服务管理规定》（2000）、
《关于互联网中文域名管理的通告》（2000）、《申办计算机信息

33

网络国际联网业务主要程序的通知》（1998）、《互联网站从事登载新闻业务管理暂行规定》（2000）、《互联网上网服务营业场所管理办法》（2001）、《关于恶意占用域名资源行为的批复》（2001）、《中国互联网络域名管理办法》（2002）、《域名管理办法修订专题》（2002）、《关于过渡期内域名注册管理的通告》（2002）、《中国互联网络信息中心域名争议解决办法程序规则》（2002）、《中国互联网络信息中心域名争议解决办法》（2002）、《中国互联网络信息中心域名注册实施细则》（2002）、《关于电子专利申请的规定》（2004）等。

其次，关于电子商务中消费者权益保护的规范，法律层面调整较少。1993 年 10 月 31 日，八届人大常委会第三次会议通过了《消费者权益保护法》，保护消费者权益的专门立法，初步形成了一个以《消费者权益保护法》为核心，以相关法律法规为补充的一个比较完整的消费者权益保护法律体系。这些涉及消费者权益的法律法规，从不同的角度、不同的范围对保护消费者权益做出了规定，对于保护消费者权益具有重大意义。有《食品卫生法》（1995）①、《合同法》（1999）、《药品管理法》（2001）、《产品质量法》（2000）等关于产品质量责任立法；《价格法》（1998）、《标准化法》（1989）等关于价格监督立法；《反不正当竞争法》（1993）、《广告法》（1995）、《商标法》（2001）等有关市场秩序立法。此外，国务院和各有关部门还制定相关法规、规章和规范性文件，很多省、自治区、直辖市制定了各自的《消费者权益保护法》实施办法，这些法规、规章和实施办法细化了《消费者权益保护法》的内容，并且增加了该法的可操作性。保护消费者权益法律体系的初步形成，是中国保护消费者权益所取得的重

①《食品安全法》自 2009 年 6 月 1 日起施行，《食品卫生法》同时废止。

要成果，标志着消费者权益保护进入依法保护的新阶段。其中，《合同法》修订中，确认了数据电文合同形式有效，规范了电子合同的成立等问题。而其他立法均没有直接涉及网络消费的规定，虽然，这些法律中的一些基本原则和规定可以适用处理网络交易纠纷，但由于网络交易的特殊性，仍是难以完全适用和规范。

最后，部委规章和地方立法活跃，行业积极参与，为规范电子商务行为做出了可贵的尝试。1996 年 10 月 11 日，广东省率先发布《对外贸易实施电子数据交换（EDI）暂行规定》，适用于对外贸易，国内贸易采用电子数据交换可参照执行。① 2002 年 12 月 6 日，又发布了《电子交易条例》，主要对三个方面的行为活动做了规定：从事电子交易平台服务的电子服务提供商，应在省信息产业主管部门登记备案；电子服务提供商应将交易信息真实地提供给消费者，并对有关风险予以声明；电子服务提供商除非取得购买方同意，否则不得擅自将购买方的个人信息向第三方提供或作为牟利手段。2000 年 6 月 28 日，北京市工商行政管理局发布了《关于在网络经济活动中保护消费者合法权益的通告》，针对北京市辖区内的互联网站从事以营利为目的的销售商品或提供服务的活动进行了规范，在一定程度上维护了网络消费者权益。2002 年 8 月 1 日，北京市工商行政管理局发布了《电子商务监督管理暂行办法》，规范北京市行政区域内的 B2C、B2B 之间进行的网上交易活动，消费者之间的网上交易活动除外。2003 年 1 月 1 日实施的《上海市消费者权益保护条例》纳入了网络交易的相关内容。2004 年 7 月 1 日实施的《甘肃省消

① 《对外贸易实施电子数据交换（EDI）暂行规定》2002 年 4 月 4 日失效。

35

费者权益保护条例》也规范了网上销售的相关问题。关于网站经营行为规范方面，2000年9月25日，国务院发布的《互联网信息管理办法》，对从事互联网信息服务活动进行了规范，2002年9月29日，国务院发布了《互联网上网服务营业场所管理条例》，2003年4月22日，文化部发布了《关于加强互联网上网服务营业场所连锁经营管理的通知》等。北京市工商行政管理局2000年连续出台了《经营性网站备案登记管理暂行办法》、《经营性网站备案登记管理暂行办法实施细则》、《网站名称注册管理暂行办法》和《网站名称注册管理暂行办法实施细则》，2002年又出台了《北京市经营性网站备案登记管理办法》和《北京市经营性网站备案登记管理办法实施细则》。电子支付方面，1999年3月1日，中国人民银行发布了第一个针对电子支付的行业规章——《银行卡业务管理办法》，2001年7月9日，发布实施了《网上银行业务管理暂行办法》。为确保互联网站上信息的真实性和准确性、保护消费者的合法权益，北京市工商行政管理局颁布了《关于规范网站销售信息发布行为的通告》（2000）、《关于对网络广告经营资格进行规范的通告》（2000）、《关于开展网络广告经营登记试点的通知》（2000）等。加强了对食品、药品等特殊标的的监管，例如，为加强药品监督管理，规范药品电子商务行为，保证人民用药安全、有效，保障互联网药品信息的合法性、真实性、安全性，国家药品监督管理局发布了《药品电子商务试点监督管理办法》（2000）、《互联网药品信息服务管理暂行规定》（2001）、《国家药品监督管理局政府网站管理暂行规定》（2001）等。此外，中国网民人数与结构特征、互联网基础资源、上网条件和网络应用等方面的信息，对国家和企业掌握互联网络发展动态和制定决策有着十分重要的意义。1997年，经国家主管部门研究，决定由中国互联网络信息中心

36

（CNNIC）联合当时的四大互联网络单位共同实施这项统计工作，并于同年 11 月发布了第 1 次《中国互联网络发展状况统计报告》。为了使这项工作正规化、制度化，从 1998 年起，中国互联网络信息中心于每年 1 月和 7 月定期发布《中国互联网络发展状况统计报告》。统计报告发布后，受到各个方面的重视，被国内外广泛引用。目前，2009 年 7 月发布的报告为第 24 次调查。

从 21 世纪初开始中国电子商务法律体系的构建进入第二阶段，即发展阶段，该阶段还将持续一段相当长的时期。

首先，国家从战略高度明确了电子商务的地位和发展目标。党的十六大提出了信息化发展战略，十六届三中全会提出关于加快发展电子商务的要求，十七大报告进一步明确指出：要"全面认识工业化、信息化、城镇化、市场化、国际化深入发展的新形势新任务，深刻把握我国发展面临的新课题新矛盾，更加自觉地走科学发展道路"。2005 年 1 月 8 日，我国第一个专门指导电子商务发展的政策性文件《国务院办公厅关于加快电子商务发展的若干意见》出台，不仅阐明了发展电子商务对我国国民经济和社会发展的重要作用，提出了加快电子商务发展的指导思想和基本原则，还提出了促进电子商务发展的六大举措，确立了我国促进电子商务发展的指导思想和原则，对消费者权益的保护也具有重要意义。2006 年 3 月 14 日，十届全国人大四次会议通过的《国民经济和社会发展第十一个五年规划纲要》将"积极发展电子商务"作为一项重要任务提出来，强调"建立健全电子商务基础设施、法律环境、信用和安全认证体系，建设安全、便捷的在线支付服务平台"。2006 年 5 月 8 日，中共中央办公厅、国务院办公厅印发《2006—2020 年国家信息化发展战略》，第一次明确提出了我国向信息社会迈进的宏伟目标，是国家对信息化建设在国民经济和社会发展中地位的认识，实现从高度重视到推进落实的历史性转折的重要标志。2007 年 6 月 1 日，国家发展改革委、国务院信息办发布《电子商务发展"十一五"规划》，明确提出了"十一五"时期我国电子商务发展的总体目标：到 2010 年，电子商务发展环境、支撑体系、技术服务和推广应用协调发展的格局基本形成，电子商务服务业成为重要的新兴产业，国民经济和社会发展各领域电子商务应用水平大幅提高并取得明显成效。同时，规划还从提高电子商务应用水平、培育电子商务服务体系、提升企业创新能力和完善支撑环境等四个方面提出了我国电子商务发展的具体目标。

其次，电子商务法律体系建设的贯彻落实稳步推进，政策法律环境得到进一步优化。2005 年 4 月 1 日起实施《电子签名法》，该法首次赋予可靠电子签名与手写签名或盖章具有同等的法律效力，并明确了电子认证服务的市场准入制度，它在法律制度上保障了电子交易安全，是中国电子商务法律建设的里程碑。同日，信息产业部《电子认证服务管理办法》① 实施，规范电子认证服务行为，对电子认证服务提供者实施监督管理。2008 年 10 月 1 日起实施《反垄断法》，以预防和制止垄断行为，保护市场公平竞争，提高经济运行效率，维护消费者利益和社会公共利益，促进社会主义市场经济健康发展。2005 年 10 月 26 日，中国人民银行发布《电子支付指引（第一号）》，旨在规范电子支付业务，防范支付风险，保证资金安全，维护银行及其客户在电子支付活动中的合法权益，促进电子支付业务健康发展。2007 年 3 月 6 日，商务部信息化司发布《关于网上交易的指导意见

---

① 《电子认证服务管理办法》经 2009 年 2 月 4 日工业和信息化部第 6 次部务会议审议通过，自 2009 年 3 月 31 日起施行。原中华人民共和国信息产业部 2005 年 2 月 8 日发布的《电子认证服务管理办法》（中华人民共和国信息产业部令第 35 号）同时废止。

38

（暂行）》，其目的是为了贯彻国务院办公厅《关于加快电子商务发展的若干意见》文件精神，推动网上交易健康发展，逐步规范网上交易行为，帮助和鼓励网上交易各参与方开展网上交易，警惕和防范交易风险。2007 年 12 月 13 日，商务部发布了《关于促进电子商务规范发展的意见》（简称《意见》），该《意见》要求规范电子商务信息传播行为，优化网络交易环境；规范电子商务交易行为，促进网络市场和谐有序；规范电子支付行为，保障资金流动安全；规范电子商务商品配送行为，健全物流支撑体系。2008 年 4 月 24 日，为规范网上交易行为，促进电子商务持续健康发展，商务部组织有关单位和专家起草了《电子商务模式规范》和《网络购物服务规范》，目前正在征求意见中。为规范互联网医疗保健信息服务活动，保证互联网医疗保健信息科学、准确，促进互联网医疗保健信息服务健康有序发展，卫生部发布《互联网医疗保健信息服务管理办法》，2009 年 7 月 1 日起施行。与此同时，地方立法仍然活跃，而且日趋理性和成熟。2007 年 12 月 1 日起实施的《北京市信息化促进条例》规定，今后凡在北京利用互联网从事经营活动的单位和个人，都要依法取得营业执照；而电子商务的提供商则被要求对利用其网站从事经营活动的主体进行严格的监督和管理。2008 年 7 月 2 日，北京市工商局在官方网站公布了《关于贯彻落实〈北京市信息化促进条例〉，加强电子商务监督管理的意见》。2008 年 10 月 1 日实施的《山东省消费者保护条例》中明确了网上销售中经营者信息披露等义务，以及消费者七日退货等权利。此外，《河南省信息化条例》（2008）、《浙江省关于大力推进网上市场快速健康发展的若干意见》（2008）、《上海市促进电子商务发展规定》（2009）、安徽省《关于进一步加快电子信息产业发展的意见》（2009）、《宁夏回族自治区计算机信息系统安全保护条例》

（2009）也相继出台，因地制宜进行规范。

最后，行业自律性规范是电子商务法律体系的有益补充。2005年4月，中国电子商务协会推出了电子商务领域的第一个行业规范《网络交易平台服务规范》，中国广告协会互动网络委员会发布的《中国互联网广告推荐使用标准》2009年1月1日起实施，目的是提升中国互联网广告技术质量和标准化水平，满足市场对互联网广告快速增长的需求，融入国际互联网广告市场，使互联网广告真正成为建立中国国际品牌的传播平台。中国国际贸易促进委员会/中国国际商会通过的《中国国际经济贸易仲裁委员会网上仲裁规则》2009年5月1日起施行，适用于解决电子商务争议，也可适用于解决当事人约定适用本规则的其他经济贸易争议，旨在以在线方式独立公正、高效经济地仲裁契约性或非契约性的经济贸易等争议。

可以说，中国网上消费的立法工作取得了一定进展，初步形成了框架，并基本做到了与国际接轨，但还存在很多问题：一是缺乏立法的系统性，表现为法律法规或有重复、或有空白、或存在矛盾，缺乏衔接和国际协调；二是缺乏具体问题的研究突破和法律确认，如网络隐私权的保护、网上格式合同的认定与效力、网上结算安全、无因退货制度等问题，亟待研究和探讨；三是效力层次低，大部分体现为行政规章、地方性法规和地方规章等。这些条例毕竟效力层次较低，发生效力的范围有限，且内容缺乏系统性和具体操作性，难以切实维护消费者的合法权益。通过对国内外立法状况的分析，笔者发现，尽管国际上和各国国内的电子商务相关立法很多，但是，从发达国家目前的动向来看，基本上是从战略发展的角度来规范和建立电子商务立法规则、制定相关法律法规、起草电子商务立法基本框架、签署双边协定、发表白皮书等，其目的主要是为争取电子商务国际规则的立法权。关于网络消费者权益保护的专门立法寥寥无几，而且内容主要集中于数据保护（隐私权）、身份确认（电子签章与电子认证）和电子支付等方面，缺乏关于消费者权利和经营者义务的系统立法。基于消费者保护问题的重要性，上升为法律非常必要。互联网技术的全球性，必然要求电子商务的全球化，这决定了电子商务活动的国际性特征，这样，调整电子商务中消费者权益保护的法律规范也必须顺应这种特性而制定，即在全球范围内建立相对协调的规则，而且，当代世界经济发展的重要特征之一经济全球化，使世界各国的经济更加开放，亦使电子商务有了更大的发展空间。因此，世界各国经济相互依存和紧密联系的发展趋势，也迫切需要建立适应电子商务发展的统一规则，换言之，立法必须以全球性的解决方案为其最终目标。实践中，国际组织、各国和各地区所制定的电子商务法，都不约而同地考虑到了相互协调的问题。因此，研究、整合和借鉴国际组织、各国和各地区成熟的立法经验，吸取国际立法资源，在立法上相互参考，尽量避免与国际通用规则相抵触，是我国在电子商务立法中应做的首要的基础性的工作，同时，结合我国电子商务立法的实际情况，应当着眼于权威的立法机构统一规则的制定，有必要注意防止或限制太多的部门立法和地方立法。这就使笔者进一步认识到研究本课题的重要性。因此，我们应该把借鉴国际理念与中国具体国情有机结合起来，逐步建立和完善中国的网上消费法律体系。

第二章 网上消费者权益保护的基本原则

　　网络经济条件下，消费者权益保护应当秉承何种原则，体现何种精神，是贯穿整个立法活动的精髓和衡量立法实效的标准，这成为消费者权益保护的首要问题。中国《消费者权益保护法》确认了如下原则：一是经营者应当依法提供商品或者服务的原则；二是经营者与消费者进行交易应当遵循自愿、平等、公平、诚实信用的原则；三是国家保护消费者的合法权益不受侵犯的原则；四是一切组织和个人对损害消费者合法权益的行为进行社会监督的原则。① 笔者认为，这是合同交易的一般规则，并非电子商务中消费者权益保护的特有原则，借鉴国际立法，结合中国国情，提出电子商务中消费者权益保护应当坚持的三项基本原则：同等保护原则、特别保护原则和综合保护原则。其中，同等保护原则是消费者权益保护的目标，特别保护原则为其出发点，综合保护原则为其实现途径。具体而言，同等保护原则探讨的基础是

---

　　① 《消费者权益保护法》第4条：经营者与消费者进行交易，应当遵循自愿、平等、公平、诚实信用的原则。第5条：国家保护消费者的合法权益不受侵害；国家采取措施，保障消费者依法行使权利，维护消费者的合法权益。第6条：保护消费者的合法权益是全社会的共同责任。国家鼓励、支持一切组织和个人对损害消费者合法权益的行为进行社会监督。

非歧视性原则，即对于不同媒介的商务活动的同等对待，购物方式的差别不会导致保护水平的差异；特别保护原则是从消费者主体相对于经营者主体而言的弱者地位需要特别保护出发，最终实现维护社会公共利益的根本目的；综合保护原则强调保护机制的系统性和协调性，这是实现消费者权益保护的途径和方法。

第一节　同等保护原则

电子商务的快速发展拓宽了消费市场，增加了市场透明度，扩大了消费信息量，给消费者带来了福音，然而，电子商务与传统商务存在的差异是客观真实的，采用不同媒介进行交易的消费者是否需要享有同等保护？如何保障其实现？通常认为，"应当以消费者的'合理期待'（Legitimate Expectations）来构筑法律框架"，[1] 即"消费者有理由期望，离线世界（Off-line Word）中获得的有关经验，与在线世界（On-line Word）所获得的大致相同，离线世界有效的，在线世界仍然有效"[2]，这是"功能性平等原则（Functional Equivalence Approach）"[3] 在消费者权益保护领域的具体体现。而且，"从理论上讲，所有消费者是平等的，因此，国家对电子商务中消费者权利遭受侵害时所提供的保

---

[1] Geriant G. Howells & Thomas Wilhelmsson, *EC Consumer Law*, Dartmouth Publishing c. s. 1997, pp. 18 - 19.

[2] 廖文彬：《欧盟电子商务合同中消费者权益保护制度述评之———合同订立前的消费者权益保护》，参见张平主编：《网络法律评论》第4卷，法律出版社2004年版，第232页。

[3] 功能性平等原则，是指立法上不能对任何一项技术发展造成任何限制或偏袒效果，即纸本方式和电子方式所进行的交易，在法律上应给予同等对待。

护水平也是一致的，应实行同等保护准则"。① 1999 年 12 月 9
日，经济合作与发展组织（Organization for Economic Cooperation
and Development，简称 OECD）制定的《电子商务消费者保护准
则》（*Guidelines for Consumer Protection in the Context of Electronic
Commerce*）中明确提出保护消费者三大准则：确保消费者网上购
物所受到的保护不低于其他购物方式；排除消费者网上购物的不
确定性；在不妨碍电子商务发展的前提下，建立和发展网上消费
者保护机制。② 自此，"不低于其他购物方式的保护"和"发展
网上消费者保护机制"的同等保护原则得以确立，并在各国和
地区相关立法和政策中都有不同程度的体现。在我国，2000 年 6
月 28 日，北京市工商行政管理局发布的《关于在网络经济活动
中保护消费者合法权益的通告》在中国最早为实现"等保护水
平"做出了规范。③ 此后，《电子签名法》（2005）、国务院《关
于加快电子商务发展的若干意见》（2005）、商务部《关于网上
交易指导意见》（2007）、国家发展和改革委员会、国务院信息
化工作办公室《电子商务发展的"十一五"规划》（2007）等
都从"构建和谐消费环境"等方面做出了相应规定。欲实现等
水平保护，必须明确与电子商务密切相关的电子合同、电子签名
和电子证据三个问题，具体通过以下两种途径实现：一是对于可

---

① 王利明主编：《电子商务法律制度：冲击与因应》，人民法院出版社
2005 年版，第 100 页。

② *Guidelines for Consumer Protection in the Context of Electronic Commerce*,
Annex Guidelines, Part two: General Principles, I. Transparent and Effective
Protection.

③ 《关于在网络经济活动中保护消费者合法权益的通告》三：消费者在利
用互联网站购买商品、接受服务的过程中，享有《中华人民共和国消费者权益
保护法》和《北京市实施〈中华人民共和国消费者权益保护法〉办法》及其他
相关法律、法规中规定的各项权利。

以纳入既有规则的新现象，做好与既有规则的衔接；二是针对无法纳入既有规则的新现象，做好特定规则的建设，即同等保护水平不等于同等规则。

一、电子合同与"纸面合同"的同等保护

电子合同是平等主体的公民、法人、其他组织之间通过电子形式设立、变更、终止民事权利义务关系的协议。[①] 电子合同虽然在载体和操作过程等方面具有不同于传统纸质书面合同的特点，但其性质和意义并没有发生改变，仍然是为了规范交易，确定交易方各自的权利和义务，以保证经济交往迅捷正常地进行，应当确认其具有书面凭证性。

一方面，要确认电子合同具有书面形式的法律地位，与"纸面合同"在形式上是同等的。根据联合国国际贸易法委员会1996 年《电子商务示范法》第 2 条规定，"数据电文"，系指经由电子手段、光学手段或类似手段生成、储存或传递的信息，这些手段包括但不限于电子数据交换（EDI）、电子邮件、电报、电传或传真。第 11 条进一步规定，"就合同的订立而言，除非当事各方另有协议，一项要约以及对要约的承诺均可通过数据电文的手段表示。如使用了一项数据电文来订立合同，则不得仅仅以使用了数据电文为理由而否定该合同的有效性或可执行性"。中国 1999 年《合同法》也将传统的书面合同形式扩大到数据电文形式。根据该法第 11 条规定，书面形式是指合同书、信件以及数据电文（包括电报、电传、传真、电子数据交换和电子邮件）等可以有形地表现所载内容的形式。即不管合同采用什么载体，只要可以有形地表现所载内容，就应当视为符合法律对

45

---

① 笔者根据《合同法》对合同的定义而拟定。《合同法》第 2 条：合同是平等主体的公民、法人、其他组织之间设立、变更、终止民事权利义务关系的协议。

"书面"的要求。另一方面，应当明确电子合同作为书面形式必须具备的条件，即电子合同只有在功能上与"纸面合同"同等，才能够获得同等的法律认可。"功能同等"（Functional-equivalent Approach），即将数据电文的效力与纸面形式的功能进行类比，分析传统形式的目的及作用，并将其作为电子合同的功能性标准①。根据《电子商务示范法》第6条，"如法律要求信息须采用书面形式，则假若一项数据电文所含信息可以调取以备日后查用，即满足了该项要求"。很明显，第6条表达的这一概念提供了一种客观标准，即一项数据电文内所含的信息不仅应当是可读和可解释的，而且，应当具有"持续可读"和"不可更改"等特性。中国2005年《电子签名法》②对形成电子合同的数据电文，也做了能够有形地表现所载内容并可以随时调取查用的规定。可见，电子合同与"纸面合同"的同等保护，是在明确二者作为书面形式的同等功能要件基础上来确认的，这既解决了新旧交易方式的兼容问题，也促进了法律体系的进一步完善。

二、电子签名与"手写签名"的同等保护

在传统商务活动中，为了保证交易的安全与真实，一份书面合同或公文要由当事人或其负责人签字、盖章，以便交易双方识别签订合同的主体，并保证签字或盖章的主体认可合同的内容，以确认合同的成立。而在电子商务中，合同或文件是以电子数据的形式表现和传递的，传统的手写签名和盖章无法体现于电子文件中，这就必须依靠其他技术手段替代。能够在电子文件中识别

---

① 这种功能性标准包括旧法律体系对于书面形式、原件形式、文件保存、文件证据力，以及电文归属、确认收讫制度的法定要求、电文发送和接受时间、地点的确定。

② 《电子签名法》第4条：能够有形地表现所载内容，并可以随时调取查用的数据电文，视为符合法律、法规要求的书面形式。

双方交易人的真实身份，保证交易的安全性和真实性以及不可抵赖性，起到与手写签名或者盖章同等作用的签名的电子技术手段，称之为电子签名。

借鉴联合国2001年《电子签章示范法》和美国、日本、韩国、新加坡等国家的相关立法，我国《电子签名法》首次赋予电子签名与文本签名具有同等法律效力，该法第2条第1款规定，电子签名，是指数据电文中以电子形式所含、所附用于识别签名人身份并表明签名人认可其中内容的数据。第14条规定，可靠的电子签名与手写签名或者盖章具有同等的法律效力。该法还明确了合同双方和认证机构在电子签名活动中的权利和义务，进一步细化了认证服务程序，以及相关法律责任等。为解决何种技术可以成为具有法律效力的签名问题，《电子签名法》采取了通行的"技术中立"的立法原则（Technology Neutrality），即在法律中不明确指定具体的技术手段，而是对技术的可靠性进行描述性的界定。根据该法第13条规定，电子签名同时符合下列条件的，视为可靠的电子签名：电子签名制作数据用于电子签名时，属于电子签名人专有；签署时电子签名制作数据仅由电子签名人控制；签署后对电子签名的任何改动能够被发现；签署后对数据电文内容和形式的任何改动能够被发现。同时，该法赋予了当事人选择使用符合其约定的可靠条件的电子签名的权利，这种界定方式为未来签名技术的发展预留了空间。

三、电子证据作为证据的可接受性

电子证据，指以电子、光学、磁或者类似手段生成、发送、接收或者储存的数据电文。[①] 这些记录物具有多种输出表现形

---

① 中国国际贸易促进委员会/中国国际商会2009年1月8日通过，2009年5月1日施行《中国国际经济贸易仲裁委员会网上仲裁规则》第2条第7款。

47

式，它与其他证据相比主要有数字技术性、易伪造、易篡改、表现形式的多态性与丰富性等特征。对于以数据电文为形式的信息，确认其作为具有某种形式的证据基本不持疑义，但是，确认其地位，即对电子证据的归属、证明力和证据能力等问题尚在探讨中。

从中国现行立法规定来看，大致可以将其归纳为三种类别：一是从电子证据是电磁记录物的物理性质出发，归类为视听资料。最高人民法院2001年发布的《关于民事诉讼证据的若干规定》第22条规定："调查人员调查收集计算机数据或者录音、录像等视听资料的，应当要求被调查人提供有关资料的原始载体。"在这里，是把计算机数据作为视听资料。最高人民法院2002年发布的《关于行政诉讼证据若干问题的规定》第12条规定："根据行政诉讼法第三十一条第一款第（三）项的规定，当事人向人民法院提供计算机数据或者录音、录像等视听资料。"从高法的这两个有关民事行政证据的司法解释看，最高人民法院是把计算机数据这一电子证据作为视听资料来看待的。二是根据电子证据是将某一内容以文字符号等方式记录在案的功能角度，归类为书证。《合同法》第11条规定："书面形式是指合同书、信件及数据电文（包括电报、电传、传真、电子数据交换和电子邮件）等可以有形地表现所载内容的形式。"三是提出电子证据真实性考察的因素，未进行明确归类。① 学界对电子证据归类的观点大致可分为以下四种：一是电子材料说，电子证据是以电子形式存在的、用作证据使用的一切材料及其派生物；或者说，

① 《电子签名法》第8条：审查数据电文作为证据的真实性，应当考虑以下因素：生成、储存或者传递数据电文方法的可靠性；保持内容完整性方法的可靠性；用以鉴别发件人方法的可靠性；其他相关因素。《中国国际经济贸易仲裁委员会网上仲裁规则》第29条也做出了类似规定。

借助电子技术或电子设备而形成的一切证据。① 二是电子物品说，电子证据是以储存的电子化信息材料来证明案件真实情况的电子物品或电子记录。② 三是诉讼证据说，电子证据是存储于磁性介质之中，以电子数据形式存在的诉讼证据。③ 四是混合证据说，采用广义的界定方法，认为电子证据是以电子形式存在的、借助信息技术或信息设备形成的用作证据使用的一切数据及其派生物。④ 笔者认为电子证据归属为不同的证据种类，有其不同的审查判断标准，电子证据的归类不明，不仅会导致审查判断电子证据时的混乱，也会直接导致经营者和消费者的责任不清。笔者认为，电子证据由于其自身的特点，将其归属于书证，或归属于视听资料，或认为是各种证据形式的电子化，都难以准确反映其属性，应当作为独立存在的一种证据类型，赋予其在诉讼证据种类中独立的法律地位，运用独立的标准对电子证据进行审查判断。联合国《电子商务示范法》第9条第1款规定，在任何法律程序中，在应用有关证据的任何规则时，如果涉及一条数据电文作为证据的可接受性，就不能以它仅仅是一条数据电文为理由予以拒绝，更不能当它是提供者在合理情况下所能提供的最好证据时，仅以它不是原初形式为理由加以否认。在这里，是倾向于把电子证据作为独立的证据种类的。加拿大《统一电子证据法》、美国的《统一计算机信息交易法》和《统一电子交易法》、新加坡的《电

49

---

① 何家弘：《电子证据法研究》，法律出版社2002年版，第5页。

② Michael Chissick, *Electronic Commerce: Law and Practice*, Sweet & Kelaman, 1999, pp. 143－144.

③ 董杜骄：《论电子证据法律地位》，载《中国当代思想宝库》，中国经济出版社2002年版，第15～16页。

④ 蒋平、杨莉莉编著：《电子证据》，清华大学出版社、中国人民公安大学出版社2007年版，第18～22页。

子商务法》等，这些国家的电子证据立法基本上是把它作为一个独立证据种类，对其审查标准及电子签名和电子认证进行了相应的规定。中国《电子签名法》① 对审查数据电文作为证据的真实性应当考虑的因素做了规定，但不够具体，也没有明确其独立地位，建议在将来的《证据法》中对此进一步明确。

第二节　特别保护原则

在市场经济体系中，存在两大基本利益主体，即经营者和消费者。"消费者与经营者是相对应的，他们在法律地位上是平等的，在商品交易中也是平等的主体，但在经济上却是不平等的，消费者常常是弱者"。② 社会实质的平等在交易中不可能自然实现，实质公平要求国家对特定的经济生活进行协调和管理，从而实现社会的全面发展，构建和谐社会。1985 年 4 月 9 日，联合国通过《保护消费者准则》（*Guidelines for Consumer Protection*），作为一部具有世界意义的保护消费者的纲领性文件，不仅明确了对于发展中国家消费者特殊考虑的原则，而且突出了特别保护消费者的意义，其第 1 条（b）款规定："要使生产和分配形式适应消费者的需求和愿望。"③ 自此，消费者特别保护原则得到各

---

① 《电子签名法》第 8 条规定：审查数据电文作为证据的真实性，应当考虑以下因素：生成、储存或者传递数据电文方法的可靠性；保持内容完整性方法的可靠性；用以鉴别发件人方法的可靠性；其他相关因素。

② 参见潘静成、刘文华主编：《经济法》，中国人民大学出版社 1999 年版，第 226 页。

③ United Nations, *Guidelines for Consumer Protection*（as expanded in 1999），Ⅰ. Objectives 1. b. To facilitate production and distribution patterns responsive to the needs and desires of consumers.

国和各地区的普遍认可和贯彻。在网络经济条件下，坚持消费者特别保护原则具有特别重要的意义，它是消费者权益保护的基本出发点，其客观原因是消费者的地位进一步弱化，根本原因是社会公共利益的维护和社会责任本位的体现。

一、消费者的弱者地位

网络经济提供给消费者更广泛的选择和更人性化的服务，却进一步强化了其弱者地位，消费者权益保护法应从消费者在交易中实质上处于弱者地位而不能实现实质上的平等的现实出发，给予消费者特殊的法律保护。

首先，经营者和消费者之间的利益形态与利益实现方式的差异依然存在。从利益形态角度，经营者和消费者之间存在利益冲突。经营者追求的是利润的最大化，消费者的消费活动是为了满足自身的物质文化需要，因此，经营者所承担的是经济风险，而消费者除承担经济风险外，还承担生存风险，即消费目的无法实现（消费不成功），甚至，在消费过程中其财产或者人身可能遭受潜在的损害；在利益实现方式上，一般而言，经营者的经济利益在交易完成时即可实现，而消费者的需求则只能在交易完成后，在消费商品或服务过程中才能实现。

其次，消费者与经营者相比，经济与技术实力弱小。"消费者一般是分散、孤立的个人，与组织起来的结构复杂、实力强大的企业经营者无法抗衡，消费者财力常常不及经营者的'零头'，因此，消费者出现的问题给消费者造成的损失和损害，常常是消费者及其家庭难以承受的，而经营者的赔偿则往往不过是'杯水车薪'"。[①] 在信息技术时代，"技术本身已构成了对社

_____

① 参见潘静成、刘文华主编:《经济法》，中国人民大学出版社1999年版，第226页。

的支配力量，而法律出于公平理念，应对技术弱者给予适当的保护。电子商务中的技术弱者通常是消费者"。①

再次，消费者的消费决策权弱化主要基于以下原因：一是在线信息不对称的加剧。消费者在进行消费决策时，仅依据自己的常识、经验等往往不够，还需经营者提供信息进行比较、鉴别、判断，即消费者进行消费决策所依赖的信息来自经营者。这种信息占有（消费品信息集中在经营者手中）与信息需要（使用消费品的消费者却很少掌握消费信息）的不均衡（亦即信息偏在，信息不对称），使消费者的力量更加弱小。更有甚者，经营者在逐利性的驱动下往往提供片面的甚至是虚假的信息，使消费者利益受到损害。电子商务所具有的开放、虚拟、无纸化等属性，加剧了信息占有与信息需要的不对称，这使得消费者在消费决策时，更加难以确认经营者发布信息的真实性和充分性。二是网上格式合同的普及。网上格式合同的采用，加速了交易流转，节省了交易成本与费用，提高了交易效率，成为电子商务发展的重要基础条件和内在要求。但同时，采取格式化契约条款，经营者往往凭借其经济优势，在格式条款中单方订立许多不利于消费者的交易条件，这违背诚实信用原则的要求，致使双方的合同权利义务不平衡，导致消费者的利益受到损害。而且，"与离线世界相比，消费者在制作、阅读、签署电子文件所需的时间会更少，同时也更草率，甚至可能出现因消费者不正确点击而错误签订合同的情形"。② 这样，消费者理性判断机会的缺失，构成了对消费

---

① 张楚、郭斯伦编著：《网络与电子商务法教程》，首都经济贸易大学出版社 2005 年版，第 87 页。

② 张学锋：《欧盟电子商务合同中消费者权益保护制度述评之二——合同订立过程中的消费者权益保护》，参见张平主编：《网络法律评论》第 4 卷，法律出版社 2004 年版，第 244 页。

者公平交易权的严峻挑战。

最后，救济措施不充分。消费者自身救济能力有限，但需求是复杂多样的，不同的消费者因其自身的情况不同，对消费商品和服务的需求也不同。当生产者根据一般消费者普通的身体健康状况、兴趣爱好、知识水平等需求来生产某种商品或提供劳务时，也不能排除对在上述各方面都有特殊需求的特定消费者造成一定的损害。而且，现代市场经济条件下，科技的发展使消费品的种类日益繁杂，消费者对消费品的性能、效用、使用方法等各方面特性的认识是有限的，由于识别商品的知识和手段、鉴别商品质量缺陷的能力不足，就难免在选购商品上处于不利地位，因而受到损害。其他救济方式的实现也存在种种障碍：与经营者协商，需要经营者的认同；消费者协会的调解，毕竟缺乏法律强制执行力；靠自身的力量，只能解决不断出现的消费争议的极少部分；向有关行政部门申诉，又会涉及申诉地点和申诉部门的选择，还会受到行政效率的影响；诉讼成本和仲裁成本过高，也导致消费者对索赔望而却步。

二、社会责任本位

鉴于消费者问题的突出和消费者在经济上的弱者地位，消费者问题已成为普遍的社会问题，经营者的侵权行为侵害的消费者往往已不是消费者或使用者的单个主体，经营者的侵权范围涉及广大的消费者社会阶层。消费者利益作为社会大多数成员的利益，属于社会公共利益。以人为本，就是从人民群众的根本利益出发，切实保障人民群众的经济、政治和文化权益。社会主义国家由于实现了人民民主，人民（同时作为消费者）具有当家做主的基本权利，消费者权益保护，直接为提高消费者的生活质量、实现人的全面发展服务，直接与保障人民群众的经济、政治和文化权益息息相关，换言之，保护消费者权益就是保护人民利益。国家是把人们的消费权益作为公民权益的一部分来加以保护的，这就是以社会责任为本位，解决社会问题，保护消费者社会阶层。

社会实质的平等在交易中不可能自然实现，实质公平要求国家对特定的经济生活进行协调和管理，从而实现社会的全面发展。在政治方面，保护消费者权益就是在消费领域使消费者享有的经济、政治、民主权利得到保证和实现，这实际上就是为促进民主政治建设做贡献。在经济发展方面，保护消费者权益就是要使劳动者获得的劳动报酬避免在消费过程中遭受损失，使劳动者始终保持发展生产的积极性和创造性，从而促进生产发展；通过向经营者反馈信息，帮助经营者提高商品和服务质量，直接为促进生产发展服务；通过对消费者进行教育和引导，帮助消费者转变观念，科学、合理、文明地消费，直接为启动消费、促进生产发展服务等。在文化建设方面，保护消费者权益不仅涉及物质消费部分，也包括人们的精神文化消费。从这个角度讲，保护消费者权益，也是为发展社会主义先进文化服务。所以，对消费者权益的特殊保护，也体现了国家对经济运行的协调，有利于促进社会全面发展，构建和谐社会。

三、特别保护原则的贯彻实施

（一）综合法律调整方式

消费者权益保护立法的产生与发展，经历了四个时期：萌芽时期、传统民商法间接调整时期、消费者权益保护法直接调整时期、综合调整时期。

综合调整时期首先体现了多项法律的协同运作，中国逐步形成了以《民法通则》为基础，与《消费者权益保护法》、《产品质量法》、《反不正当竞争法》、《广告法》、《食品卫生法》、《价格法》、《合同法》等一系列法律法规组成的消费者保护法律体系，它们相互配合、相互支持、相互补充来维护消费者合法权益。《消费者权益保护法》从对消费者权益的保护入手，体现对消费者权益最直接的保护，侧重对消费者权利的规定；《产品质量法》等则从产品的质量规制入手；而《反不正当竞争法》等则从竞争秩序的规范入手，在规范经营者的行为中体现对消费者的保护。

综合调整时期还融入了电子商务的新特性，"德国以强调消费者保护思想与吸收对电子商务的规定为标志，于 2002 年 1 月 1 日生效的新民法典重新走在了 21 世纪的法典化运动的前沿"。[①] 依靠技术创新，电子商务才可能进入更高的阶段。审视及评价世界各国和各地区的电子商务立法，不难看出技术因素在其中的重要性，然而，"单纯的技术规范只反映自然科学的成就，一旦技术规范被规定在法律中成为法律技术规范，这种规范也要服从一定法律系统的整体目的、使命"，[②] 所以，消费者权益保护法作为技术规范与法律规范相融合的产物，应当将特别保护理念贯彻始终，从而为社会主义市场经济的蓬勃发展和广大人民群众的根本利益服务。

（二）严格责任的归责原则

《消费者权益保护法》的重要突破在于严格责任的确定。民商法一般实行过错责任，而《消费者权益保护法》则更多采取严格的无过错责任。即除非法律明确规定免责情况下，[③] 产品如有缺陷并使消费者的人身和财产受到损失时，即使生产者在制造或销售过程中已经尽到了一切可能的注意，仍需对消费者承担责任，而消费者

---

① 吴越：《德国债法改革对中国未来民法典的启示》，参见朱岩编译：《德国新债法——条文及官方解释》，法律出版社 2003 年版，第 98 页。

② 孙国华：《法理学教程》，中国人民大学出版社 1994 年版，第 68 页。

③ 《产品质量法》第 41 条：生产者能够证明有下列情形之一的，不承担赔偿责任：未将产品投入流通的；产品投入流通时，引起损害的缺陷尚不存在的；将产品投入流通时的科学技术水平尚不能发现缺陷的存在的。

无须承担举证责任。此外，这种归责原则还扩大了合同效力的所及范围，即承担责任的卖方不仅包括零售商，还包括批发商、制造商及为制造该产品提供零部件的供应商等；而作为消费者的买方不仅包括直接购买者，还包括使用者以及受到该产品伤害的其他人。

（三）强制性、禁止性规范为主的法律规范

传统民商法倡导"契约自由"、"意思自治"，并以任意性规范为主。而消费者权益保护法的原则体现了国家对市场经济进行规制的特点，这种规制的典型特点是对"契约自由"进行限制，因此，多为强制性、禁止性规范。许多国家规定了生产经营者的义务以及对标准合同条款的限制。

《消费者权益保护法》着重规定了消费者的权利和经营者的义务，从形式上看，完全不同于传统民商法的形式特征，但正是这种形式的"不平等"，实现了法律上的实质公平。经济法一方面对正当经营者予以鼓励和促进，并保护他们的合法权益；另一方面对不正当经营者予以法律制裁。

民商法一般不涉及行政责任和刑事责任，而消费者权益保护法则往往直接明确行政责任、刑事责任，如《消费者权益保护法》、《产品质量法》、《刑法》等规定，生产者、销售者如果在产品中掺杂、掺假，以假充真，以次充好，除应给予消费者民事赔偿外，有关主管行政部门可予以罚款、没收违法所得、吊销许可证或营业执照等行政处罚，并针对一定的严重危害消费者人身安全构成犯罪的行为，规定了刑罚。

第三节　综合保护原则

从国际上看，对消费者保护通常采取国家监督、行业监督、社会监督和国际监督四种形式。国家监督，一般通过健全立法和设立专门的机构，实施对消费者保护；行业监督，是行业自律制定规章制度，本质在于维护本行业经营者的利益，客观上也能起到对消费者利益保护的作用；社会监督，主要是通过消费者组织实现的，具有广泛的群众基础，影响很大，其活动越来越系统化、正规化；国际监督，是指各国政府、各国保护消费者组织配合与合作，采取联合行动，抵制有损消费者利益的不法经营活动，如"国际反冒牌货联盟"等组织的活动。基于网络经济的特性，解决消费者问题的主要依靠力量是什么？是消费者自我保护，是行业自律，是政府管理，还是法律调整？笔者认为，单一的行业自律调整或纯粹的法律规范都不能解决根本问题，消费者问题的解决需要综合保护与系统调整，加强事前、事中和事后的系统监管，构筑消费者权益保护的三道防线：经营者守信和消费者自我保护、行业自律与政府管理的基础保护、司法最终解决。

一、消费者的自我保护

经营者和消费者之间是一种相辅相成、对立统一的关系，经营者的"诚信经营"和消费者的"理性消费、理智维权"是消费者权益保护的第一道屏障。

市场经济是信用经济，"诚信经营"要求经营者在市场活动中以诚实信用作为基本的商业道德标准和根本的行为准则，切实履行《消费者权益保护法》等法律、法规规定的义务，全面、充分地履行与消费者约定的义务，形成"守信光荣、失信可耻"的市场监督机制，促进社会主义市场经济健康、快速、协调发展。

消费者必须提高维权意识，增强鉴别能力和积极运用合法手段维护消费权益，否则，消费者权益的保护就是被动的。自1962 年 3 月 15 日，美国总统肯尼迪首次提出消费者的四大权利——讲求安全、知道真相、选择及表达意见的权利。1963 年，国际消费者组织联盟（International Organization of Consumers Unions，简称 IOCU）根据这四项权利，再加上消费者教育、求偿、基本需求及健康的环境等四项权利，提出了消费者的八大权利及认知、行动、关心社会、保护环境、团结等五大义务，并且将每年 3 月 15 日定为世界消费者日。这八大权利及五大义务成为各国消费者的共识，即消费者在享有权利的同时，也应当承担相应的义务。可见，"理性维权"，就是坚决抵制市场交易中的各种违反诚实信用原则的行为，按照诚信原则解决消费者面临的问题。"理性维权"，就是不能脱离各国社会、经济和文化的发展水平，形成全社会"适度保护"消费者权益的新机制。具体而言，消费者的自我保护模式应当是自我控制、自我选择和自我防卫的综合体系。自我控制即依靠技术手段加强权益保护。以隐私权保护为例，包括有效运用匿名注册和浏览、对 Cookies① 的删除和禁用，以及应用技术软件等。自我选择，即主动了解经营者的各项营销策略和政策，如网上格式合同、隐私权保护政策和安全措施等，据此，在不同的保护程度和保护可能性之间做出完全自主的选择。自我防卫，即运用法律武器保护合法权益，在全社会形成知法、守法、懂法、用法和护法的良好法治氛围。同时，要杜绝非理性维权现象，如消费欺诈、恶意退货，以及以威胁、恐吓为手段，以索取巨额赔偿或发泄私愤为目的的要挟式投诉等。非理性维权只能激化矛盾，远离消费者维权索赔的初衷，既不利于解决矛盾，又不利于社会公平竞争

---

① 中文意思是网络小甜饼，是网站在上网者硬盘上留下的记录，是一个简易的 TXT 文本文件，用来记录在网站中输入的信息或访问站点时所做的选择等信息。

58

机制的形成。其中，消费者组织建设是消费者自我保护的重要部分，实践证明，世界各国的消费者组织在消费者问题的解决和消费者权益保护方面发挥了巨大作用。例如，美国 1914 年设"联邦贸易委员会"，该委员会内设"消费者保护司"，该机构起着充当消费者保护人的作用，是美国在保护消费者权益方面最重要的行政机构，其主要任务是制止不正当竞争行为和保护消费者利益。日本据 1968 年颁布的《保护消费者基本法》设立了消费者保护会议，其任务主要是审议有关保护消费者的基本政策措施、规划事宜，以及推进政策措施的实施等事宜。因此，充分发挥消费者协会等组织的积极作用，倡导规范的维权意识，引导消费者理性消费与维权，有利于在全社会创造更加成熟、更加净化的消费环境。

二、行业自律与政府管理的基础保护

在世界电子商务的发展实践中，以政府的管理促成自律，已经成为许多国家和地区的共识。欧洲议会与欧盟理事会《关于远程合同的消费者保护的第 97/7/EC 号指令》（1997）、经济合作与发展组织《电子商务中消费者保护准则》（1999）、联合国贸易法委员会《电子商务示范法》（1996）和世界贸易组织《全球电子商务的日内瓦宣言》（1998）都体现了该精神。在我国，自 1998 年 2 月中国互联网服务行业出现的第一个自律性的行业协定中华企业电子商务联盟，① 到 2004 年 12 月 30 日，由新浪、搜狐等国内大型网站发起，30 多家 SP 从业机构参加，成立网络自律联盟，公布《诚信自律的公约》，再到 2005 年 3 月 15 日，中国互联网协会无限信息服务专业委员会，组织全国近千家短信

---

① 参见陈函辉：《中国互联网产业第一个自律性的行业协定诞生》，《北京青年报》2000 年 2 月 28 日。

服务提供商发起"3·15短信维权"活动，① 互联网发生了由被动管理向主动自律的渐变。尤其是，2005年1月8日，我国第一个专门指导电子商务发展的政策性文件《国务院办公厅关于加快电子商务发展的若干意见》颁布，提出了我国发展电子商务的指导思想和原则，明确指出：政府在发展电子商务中的作用应是"推动"，企业的作用应是"主导"，并且需要二者之间的"结合"。② 可见，政府不可能放手不管，关键是怎么管？必须明确政府的角色定位，构架促成市场自治和行业自律的推动型和服务型相结合的政府。

互联网是一个新领域，我们必须突破传统的思维方式、传统的政策和传统的法律，在充分了解的基础上审慎行事，创造一个合法、有序和宽松的发展空间，倡导和贯彻自律自治原则。首先，从电子商务作为市场化程度相当高的商务模式角度讲，一些调整和规则可以由市场自发产生，并且由于电子商务的虚拟实在性，管理不当必然影响电子商务的顺利发展，所以，在世界电子商务的发展过程中，以政府的管理促成自律，已经成为许多国家和地区的共识。"联合国1996年3月召开的第29次会议通过的《电子商务示范法》，就集中体现了尊重契约自由原则和市场导

---

① 参见胡佐超：《互联网产业被动的自律到主动自律》，《国门时报》2005年3月31日。

② 《国务院办公厅关于加快电子商务发展的若干意见》（五）加快电子商务发展的基本原则：政府推动与企业主导相结合。完善管理体制，优化政策环境，加强基础设施建设，提高服务质量，充分发挥企业在开展电子商务应用中的主体作用，建立政府与企业的良性互动机制，促进电子商务与电子政务协调发展。加快发展与加强管理相结合。抓住电子商务发展的战略机遇，在大力推进电子商务应用的同时，建立有利于电子商务健康发展的管理体制，加强网络环境下的市场监管，规范在线交易行为，保障信息安全，维护电子商务活动的正常秩序。

向原则，将提供清晰、一致和可预测法律构架，以促进对网络交易当事人保护作为政府的角色定位"。① 其次，从交易法的基本属性讲，交易自由是交易规则的精髓，是鼓励交易、发展市场经济所必须遵循的原则。实践中，无论是西方发达国家，还是众多的发展中国家，几乎所有的网络与电子商务企业都有自律性行业组织和自律性行业规范，离开了这些自律性行业组织和规范，就无法准确地说明和阐述电子商务法的精髓。而且，在世界各国电子商务立法过程中，先于法律形成的行业规范、商业准则对法律的内容往往会起到非常重要的参考作用，甚至是决定性作用。可以说，行业规范是现行立法的有效补充，有利于加强行业的诚信建设，有利于在电子商务领域进一步开展法治建设。最后，"网络时代的市场自律应充分发挥网络交互性的特点，把非网络下单向的、信息获得不充分的商业行为通过交互性转化为信息充分共享、促进商家自律的模式"。② 因而，在电子商务法的立法与司法过程中，都要以自治原则为指导，为当事人全面表达与实现自己的意愿，预留充分的空间，并提供确实的保障。

政府如何管理与调控，这是中国现阶段电子商务发展过程中的重要问题。首先，企业电子商务的发展是中国电子商务发展的关键，也可以说，"电子商务的实质是企业管理各个方面的信息化过程"。③ 然而，"从我国现实情况看，中小企业众多，大型企业相对数量较少，规模不大，而且行业和地区发展水平也不平

① Michael Chissick & Alistair Kelman, *Electronic Commerce*：*Law and practice*, Sweet & Maxwell, 2000, p. 91.

② 阿拉木斯:《政府管理网络与电子商务的原则初探》, http：//www. chinaeclaw. com/readArticle. asp? id=2478, 2004 年 4 月 5 日浏览。

③ 王巍:《电子商务企业的成长阶段及其分析》,《中国信息导报》2003 年 2 月 10 日。

衡，这使得中国企业整体上呈现出散、小的特点，自身难以产生推动电子商务发展的合力"。① 因此，面对激烈的全球竞争，中国企业必须在政府的引导下充分利用信息技术，全面提升自己的核心竞争力。"2004 年 1 月 9 日，金蝶国际软件集团在北京民族饭店与中国人民银行总行正式签署未来两年的《合作备忘录》和首期的百万级销售合同，人民银行决定采用金蝶中间件系统软件产品和服务，搭建人行的信息化和电子政务平台。这标志着我国自主知识产权的中间件技术得到了政府金融主管机构的大力肯定和支持"。② 其次，自律性行业组织作为政府、企业与社会之间的桥梁和纽带，需要在促进服务业发展中发挥更大的作用。但是，从总体上看，目前，中国的自律性行业组织的发展还很不充分。如，"我国的行业协会在数量上已经不少，但大多是改革开放以后随着政府职能转变、机构改革而从政府部门中转变而来的。这些行业协会行政色彩很浓，组织结构不尽合理，具体职能尚不明确，人员素质和服务水平等方面与国际上有较大差距"。③ 因此，在电子商务活动的角色定位中，政府总是在扮演也必须扮演积极的推进者和参与者的角色。最后，明确政府角色定位，构架、促成市场自治和行业自律的推动型和服务型相结合的政府，加强信息化和电子政务建设。一方面，任何一个国家发展网络与电子商务行业或产业，没有政府的参与、管理几乎是无法实现

---

① 胡坤：《政府推动电子商务发展——电子商务应用与经济发展研讨会在北大光华学院举行》，《EB 电子商务世界》2004 年第 1～2 期，第 11 页。

② 参见《金蝶人行携手共建》，《EB 电子商务世界》2004 年第 1～2 期，第 1～12 页。

③ 宋玲：《把握机遇与时俱进　开创我国电子商务发展的新局面》，2003 年 10 月 15 日在 2003 年中国电子商务协会年会的讲话，http：//www. ec. org. cn/2003－12/16/content_ 1233747. htm，2004 年 3 月 2 日浏览。

的。"对于互联网接入服务提供商（ISP①）而言，或对于互联网内容服务提供商（ICP②）而言，都需要在国家的整个产业政策中寻求自身的地位和位置，都将受到整个国家经济形势、政策的限制和制约"。③《国务院办公厅关于加快电子商务发展的若干意见》阐释了国家对发展电子商务的若干重要意见，明确了政府在发展电子商务中的"推动"作用和企业的"主导"作用，并提出"加快发展与加强管理相结合"的原则。④ 另一方面，从政府管理的性质和方式讲，"社会主义国家对经济生活是管理而不是干预，是作为一种内部力量，且是作为一种内部领导力量进行管理的，而不是从外部介入干预的"。⑤ 所以，不能把管理狭隘地理解为限制与制裁，政府重在引导、培育和规范，是站在经济全球化的高度看待中国的网络及电子商务，以网络的方式管理网络，从而实现科学、经济、高效、互动和可操作的管理，实现合法自律。美国"最大限度地利用市场之手推动 Internet 行业实现

———————

① ISP（Internet Service Provider）：即网络联线服务商，是指提供通路以使使用者与网络连线的从业者，为用户提供接入网络服务。ISP 又可分为网络接入技术服务提供者 IAP 和网络内容服务提供者 ICP，二者常常合二为一的。

② ICP（Internet Content Provider）：即网络内容提供商，是利用 IAP 线路，通过设立的网站提供信息服务，如 YAHOO、SINA 等大网站，小到设立 Web 网页的个人用户。

③ 蒋志培主编：《网络与电子商务法》，法律出版社 2002 年版，第 12 页。

④ 《国务院办公厅关于加快电子商务发展的若干意见》（五）加快电子商务发展的基本原则：政府推动与企业主导相结合。完善管理体制，优化政策环境，加强基础设施建设，提高服务质量，充分发挥企业在开展电子商务应用中的主体作用，建立政府与企业的良性互动机制，促进电子商务与电子政务协调发展。加快发展与加强管理相结合。抓住电子商务发展的战略机遇，在大力推进电子商务应用的同时，建立有利于电子商务健康发展的管理体制，加强网络环境下的市场监管，规范在线交易行为，保障信息安全，维护电子商务活动的正常秩序。

⑤ 刘文华：《中国经济法基础理论》，学苑出版社 2002 年版，第 65 页。

自我管理"的原则，欧盟"政府平等参与和引导"的电子商务动议，以及加拿大"制定最低网络服务保障线"的做法都值得我们借鉴。

三、司法最终解决

尽管世界各国对于消费者权益保护的方式和力度有些不同，但我们依然可以清晰地看到，无论是西方国家，还是东方国家，无论是英美法系国家，还是大陆法系国家，在立法、司法上对消费者权益的保护均呈现出加强的趋势。"国家如不通过专门立法对交易中处于弱者地位的消费者给予特别保护，人权保障就徒具虚名"。[①] 针对我国电子商务发展和消费者权益保护的现状，应当从两方面着手加强对电子商务中消费者权益的保护。

一方面，尽快完善电子商务中消费者权益保护的法律体系，促进电子商务的可持续发展。网络经济的可持续发展是一个系统的概念，需要技术上的安全措施，但不仅仅是技术上的安全措施，因为，技术措施的解决还有一个先天的缺陷，那就是必然带来安全使用与方便使用的矛盾。举例来说，20 位的密码加密肯定是不够安全的，但使用起来肯定也是方便的，而 2000 位的密码加密则会非常之安全，但如果我们在从事电子商务之前要先花去几个小时去解密，电子商务还会有意义吗？正如 CA[②] 公司桑杰·库玛先生曾经预言的："灵活性和简易性将成为当今技术市场取得成功的关键。真正的进步将不在于找到新方法去使用技术，而是使复杂的任务简单化。"因此，网络法制环境的完善是相当重要的一环，只有清晰界定了交易主体的权利、义务和责

---

① 参见漆多俊主编：《经济法学》，武汉大学出版社 1998 年版，第 222～223 页。

② Computer Associate，美国一家计算机软件公司。

任，才能使电子商务有法可依，消费者权益才能得到切实保护。首先，要明确立法规划，加强立法的系统性和协调性，确定电子商务中消费者权益保护立法的步骤、重点、基本原则和制度，形成相辅相成有机协作的整体，其中，确立消费者权益保护的基本原则，是根本性的法律问题；其次，强化法律、法规的可操作性，把握不同类型电子商务企业的共性与个性的法律问题，使具体规定与实际状况密切结合，形成良好的法制环境；最后，注重立法适度的超前性，保持规则一定的柔韧性，这是网络经济自然属性在法律规范上的反映。

另一方面，要实现司法最终解决。"我国已经将'依法治国，建设法治国家'作为宪法原则确定下来，这就必然要求提高法院的地位，司法应成为解决社会纠纷最彻底、最权威和最具有约束力的方式，法院应当成为私人和社会组织权益纠纷的主要的和终局的机关"。[1]

综上所述，"法总是体现了一定的民主、自由、正义和法治之'理'的",[2] 经营者守信与消费者自我保护、行业自律与政府管理的基础保护、司法最终解决，这三道防线协同运作，是消费者权益得到有效保护和电子商务健康运行的有力保障。

---

① 王利明：《民商法研究》第 5 辑，法律出版社 2001 年版，第 628 页。

② 孙国华：《论法是"理"与"力"的结合》，参见张文显、李步云主编：《法理学论丛》第 1 卷，法律出版社 1999 年版，第 50 页。

第三章　网上消费法律关系的主体制度

网上消费法律关系主体是网上消费法律关系的参加者，是权利的享有者、义务的履行者和责任的承担者，是客体的物的支配者和行为的实施者，在法律关系中居中心地位。网络交易过程中，交易、认证、支付、配送等主体之间都将彼此发生业务关系，从而产生相应的法律关系。可见，网络经济条件下的主体制度与传统经济形态中的主体制度相比，具有主体的广泛性和法律关系的复杂性等不同特征，这给权利的认定带来一定的困难，从而影响到对权利的切实保护。那么，参与网络经济活动应当具备怎样的资格与能力？权利如何得到保障？这是对主体制度建设的现实而严峻的挑战。

第一节　网上消费法律关系主体制度概述

网上消费法律关系涉及的当事人主要包括三类主体，分别是交易主体、交易服务主体和协调管理主体。

一、交易主体

网络交易主体是指通过计算机网络缔结合同的当事人，包括通过 E-Mail 等传输手段订立的合同和通过 EDI 系统形成的合同，自然人、法人、其他组织等均可成为网络交易主体。

（一）消费者

在经济学中，消费者是在经济运行中与政府、企业并列的三大主体之一；在法学中，消费者是消费者权益保护法最重要的主体。国际标准化组织（ISO）消费者政策委员会 1978 年 5 月 10 日在日内瓦召开的第一届年会上，把"消费者"一词定义为"基于个人消费目的而购买或使用商品和接受服务的个体社会成员"；[①] 欧盟《电子商务指令》认为，消费者是指为了行业、业务或职业以外的目的购买商品或接受服务的任何自然人；[②] 美国《电子签名法》认为，消费者是指为个人或家庭目的通过交易取得商品或服务的个人；[③] 我国《消费者权益保护法》第 2 条规定："消费者为生活消费需要购买使用商品或接受服务，其权利受到本法保护；本法未作规定的，受其他有关法律、法规的保护。"同时，该法又在第 54 条指出，农民在购买、使用直接用于农业生产的生产资料时也属消费者。从消费性质方面，以生活消费为目的的生活性消费，以区分行业或职业目的的生产性消费，也可以表述为"非赢利为目的"[④] 或者"满足生活需要"[⑤] 从消费主体方面，界定自然人，以区别于政府或企业等团体和其

---

① ISO/COPOLCO, *Report on Consumer Policy*, 1978. 5, p. 8.

② *EC Directive on E - Commerce*, art. 2.

③ *U. S. E-Signature*, art. 106.

④ 王利明：《消费者的概念及消费者权益保护法的调整范围》，《政治与法律》2002 年第 2 期，第 3 页。

⑤ 李昌麒、许明月：《消费者保护法》，法律出版社 1997 年版，第 70 页。

他组织体，也有学者采用了"国民"①的说法。从消费方式方面，既包括购买商品或服务的人，也包括商品的使用人或服务的接受人。可以说，传统消费和网上消费对消费者概念的界定没有实质差别，根据中国互联网络信息中心 2008 年 6 月发布的《2008 年中国网络购物调查研究报告》进行分析，网上消费者具有不同于传统消费者，也不同于普通网民的鲜明特点。

从消费者的构成及分布来看，从发展初期的"两高一低"（高学历、高收入、低年龄），到日趋理性和均衡，具体表现在性别、年龄、学历、收入等因素对上网和网上消费的影响逐渐减少。首先，网络购物用户多是网龄较长的用户。一般来说，网龄较长的用户上网经验较为丰富。2003 年以前上网的网购用户占到总体的 82.6%。目前，中国互联网正处于快速增长期，每年新增网民较多，随着时间的推移，网络购物渗透率②应会逐步提高。其次，与普通网民中男性较多的特点有所不同，网络购物用户中女性用户占据半边天，目前比例占到 50.8%。城市发展水平越高，这种特点越鲜明。北京、上海、广州网购用户中女性明显高于男性，其他城市用户则以男性居多。再次，网购用户的学历水平远高于网民平均学历水平。全国网民中大专及以上用户比例仅有 36.2%，网购用户中大专及以上用户比例已高达 85%。③再次，网购用户年龄以 18 至 30 岁网民为主，比全体网民年龄分布更为集中，年龄较小和较大的网民比例都比较小。最后，网购用户的个人月收入水平高于全体网民平均水平。中国网民月收入

---

① ［日］今村成和：《消费者保护法批判检讨》，《私的垄断禁止法研究》第 4 卷第 2 期，第 319 页。

② 是指半年内在网上买过东西的用户数量占网民数量的比例。

③ 网购用户学历结构：初中及以下占 3.6%，高中占 11.5%，大专占 25.4%，大学本科占 50.3%，硕士及以上占 9.2%。

在 2000 元以上的比例为 26%，网购用户中月收入在 2000 元以上的比例已超过半数。①

从消费者购买决策来看，表现为消费者购买主动性增强、选择性拓宽、个性化突出等特征。网上购物是用户为完成购物或与之有关的任务而在网上虚拟的购物环境中浏览、搜索相关商品信息，从而寻找购买决策所需要的信息，并实现决策的购买过程。首先，"与传统购物模式相同的是网上消费者购买过程的起点是需求的诱发。然而不同点是，网上购物的消费者中，除了实际需要的消费需求之外，更多的消费需求诱发来源于互联网上商家店铺页面中源源不断的低价广告宣传对消费者视觉和听觉方面的双重刺激。互联网的多媒体技术运用在网络经济中产生了强大的广告宣传效果，声画同步、图文结合、声情并茂的广告，以及各种各样的关于产品的文字表述、图片统计、声音配置的导购信息都成为诱发消费者购买的直接动因"。② 这样，消费者在感知消费信息过程中更主动进行着新时代的消费体验。其次，随着社会分工日益细化和专业化，商品和服务的发展日新月异，消费者自身的知识和经验却是有限的，网络营销系统巨大的信息处理能力，为消费者提供了前所未有的选择空间，借助网络技术条件去浏览、查询，甚至搜索某些商家、产品、市场的消费信息，指导网络购买行为，甚至利用一些比较分析模型、定量化分析模型、谈判软件以及智能代理，对选择进行评定，这样，消费者的选择性就大大拓宽了。最后，"个性是指一个人的稳定的心理特征，在

69

---

① 网购用户月收入结构：无收入占 6.8%，500 元以下占 6.6%，501~1000 元占 18%，1001~2000 元占 17.6%，2001~3000 元占 17%，3001~5000 元占 17.9%，5001~8000 元 8.6%，8001~10000 元占 2.7%，10000 元以上占 4.9%。

② 参见文晓庆：《网络购物的消费者行为研究》，《兰州学刊》2009 年第 6 期，第 91~93 页。

很大程度上影响着消费者的行为。在网络时代，消费者在选择产品和服务时，不仅追求产品的功能和质量，更追求产品和服务能否体现自己的个性，符合自己个人的特殊需求"。① 简言之，根据对产品的功能、可靠性、性能、模式、价格和售后服务等的综合比较，消费者选择的永远是"自认为"足够好或满意的产品，而且，网上消费能够更多也更便利地为消费者提供完全个性化的订制服务，所以，网络消费者能够以个人心理愿望为基础挑选和购买商品或服务，从而满足追求个性化、差异化的需求。

（二）经营者

明确电子商务模式规范，具有非常积极的社会效益，电子商务模式规范的建立有利于政府制定电子商务发展规划，便于对电子商务的引导和监管，有利于电子商务有关法规的建设，有利于电子商务相关政策的建立；对企业来说，有利于企业制定电子商务发展计划，规范企业行为，便于企业的市场定位和对外交流，促进企业的市场营销能力；对社会来说，可以使公共服务体系的工作有章可循，有利于保障消费者权益，促进电子商务健康有序地发展；对产业链的发展来说，有利于规范购销行为，避免纠纷的发生，促进网络购物产业链的良性发展。近年来，围绕电子商务模式的分类，国外提出了多种不同的分类方法，如：根据企业获得收益的方式进行分类，基于价值链的拆分和重构进行分类，按照获取利润的核心活动和价格价值间的相对定位进行分类，按照经济控制方式和价值整合进行分类，基于企业的购买对象和购买方式两个方面进行分类，从商务模式的控制主体进行分类等。国内也有人从商务主体所属行业角度提出 77 种模式分类和 5P4F

---

① 马秀杰：《网络市场环境下的消费者购物行为》，《北方经济》2007 年第 10 期，第 58 页。

的分类方式,《中国电子商务发展报告 2004—2005》提出了按照企业/消费者、商品/服务经营的四种分类方法。[1] 商务部《电子商务模式规范》(2008 征求意见稿)确认了 B2B、B2C、C2C、G2B 等电子商务模式。其中 B2C 是指企业和消费者之间的电子商务,具体包括网上商厦和网上商店,网上商厦指提供给具有法人资质的企业在互联网上独立注册开设网上虚拟商店,出售实物或提供服务给消费者的由第三方经营的电子商务平台。网上商店指具有法人资质的企业或个人在互联网上独立注册网站、开设网上虚拟商店,出售实物或提供服务给消费者的电子商务平台。目前在中国 B2C 经营者呈现多层次竞争的态势。根据中国互联网络信息中心 2008 年 6 月发布的《2008 年中国网络购物调查研究报告》显示,在 B2C 类型的网站中,当当网(34.8%)和卓越亚马逊网(28.5%)占据了市场份额的一半,另外一半的市场份额由很多其他的 B2C 网站占据,包括麦网(4.5%)、果皮网(4.1%)、5173 网(4.1%)、京东商城网(2.5%)、网上书城(2.0%)、其他(19.5%)。可见,B2C 市场上的竞争比较分散,没有网站占据绝对的竞争优势。众多小的 B2C 网站开始崭露头角,更多的网民开始青睐专业性的网站。[2]《反不正当竞争法》第 2 条第 3 款规定,经营者是指从事商品经营或者营利性服务的法人、其他经济组织和个人。《反垄断法》第 12 条也做了相似的界定,经营者是指从事商品生产、经营或者提供服务的自然人、法人和其他组织。可以说,网上经营者与传统经营者在营利性特征上没有实质区别,而在责权利的界定和表现形式上呈现出不同的特质。

---

① 商务部《电子商务模式规范》(2008 征求意见稿)。

② 参见《第二十四次中国互联网络发展状况统计报告》(2009 年 7 月),http://www.cnnic.cn/html/Dir/2009/07/15/5637.htm, 2009 年 7 月 25 日浏览。

首先，消费者权利的实现依赖经营者义务的履行，但是，并不意味着经营者不享有任何权利，而是经营者要依法行使权利，不得滥用权利。比较典型的是经营者在电子信息合同的履行中一般采用电子控制和电子自我救助手段进行信息利用的限制。前者是在合同关系中，根据协议条款所采取的预防性的技术控制，后者是因为对方侵权或违约，技术提供方为维护自身权益所采取的防卫性的技术控制。1997 年北京江民新技术有限责任公司"KV杀毒软件'逻辑锁'案件"① 引发了技术供应商能否采用电子自我救助方式维护其权益的争论。支持者认为，这属于正当防卫；反对者认为界限难以把握，易被滥用。实际上，禁止或者允许电子自我救助不能一概而论，这是技术供应方与使用方矛盾的必然反映，关系消费者权益的维护和经营者权利的实现，任意采用是不现实的，完全否认其功能同样是不理智的，应对其做出明确的法律规定。美国《统一计算机信息交易法》关于电子自我救助的方式和条件的规定值得借鉴（详见本书第四章第二节"在线交付客体的建设"）。

其次，经营者要审慎对待权利与义务的相互转化。如经营者依法提供隐私权保护政策是义务，在许可的范围内可以进行信息

---

① 1997 年 7 月，江民公司在其最新发行的防病毒软件 KV300L＋＋版中加入了"逻辑锁"程序，这一程序的主要作用是识别盗版和正版软件用户。当使用盗版者的密匙盘运行 KV300 时，该程序立即启动锁死电脑，使电脑硬盘无法使用，但不会造成破坏。只要盗版使用者向江民总部承认盗版行为，就可获得解锁密码，恢复机器工作。北京市公安局计算机安全监察处的裁决书认定，江民公司为打击盗版活动，在软件中加入保护版权程序，造成使用盗版工具 MK300V4 的计算机死机，非法剥夺了用户的计算机使用权，属于故意输入有害数据危害计算机信息系统安全的行为，根据《计算机信息系统安全保护条例》第 23 条之规定，决定给予 3000 元罚款的处罚。参见高云：《微软：踏入中国法律雷区》，http://tech.sina.com.cn/it/e/2001－12－23/97048.shtml，2001年 12 月 23 日浏览。

的处理并赢利属于权利范畴，超越范围则受到法律制裁；再如，经营者把电子邮件营销或称许可营销作为一种寻找潜在客户、服务老客户的有效手段，这成为网络营销领域中重要的组成部分。但是，在推广其产品和服务时，必须事先征得用户的许可。否则，就是以"网络营销"为名发送垃圾邮件来牟取私利，实际上是以牺牲大多数用户甚至整个网络通信环境为代价。

最后，经营者要承担对消费者的社会责任。企业的社会责任是伴随着社会化大生产和社会进步而出现的一种社会公众对企业的要求，它的提出源自于 SA8000 和联合国"全球契约"的构想。[①] 企业资本的所有者和经营者应有高度的自律自责和强烈的企业公民意识，对内应该建立以"利润和社会责任的平衡发展"为价值取向的企业核心价值观，在提升技术创新能力的同时，也应加强劳动者素质的培养和劳动条件的改善，建立起内部沟通机制，完善和保护劳动者的权利，主动建立和谐的劳动关系。对外应积极服务社区建设，保护生态环境，维护消费者权益，自觉履行社会责任。[②] 具体来说，对消费者的责任是指向消费者提供品种多样的、优质的产品和服务，以满足其各种不同的需求，并重视消费者与社会的长期福利，致力于社会效率的提高。如使消费者获得安全的商品和服务，使消费者获得有关产品充分的信息，使消费者能自由选择商品和自由申诉，此外，要强调广告责任，维护社会公德等。[③] 越来越多的网上经营者能够自觉地从国民经济和社会发展的全局来审视自身的经营活动，通过与关联产业建

73

---

① 陈继祥：《战略管理》，上海人民出版社 2004 年版，第 67～89 页。

② 丁天明：《资本所有者和经营者应追求的企业价值取向——利润和社会责任的平衡发展》，《安徽农业大学学报（社会科学版）》2008 年第 6 期，第 13 页。

③ 马守莉：《企业社会责任中消费者责任毋庸置疑》，《滁州学院学报》2007 年第 1 期，第 94 页。

立联盟、加强企业品牌和服务文化建设等多种途径，大力培育自身的核心竞争力和赢利能力，而且逐步增强自律意识，签署"自律公约"，承担社会责任。如由中国互联网协会负责组织实施的以"爱国、守法、公平、诚信"为基本原则的《中国互联网行业自律公约》；由新华网、人民网、中国网等30多家单位共同签署的旨在坚决抵制"有害信息"的《互联网新闻信息服务自律公约》，在亿贝易趣公司、一拍网、卓越、新浪、IGO5、首信、搜易得、云网共八家电子商务交易平台共同参与下，中国电子商务协会推出了中国电子商务领域的第一个行业规范《网络交易平台服务规范》，被称为电子商务发展中具有历史意义的事件，这些都表明了网上经营者对消费者的社会责任感增强，对于规范电子商务交易，明确交易各方的权利、义务和责任，建立交易规则，提高电子商务交易的可靠性与信任度发挥了行业自律的作用。

（三）电子代理人

电子合同的订立，主要通过电子数据传递实现，除了将数据通信作为通信手段之外，很多商家还在电子商务中采用智能化交易系统——电子代理人，自动发送、接收，或处理交易订单。所谓电子"代理人"（Electronic Agent）是指"不需要人的审查或操作，而能用于独立地发出、回应电子记录，以及部分或全部地履行合同的计算机程序，电子的或其他自动化手段"。① 美国《统一计算机信息交易法》也做了类似阐述，电子代理人，是指在没有人检查的情况下，独立采取某种措施或者对交易的标准许可合同，包括消费者合同及其他适用于最终用户的许可合同。关

---

① 参见阚凯力、张楚主编：《外国电子商务法》，北京邮电大学出版社2000年版，第27～97页。美国全国州法统一委员会1999年《统一电子计算机信息交易法》。

于电子代理人的运用，法律上至少要解决以下两个问题：电子代理人能否代表当事人订立或履行合同，与当事人亲自订立合同是否应有区别？出现错误后的责任由谁来承担，当事人能否以其不知情为理由而拒绝承担责任？

电子代理人并不是具有法律人格的主体，而是一种能够执行人的意志的、智能化的交易工具。所以，计算机订立的合同和人与人之间直接信息交流订立的合同一样，也具有合同当事人的合意。联合国《电子商务示范法》也肯定了自动订立的合同的法律效力。所谓"电子错误"，是指消费者在使用讯息处理系统时，因为没有提供合理的方法删除并更正或避免错误，而在电子讯息中产生的错误。这是一种不可归责于相对交易人的错误。一般情况下，自动交易系统都是由商家提供的，如果该系统没有提供必要的错误更正程序，显然是不符合商业惯例的，其责任就不能由相对交易人负担。因此，美国《统一计算机信息交易法》第 214 条在关于电子错误与消费者抗辩中规定：在自动交易中，消费者不受那些自身无意而是由于电子错误导致的电子讯息的约束。如果消费者：（1）及时知道了错误；A 向对方通知了错误；B 促使了向对方的交付，或根据从对方接收的合理的指示向另一人交付或毁坏了信息的所有复本；并且（2）还没有使用讯息，或从讯息收到任何利益或价值。

（四）网络交易平台

《消费者权益保护法》第 35 条①赋予了消费者在购买、使用

① 《消费者权益保护法》第 35 条规定，消费者在购买、使用商品时，其合法权益受到损害的，可以向销售者要求赔偿。销售者赔偿后，属于生产者的责任或者属于向销售者提供商品的其他销售者的责任的，销售者有权向生产者或者其他销售者追偿。消费者或者其他受害人因商品缺陷造成人身、财产损害的，可以向销售者要求赔偿，也可以向生产者要求赔偿。属于生产者责任的，销售者赔偿后，有权向生产者追偿。属于销售者责任的，生产者赔偿后，有权向销售者追偿。消费者在接受服务时，其合法权益受到损害的，可以向服务者要求赔偿。

商品时，其合法权益受到损害时，向销售者或生产者求偿的权利。《消费者权益保护法》第 38 条①赋予了消费者在展销会上或者租赁柜台上购买商品或者接受服务的求偿权，而且，在展销会结束或者柜台租赁期满后，也可以向展销会的举办者、柜台的出租者要求赔偿。《消费者权益保护法》第 39 条②赋予了消费者因虚假广告合法权益受到损害的，可以向经营者要求赔偿的权利，而且，广告的经营者发布虚假广告的，或者广告的经营者不能提供经营者的真实名称、地址的，应当承担赔偿责任。电子交易平台作为新生事物，确认其法律地位和法律关系非常重要，这直接关系到消费者求偿权的实现。根据中国电子商务协会 2005 年 4 月 18 日发布的《网络交易平台服务规范》第 2 条第 2 款的规定，网络交易平台指为各类网络交易（包括 B2B、B2C 和 C2C 交易）提供网络空间、技术和交易服务的计算机网络系统。网络交易平台提供商是从事网络交易平台运营和为网络交易主体提供交易服务的法人。但是，该规范并没有对提供服务的行为，应当界定为何种法律关系和如何承担法律责任进行规定③。该规范也明确了其适用条件，即"由中国电子商务协会组织起草，并在企业中

---

① 《消费者权益保护法》第 38 条规定，消费者在展销会、租赁柜台购买商品或者接受服务，其合法权益受到损害的，可以向销售者或者服务者要求赔偿。展销会结束或者柜台租赁期满后，也可以向展销会的举办者、柜台的出租者要求赔偿。展销会的举办者、柜台的出租者赔偿后，有权向销售者或者服务者追偿。

② 《消费者权益保护法》第 39 条规定，消费者因经营者利用虚假广告提供商品或者服务，其合法权益受到损害的，可以向经营者要求赔偿。广告的经营者发布虚假广告的，消费者可以请求行政主管部门予以惩处。广告的经营者不能提供经营者的真实名称、地址的，应当承担赔偿责任。

③ 当然行业规范不同于法律，不以公共权力为依托，它只是指引行业行为的自律公约。若违反规则，也只能通过其他诚信建设的途径进行协调。

推广，鼓励企业自愿参与，实现行业自律"。① 对此，有必要作深入探讨、研究，得出结论。

1. 不同于一般的财产租赁或柜台出租的租赁关系

有观点认为，这种关系是一种店铺或柜台出租的租赁关系，与出租人将租赁物交付承租人使用，承租人支付租金相似。的确，交易平台的提供，与店铺或柜台出租有相似之处，出租人提供租赁物"电子交易平台"供承租人利用，进行生产经营活动，而承租人支付租金"注册费"。然而，此空间不同于彼空间，租赁物是电子网络这种特殊资产平台。其区别显而易见，普通店铺或柜台的出租，出租人一般不介入商品的交易；交易平台则不同，它不仅从事网络交易平台运营，而且为网络交易主体提供交易服务，包括为交易当事人提供缔结网络交易合同所必需的信息发布、信息传递、合同订立和存管等服务，以及其他安全认证、在线支付、交易保险等辅助服务。可见，它不是一般的财产租赁或柜台出租的租赁关系。

2. 不同于一般的委托关系

类似于委托人和受托人约定，由受托人处理一项或数项事务，或委托受托人处理一切事务的委托关系吗？交易平台为注册的用户提供一定的服务这一点同委托关系中处理或管理委托人的事务相近。但是，这种服务的表现形态是为双方当事人提供一种交易平台，以及提供便利于交易双方当事人在线交易服务，并不是越俎代庖，直接代表某一方当事人从事交易，而是当事人本人主动达成交易。委托的范围广泛，包括各种性质的事务处理，而电子交易平台仅限于提供交易平台和便利交易服务。可见，也不

---

① 中国电子商务协会 2005 年 4 月 18 日发布的《网络交易平台服务规范》第 3 条第 2 款。

是传统的委托关系。

3. 不同于一般的行纪关系

等同于行纪人以自己的名义为委托人从事贸易活动，委托人支付报酬的行纪关系吗？电子交易平台与行纪相近之处有二：一是都需要专门法人来进行，提供行纪服务的是具有行纪商人资格的行纪人，而交易平台则由以营利为目的，从事网络交易平台运营和为网络交易主体提供交易服务的法人来提供；二是都与交易活动密切相关。然而，交易平台与行纪最大的不同在于，行纪中行纪人只能以自己的名义进行特定的贸易等活动，其与第三人订立合同的，行纪人对该合同直接享有权利、承担义务，不对委托人发生法律效力；而交易平台不仅不直接代表某一方当事人从事交易，而且，也不对该合同直接享有权利和承担义务。可见，交易平台不同于传统行纪关系。

4. 不同于一般的居间关系

有观点认为，这种关系是一种特殊的居间关系①，类似于双方当事人约定一方为他方报告成交机会或充当订立合同的媒介。订立合同的媒介服务的媒介居间是报告居间的深入，它是委托人从居间人所提供的交易相对人中选择交易对象，并在居间人撮合下进行谈判成交。居间人不代理完成交易的法律行为，也不以自己的名义参与交易。从这个意义上分析，与电子交易平台提供平

---

① 居间人不是代理完成交易的法律行为，也不以自己的名义参与交易。从这个意义上，华政电子商务所报告认为交易平台是一种居间服务，同时，该报告从平台服务提供商具有商人资格、委托关系的固定性、平台服务范围的广泛性以及造市效果等角度，分析了交易平台不同于传统居间关系的特点，认为在网络公司和用户之间建立的是一种不同于传统居间的居间关系。参见华东政法学院电子商务法研究所高富平、苏静、刘洋：《易趣平台交易模式法律论证报告》，第三届中国电子商务政策法律研讨会论文，2002 年 6 月。

台和交易服务相似，而且，二者提供的服务过程也具有相似性，存在于用户注册、建立专卖店、发布供求信息和传递交易信息等一系列过程之中。

　　但是，与居间关系也存在显而易见的差异：一是平台主体的虚拟性和广泛性，这个市场上有众多的用户作为卖家或买家。用户登录交易平台后，在这个交易市场上可以进行商品浏览，也可以进行商品交易。通过计算机系统撮合或买卖方的确认，使在线买卖可以成交。交易双方不是一对一的对接，而是由众多潜在的交易人集中在一个电子虚拟空间的平台市场上，借助于便捷的电脑网络检索、查询和浏览功能，使用户自己相互匹配、磋商和交易。平台主体的虚拟性与广泛性是互联网特性在电子交易平台的具体反映，不属于其特有特征。二是平台服务提供具有委托关系的固定性，即一经注册将长期保持合同关系，而非一次性或随机性的服务，在促成交易后向委托人收取报酬。一般而言，会员主要有两类：一类是普通会员，仅仅购买商品或接受服务。这种会员，一经注册成功，即成为平台用户。另一类是具有销售资格的会员，既可以购买商品，也可以出售商品。这种会员在注册的时候，还需要经过身份认证、设立账户以及在线销售的门面等。这种委托关系的固定性（尤其是建立专卖店等形式），已经远非居间关系所能涵盖。据此，笔者认为，电子交易平台应当被视为一种综合了居间和租赁关系特征在内的新型关系，其本质是一种提供商品（交易平台）和服务（便利交易的服务）的行为，提供不当，应该承担侵权责任。具体来说，电子交易平台供应商应当履行事前和事中的注意义务，未履行或履行不当，应当依法承担事后损害赔偿等责任。履行注意义务的目的是防患于未然，电子交易平台供应商有义务做好静态的制度建设和动态的运营管理。建立健全其规章制度应当至少包括：（1）用户注册制度：网络

79

交易平台应要求交易当事人进行用户注册。网络交易平台提供商应在可行的范围内采取合理措施，对用户注册信息的真实性进行形式审查。对于经过验证的用户信息，交易当事人如果需要修改，应该提供相应的证明。（2）用户交易规则：交易平台应当提供充分的机会使用户知悉并同意用户协议，采用合理和显著的方式提请用户注意用户义务和责任条款。（3）交易安全保障与备份制度：网络交易平台提供商应尽谨慎义务，保存在其平台上发生的网络交易的相关信息、记录或资料，确保资料的完整性和准确性，并使其日后可以调取查用。此外，还包括信息披露与审核制度、隐私权与商业秘密保护制度等。运营管理的监管应至少包括：信息监管——监控用户发布的商品信息、公开论坛和用户反馈栏中的信息，对于知道或被告知存在有害信息的应立即删除，保存有关记录，并向国家有关机关报告。交易过程监管——采取合理可行的措施保障交易的安全，包括技术措施、管理措施和法律措施。在发现其交易平台上有违法行为时，应采取适当措施及时制止，并及时向有关部门反映。

因为制度规则不健全或者运营监管不力，导致损失发生的，应承担损害赔偿责任。采取胁迫、欺诈、贿赂或恶意串通等手段，促成交易或者阻止交易，损害交易人利益的，应当承担损害赔偿责任。

二、交易服务主体

"电子商务交易关系的复合性源于其技术手段上的复杂性和依赖性，它表现在通常当事人必须在第三方的协助下完成交易活动"。① 如认证机构的权威性、网上支付手段的使用和安全程度、

---

① 张楚、郭斯伦编著：《网络与电子商务法教程》，首都经济贸易大学出版社2005年版，第15页。

货物投递的快速可靠程度以及对网络邮购的相信程度都与网上交易密切相关，并直接影响着电子商务的发展。商务部《关于网上交易的指导意见（暂行）》（2007）根据网上交易的服务内容，将网上交易服务提供者分为网上交易平台服务提供者和网上交易辅助服务提供者。网上交易平台服务提供者是从事网上交易平台运营并为买卖双方提供交易服务，其中，网上交易平台是平台服务提供者为开展网上交易提供的计算机信息系统，该系统包括互联网、计算机、相关硬件和软件等。网上交易辅助服务提供者是指为买卖双方提供身份认证、信用评估、网络广告发布、网络营销、网上支付、物流配送、交易保险等辅助服务者。生产企业自主开发网上交易平台，开展采购和销售活动，也可视为网上交易服务提供者，即网上交易平台服务提供者可以同时提供网上交易辅助服务。商务部《网络购物服务规范》（2008 征求意见稿）将网络交易服务主体分为三类：一是网络购物平台提供商，指为网络购物交易方提供网络购物平台系统，并进行运营和服务的法人。二是网络支付平台提供商，指为网络购物交易方提供网络支付平台系统，并进行运营和服务的法人。网络支付平台，指为各种网络购物（包括 B2B、B2C、C2C 和 G2B）提供网络购物安全支付服务的计算机网络系统。三是网络购物辅助服务提供商，指为网络购物交易方提供网络购物辅助服务的法人或自然人。网络购物辅助服务，是指为各种网络购物（包括 B2B、B2C、C2C 和 G2B）提供网络购物中所需要的服务活动，如：包裹和快件的运输或寄递、交易保险等。笔者认为，除网上交易的经营者和消费者外，其他网上交易服务主体，只有所介入的交易环节和所发挥功能的不同，难以区分法律地位的主辅，所以，上述两种分类的差异是形式上的，是对"辅助交易"外延的不同界定。在此，笔者仅就网上交易所涉及的主要环节进行述评。

（一）平台服务主体

网络服务提供商（Internet Service Provider）即主要是指营利性地使用网络为用户提供诸如网络联结、访问以及信息服务的活动，从事互联网经营活动的互联网服务供应商。网络服务提供商的组成比较复杂，"按照其服务的内容主要可以区分为如下几种：网络接入提供商（Internet Access Provider）、网络内容提供商（Internet Content Provider）、在线服务提供商（On-line Service Provider）、网络平台提供商（Internet Presence Provider）、网络设备提供商（Internet Equipment Provider）、网上媒体提供商（Internet Media Provider）、应用服务提供商（Application Service Provider）。以网站经营者在信息传输中的作用区分，网络服务商大致可以分为两类：一类是网络内容服务提供商；另一类是网络中介服务提供商，网络内容服务提供商，是指向社会公众或特定用户提供信息内容服务的网络服务公司。网络中介服务提供商指为网络提供信息传输中介服务的主体。网络中介服务提供商可以分为接入服务提供商和主机服务提供商。接入服务提供商，指为信息传播提供光缆、路由器、交换机等基础设施，或为上网提供接入服务，或为用户提供电子邮件服务的主体。主机服务提供商，指为用户提供服务器空间，供用户阅读他人上载的信息或自己发送信息，甚至进行实时信息交流，或使用超文本链接等方式的搜索引擎，为用户提供在网络上搜索信息的主体。大多数网站既提供中介服务，同时也提供内容服务，承担了网络内容服务提供商和网络中介服务提供商的双重角色"。①

---

① 参见张楚、郭斯伦编著：《网络与电子商务法教程》，首都经济贸易大学出版社2005年版，第33页。

（二）身份确认主体

基于网络经济的虚拟性和主体身份难以确定性，各国一般通过身份认证制度（Identity Certification）来确认主体身份，即由一个"可信的第三方"（Trusted Third Party）给予一方身份的权威性认证，通行的做法是由国家有关机构或由国家授予相关资格的认证机构（Certification Authority，简称 CA），通过一定的技术手段与法定程序，对用户的身份进行验证与证明。这一类主体主要有认证中心（CA）、密钥管理机构（Key Management，简称KM）、咨询服务中心及相关安全保障机构，其核心一般是 CA。CA 承担着"监督管理"交易双方签约、履约的角色，不仅要对进行网络交易的双方负责，还要对整个电子商务的交易秩序负责，同时，交易双方也有义务接受 CA 的监督管理。在采用公开密钥的电子商务系统中，对文件进行加密传输的过程中，公开密钥系统在电子商务文件的传输中实现了两次加密解密过程：私有密钥的加密、解密与文件本身的加密、解密，买卖双方的相互认证是通过认证中心提供的公开密钥来实现的。在实际交易时，认证中心需要向咨询方提交一个由 CA 签发的包括个人身份的证书，持卡人证书、商家证书、账户认证、支付网关证书、发卡机构证书等多项内容的电子证书。使交易双方彼此相信对方的身份。申请人向 CA 申请证书时，可提交自己的驾驶执照、身份证或护照，经验证后，颁发证书，证书包含了申请人的名字和他的公钥，以此作为网上证明自己身份的依据。这种认证过程同样可以运用于电子支付等过程中。

（三）金融服务主体

金融服务体系的电子化、数字化、网络化是电子商务顺利发展的重要条件。电子支付（Electronic Payment），是以网络为手段，将负载有特定信息的电子数据取代传统的支付工具用于资金流程，并具有实时支付效力的一种支付方式。① 电子支付要通过电子银行凭借电子信用卡、电子钱包、电子支票、电子货币等工具进行电子资金划拨来实现。网上支付是衡量互联网商务应用的重要指标，这一应用与众多网民的生活息息相关。"电子银行是在 Internet 上的虚拟银行柜台，是指通过 Internet 进行实质性金融服务，即吸收存款、发放贷款、办理结算、信托等业务的银行。它是传统银行金融服务的革新，将全球的资本市场连接在一起，避免流通的无序和中介层次，从而提高经济活动效率。它不同于那些拥有自己的网站，仅仅进行形象宣传和业务介绍的银行，那样的银行只能称为银行上网，而非网上银行。网上银行涉及的当事人极其复杂。在资金流通过程中，已不只是简单的银行与储户、银行与贷方、银行与其他金融机构的单线关系，出现问题往往涉及客户、网上金融机构、通讯线路提供者、计算机制造商甚至电力公司等多方当事人。因此，当事人权利、义务的分配，责任的认定和风险负担的划分的法律确认至关重要。"②

（四）物流配送主体

"配送制的发展历程，从送物上门到伴随着电子商务的出现而出现的物流革命，再到物流配送的信息化及网络技术的广泛应用所带来的种种影响，经历了三次革命。电子商务条件下的物流配送除了具备传统物流配送的特征外，还具有信息化、现代化和社会化特征。信息化是指通过网络使物流配送由信息武装起来，实行信息化管理是新型物流配送的基本特征，这也是实现现代化和社会化的前提保证；现代化是指电子商务缩短了生产厂家与最

---

① 蒋志培主编：《网络与电子商务法》，法律出版社 2002 年版，第406页。

② 赵秋雁：《关于网上银行的若干法律问题》，《黑龙江金融》2002 年第4期，第26页。

终用户之间供应链上的距离，改变了传统的市场结构；物流合理化的一个重要方面就是物流活动的社会化，物流的社会化一方面是为了满足企业物流活动社会化要求而形成的，另一方面又为企业的物流活动提供了社会保障"。① 根据交易关系的客体不同，电子商务对物流配送的主体和交付方式的要求有所不同。交易咨询类服务，如房屋租赁信息、远程教育、财经咨询等可以通过网络直接履行；交易数字化商品，经过许可（Licenses）通过网络直接下载，如电子书刊、电脑软件等，无需依赖物流配送主体进行合同标的的交付。可见，交易咨询类服务或者数字化商品的配送主体一般可以直接由经营者承担。交易非数字化商品，则有赖于物流配送主体将该商品现实交付给交易主体，从而完成合同的履行。可见，网络经济的发展需要发达的物流配送系统，发达的物流配送系统应当是在线配送和线下配送的网状、良性循环系统。尤其是线下配送应当从仅仅依靠邮寄和快递公司，到致力于物流流通渠道的建立。"在电子商务时代，信息化、现代化、社会化的新型物流配送中心应当具有反应速度快、功能集成化、服务系列化、作业规范化、目标系统化、手段现代化、组织网络化、经营市场化、流程自动化和管理法制化等特征，还应具备高水平的企业管理、高素质的人员配备和现代化的装备条件等"。②

三、协调管理主体

互联网管理是一项复杂的系统工程，也是一项长期的艰巨任务。网络协调管理主体呈现出多元化和专门化两大特征。

多元化，是指国际与国内、官方与民间网络协调管理主体并

---

① 孙军等主编：《电子商务概论》，机械工业出版社 2009 年版，第 116 页。

② 孙军等主编：《电子商务概论》，机械工业出版社 2009 年版，第 117 页。

85

存。互联网已成为世界经济和社会发展的重要基础设施，互联网的国际管理应该是多边、透明和民主的，有政府、企业、民间团体和国际组织的全面参与。国际上，如国际互联网协会（Internet Society，简称 ISOC），"ISOC 正式成立于 1992 年 1 月，作为一个非政府、非营利的行业性国际组织，迄今已拥有来自全世界各地的 80 多个组织成员和 28000 名个人成员。它同时还负责互联网工程任务组（Internet Engineering Task Force，简称 IETF）、互联网结构委员会（Internet Architecture Board，简称 IAB）等组织的组织与协调工作。ISOC 成立的宗旨是为全球互联网的发展创造有益、开放的条件，并就互联网技术制定相应的标准、发布信息、进行培训等。除此以外，ISOC 还积极致力于社会、经济、政治、道德、立法等能够影响互联网发展方向的工作"。① 在中国，如工业和信息化部、中国互联网信息中心（CNNIC）、中国互联网协会、电子商务协会等。"根据第十一届全国人民代表大会第一次会议批准的国务院机构改革方案和《国务院关于机构设置的通知》（国发〔2008〕11 号），中国设立工业和信息化部，为国务院组成部门。主要职责包括：提出新型工业化发展战略和政策，协调解决新型工业化进程中的重大问题，拟订并组织实施工业、通信业、信息化的发展规划，推进产业结构战略性调整和优化升级，推进信息化和工业化融合，推进军民结合、寓军于民的武器装备科研生产体系建设；制定并组织实施工业、通信业的行业规划、计划和产业政策，提出优化产业布局、结构的政策建议，起草相关法律法规草案，制定规章，拟订行业技术规范和标准并组织实施，指导行业质量管理工作；监测分析工业、通信业运行态势，统计并发布相关信息，进行预测

① http：//www. isoc. org/isoc/，2009 年 8 月 20 日浏览。

预警和信息引导，协调解决行业运行发展中的有关问题并提出政策建议，负责工业、通信业应急管理、产业安全和国防动员有关工作；负责提出工业、通信业和信息化固定资产投资规模和方向（含利用外资和境外投资）、中央财政性建设资金安排的意见，按国务院规定权限审批、核准国家规划内和年度计划规模内固定资产投资项目；拟订高技术产业中涉及生物医药、新材料、航空航天、信息产业等的规划、政策和标准并组织实施，指导行业技术创新和技术进步，以先进适用技术改造提升传统产业，组织实施有关国家科技重大专项，推进相关科研成果产业化，推动软件业、信息服务业和新兴产业发展；承担振兴装备制造业组织协调的责任，组织拟订重大技术装备发展和自主创新规划、政策，依托国家重点工程建设协调有关重大专项的实施，推进重大技术装备国产化，指导引进重大技术装备的消化创新；拟订并组织实施工业、通信业的能源节约和资源综合利用、清洁生产促进政策，参与拟订能源节约和资源综合利用、清洁生产促进规划，组织协调相关重大示范工程和新产品、新技术、新设备、新材料的推广应用；推进工业、通信业体制改革和管理创新，提高行业综合素质和核心竞争力，指导相关行业加强安全生产管理；负责中小企业发展的宏观指导，会同有关部门拟订促进中小企业发展和非国有经济发展的相关政策和措施，协调解决有关重大问题；统筹推进国家信息化工作，组织制定相关政策并协调信息化建设中的重大问题，促进电信、广播电视和计算机网络融合，指导协调电子政务发展，推动跨行业、跨部门的互联互通和重要信息资源的开发利用、共享；统筹规划公用通信网、互联网、专用通信网，依法监督管理电信与信息服务市场，会同有关部门制定电信业务资费政策和标准并监督实施，负责通信资源的分配管理及国际协调，推进电信普遍服务，保障重要通信；统一配置和管理无线电频谱资源，依法监督管理无线电台（站），负责卫星轨道位置的协调和管理，协调处理军地间无线电管理相关事宜，负责无线电监测、检测、干扰查处，协调处理电磁干扰事宜，维护空中电波秩序，依法组织实施无线电管制；承担通信网络安全及相关信息安全管理的责任，负责协调维护国家信息安全和国家信息安全保障体系建设，指导监督政府部门、重点行业的重要信息系统与基础信息网络的安全保障工作，协调处理网络与信息安全的重大事件；开展工业、通信业和信息化的对外合作与交流，代表国家参加相关国际组织；承办国务院交办的其他事项"。①

专门化与协作化，是分管与合作协调运作。一方面，针对互联网管理相关的前置审批、登记备案、经营许可、工商注册、内容传播、技术封堵、监督处罚等各个具体环节设置专门管理机构，按照"谁主管谁负责、谁运营谁负责"的原则，进一步理顺管理体制，明确各部门的责任。另一方面，要注重协调运作，过度的专门化容易导致在管理权限方面职责不清、职能交叉、多头管理、协调不力、效率低下，应当做到行业管理与行政管理、内容监管与技术手段相结合，从而形成整体合力。"从行政监管角度，政府的行政管理包括三个层次的内容：组织建设、制度建设和人员意识。首要的是组织建设问题，即指有关信息安全管理机构的建设。建立和健全社会有关机构或机制，并充分发挥其作用，迫使网络企业尊重、重视消费者的权益，主动采取保护消费者权益的行为。社会的有关机构和机制主要包括：建立和发挥职能部门的作用，这些部门包括工商行政管理部门、质检部门、商检部门、物价部门、税收部门、市场管理机构等，并充分发挥这

---

① 《工业和信息化部简介》，http：//www. miit. gov. cn/n11293472/
n11459606/11606790. html，2009 年 8 月 20 日浏览。

些职能部门加强行政管理、质量管理，强化市场管理、监督的作用，打击、制裁一些违法经营活动。建立和健全消费者协会、消费者委员会等消费者组织，发挥其社会监督的作用。"①

第二节 网上消费法律关系
主体制度的建设

探讨网络交易主体制度的建设，由于网络交易主体的独有特征，可具体地从四个方面展开：主体的广泛性与科学的市场准入制度、主体身份的虚拟化和数码化与身份确认制度、主体形象的多维化与主体权益的保护、主体权利行使方式的拓展与主体责任的体系化。

一、诚实信用的环境建设

网络本身的虚拟性和交易双方的非实质性接触，给网络交易带来了先天的安全隐患。"目前，中国网民网络交易信任水平偏低，仅有29.2%的网民认为网上交易是安全的，不到四成的网民愿意在网络上填写真实信息。虽然目前中国互联网商务类交易有了长足的发展，但是较低的网络交易信任度成为商务类应用发展的障碍之一"，② 因此，网上消费法律关系主体制度的建设首先应当建立在诚实信用的磐石之上。

一方面，要激发主体的内在自律能力。道德基础是内因，它

---

① 宋斌：《浅议网络营销与消费者权益保护》，《今日南国》2008年总第91期，第112页。

② 参见《第二十四次中国互联网络发展状况统计报告》（2009年7月），http：//www. cnnic. cn/html/Dir/2009/07/15/5637. htm，2009年7月25日浏览。

的建立需要一个环境，即多数人都遵守道德。作为一种道德规范，诚信是一切道德的基础和根本。对于电子商务领域，诚信不仅是一种责任，更是一种声誉和资源。2004 年 12 月 21 日，由中国电子商务协会倡导成立的"中国电子商务诚信联盟"在北京宣告成立。eBay 易趣、卓越等业内 40 多家互联网企业悉数聚集，并签下了"诚信宣言"，这显示了中国电子商务企业自律的决心。

另一方面，要建设外在的约束机制。外在的约束机制应当是信用评估机制和信用保障机制的统一体。信用评估机制是指信誉评定机构对网站进行信用等级的评定。消费者及经营者在网上交易时，由于不能全面真实地了解对方的情况，导致对网上交易没有信心。这种对网上交易缺乏信心的客观现实，是阻碍电子商务大规模发展的一个关键。对经营者进行信用评估，加注若干权威的认可授权标志，标志越多，则信誉越高。美国商务促进委员会（简称 BBB，又称民间组织商业改进局）最为著名。BBB 根据其《在线商业活动准则》的规范，向符合该准则并承诺遵守信息披露和和解规范等准则的在线商家发放"信任标记"。凡是获取了 BBB"信任标记"的在线商家，就说明其具有比较高的信用标准。韩国建立一个 eTrust 认证委员会，由该委员会根据消费者的反馈信息、媒体报道、专业调查报告、政府有关部门提供的信息等资料对网络销售者的货物质量、个人信息保护、销售过程等项目进行综合评估，向符合标准的网络销售企业颁发 eTrust 认证标识。① 中国消费者协会于 2000 年"3·15"期间推出的"3·15标志"，任何产品申请使用"3·15 标志"，都必须经过严格的考

---

① 参见邓磊：《韩国政府促进电子商务发展的举措》，《全球科技经济瞭望》2004 年第 4 期，第 56 页。

察审核程序，这是为体现"3·15 标志"的权威性和公正性所必须要求的：一是任何被许可使用"3·15 标志"的企业必须承诺当发生小额消费纠纷，其他渠道不能解决时，自愿接受、服从消费者协会的调解意见，由消协根据双方事先签订的消费争议赔付协议对消费者进行赔付，使消费者的权益受损问题能依法得到及时、公正、彻底的解决；二是被许可使用"3·15 标志"的产品，在同行业中质量上乘，产品符合国家质量、安全、卫生等标准，特别是保健产品应该保证有切实的功效、良好的口碑，企业经营必须稳健务实，不得存在虚假、夸大宣传等方面的问题；三是企业事先须做出承诺，欢迎消费者协会随时对其使用"3·15 标志"的产品进行社会监督、监测并向社会公告，如监测结果达不到承诺标准或不符合国家有关规定，损害了消费者的权益，将自愿接受终止"3·15 标志"使用资格的协议约定，以此督促和帮助企业不断提高产品质量和售后服务水平。[①] 经过 5 年多的发展，已逐渐被广大消费者和经营者所熟知和认可，在引导消费者正确、安全、健康消费等方面所起到的积极作用已日益明显。2006 年 3 月 10 日，中国电子商务协会诚信评价中心颁布《中国企业电子商务诚信基本规范》，通过 12 个一级指标和 60 个二级指标，核查和评价企业的在线业务符合诚信规范的程度。这标志着我国电子商务诚信体系建设在机构设置和规范制定方面迈出实质性步伐。信用保障机制是指奖惩分明的制度，目的是奖励守信和惩治失信。有了信誉评级制度和完善的法律法规，一旦企业有违约行为，不但它的信誉等级会下降，继而丧失客户群，而且还将受到法律制裁，这将形成一个很有效的制约机制和良好的电子商务信誉体系。

---

① http：//www. cca. org. cn/，2005 年 1 月 2 日浏览。

二、主体的广泛性与科学的市场准入制度

市场准入制度（Market Access System），即如何进入市场和退出市场的规则系统，是对市场主体合法性的确认，"是参与电子商务关系的主体不违反法律的禁止性规定，在线交易主体资格适法原则，体现了国家对于在线交易这种私法活动的适度干预的理念"。① 不但能够预防网络交易的风险，而且还是保护网络交易中消费者权益的一种有效途径。科学的市场准入制度，是指科学设定进入市场的资格和退出市场的条件，这需要静态制度宏观约束，同样需要动态的微观把握。从工商行政管理的角度，经营者实际包含了准入登记（即经营者办理营业执照）和工商营业执照网上标识（或叫经营者身份认证）两个不同层次的工作内容。其中准入登记先要明确网络中哪些经营主体要到工商部门办理营业执照。工商营业执照网上标识是指对已经办理准入登记的经营者，在其所经营的网站或网页上加注工商标识和电子版工商营业执照。应该说，前者是后者的基础，而后者又是打造网络诚信环境的客观要求。

在中国，对于主体的市场准入规范经历了三个发展阶段：

第一个阶段是备案登记和营业执照网络版电子化等多种方式的尝试阶段。2000 年 3 月 28 日，根据国家工商行政管理总局授权，北京市工商局首先发布《网上经营行为登记备案的通告》，规定凡从事网上经营行为（包括在辖区内的市场主体利用互联网从事以营利为目的的经营活动，以及经济组织进行形象设计、产品宣传、拍卖、发布广告等行为），可通过互联网向北京市工商行政管理局设立的红盾 315 网站（www. hd315. gov. cn）申请登记备

---

① 张楚、郭斯伦编著：《网络与电子商务法教程》，首都经济贸易大学出版社 2005 年版，第 45 页。

案。2000年5月18日发布的《网上经营行为登记备案的补充通告》对网络标志的管理做了进一步规定，2000年6月28日发布的《关于在网络经济活动中保护消费者合法权益的通告》也要求网站所有者按照北京市工商局《关于对网上经营行为进行登记备案的通告》的规定进行网上经营行为登记备案，并在主页面上设置工商备案标识。此后，北京市工商局连续出台了《经营性网站备案登记管理暂行办法》①、《经营性网站备案登记管理暂行办法实施细则》、《网站名称注册管理暂行办法》和《网站名称注册管理暂行办法实施细则》，自2000年9月1日起施行。2000年9月1日，上海市工商局实施《营业执照副本（网络版）管理试行办法》，该办法明确了主管机关、管理范围以及营业执照副本（网络版）的含义，营业执照副本（网络版），是指由工商行政管理部门颁发的营业执照的电子数字证书，是在互联网上确认经营主体资格的证明件。工商行政管理部门是依法对本市营业执照副本（网络版）管理的主管机关，负责对企业和个体工商户发放营业执照副本（网络版）的监督管理。

第二个阶段是统一的许可制度和备案制度试行阶段。2000年9月25日，国务院公布实施《互联网信息服务管理办法》规定，互联网信息服务分为经营性和非经营性两类。经营性互联网信息服务，是指通过互联网向上网用户有偿提供信息或者网页制作等服务活动。非经营性互联网信息服务，是指通过互联网向上网用户无偿提供具有公开性、共享性信息的服务活动。国家对经

---

① 该办法颁行后，北京市工商行政管理局2000年3月28日发布的《北京市工商行政管理局网上经营行为登记备案的通告》和2000年5月18日发布的《北京市工商行政管理局网上经营行为登记备案的补充通告》同时废止。该办法及其实施细则后被2004年10月1日起施行的《经营性网站备案管理办法》所替代。

营性互联网信息服务实行许可制度，对非经营性互联网信息服务实行备案制度。未取得许可或者未履行备案手续的，不得从事互联网信息服务。自此，许可制度和备案制度在全国统一执行。2005 年 3 月 20 日起施行的信息产业部《非经营性网站备案登记管理》，对从事非经营性互联网信息服务的主体履行备案手续和实施备案管理进行了规定。自此，统一的许可制度、备案制度和管理制度得以确立。

第三个阶段是主体制度建设与网络经济整体环境发展的契合阶段。国办发〔2008〕88 号印发了《国家工商行政管理总局主要职责内设机构和人员编制规定》，明确国家工商行政管理总局的 15 条职责，不仅每条职责在网络市场中都同样适用，而且在第 3 条职责中又特别明确指出，要负责监督管理市场交易行为和网络商品交易及有关服务的行为。这意味着，主体制度的建设和规范不仅要以网络经济的和谐发展为目标，而且要与相关制度密切契合。北京市工商局《关于贯彻落实〈北京市信息化促进条例〉，加强电子商务监督管理的意见》〔2008〕规定，2008 年 8 月 1 日起，营利性网店必须先取得营业执照后才能经营，电子商务经营者要对外公示身份信息，否则将按无照经营查处。电子商务经营者应当在网站上公开企业名称、经营地址、网店名称、IP地址、网店负责人联系方式等信息。公示的资质信息必须真实，并且随时更新。就该规定而言，对于 C2C 的冲击明显要大于对 B2C 的冲击，主要原因是几乎所有 B2C 平台，例如当当网、卓越网等都依法办理了营业执照，影响较小。而 C2C 平台则不同，数量庞杂、分类繁琐，有的经营者没有固定资产，没有房屋使用证明、难以负担税务费用等，这或多或少会让一些网店经营者放弃。虽然该规定作为一项地方性法规，影响力有限，全国性监管体系的形成尚待时日，而且针对不同交易类型实行科学的分类管理还需要不断探索和实践。但是，从正面效应来讲，注册登记网店经营者的实名制有利于充分发挥市场的调节作用，优化资源配置，淘汰一部分不具备经营实力的小型网商，从制度上保障消费者权利。此外，鉴于网上消费法律关系主体的广泛性，国家对其他特殊主体从事网络经济活动也做出一定的资格条件规定，尤其是与网络建设密切相关的行业，如网络连接商（IAP）、信息服务提供商（ISP）、信息提供商（ICP）、数字证书认证机构（CA）、密钥管理机构（KM）等服务机构。在该阶段，要更加重视准入制度中名单制度的系统化和常规化，系统化强调网上消费法律关系主体的联系和沟通，常规化重视名单的普及性与及时更新。因为消费者和经营者之间相互的信心来源于众多参与网络交易服务的第三方，如网络交易中心、网络在线服务商、网络银行、认证机构等，其中，核实双方的真实合法身份，则能掌握双方的信誉情况，一旦因经营者不付货、不按时付货或者货不符实而产生对消费者的损害，必然列入黑名单，进行违规情况通报，导致其信誉的降低。如果屡次违规，有权采取相应措施，如取消电子支付的账号，甚至取消其数字证书，由此剥夺其开展电子商务的权利。2009 年 4 月 13 日，厦门市工商局出台了《厦门市工商行政管理网络市场经营主体备案管理规定（试行）》，按照其要求，在互联网上建立网站并拥有独立域名，销售商品、提供服务以及其他依照法律法规规定应当办理注册登记的企业或个人，都必须依法进行登记注册，并依照规定办理网络市场经营主体备案。工商部门将据此建立备案数据库，并逐步对网络商家实施分类监管及网络信用"黑名单"制度。与"福建工商行政管理网络市场经营主体备案平台"联网，消费者可以在上面查询到网站是否拥有"红盾"标志以及工商部门发的备案电子证书，而且，对网站的前后台交易行为都有监管，并可以定期查询，办案时可以取证，消费者购物后发生消费纠纷，维权较有保障。当然，全国的商业信用信息网络建设需要进行统一规划，以实现全社会信用信息的高度共享。

三、主体身份的虚拟化和数码化与身份确认制度

信息网络技术为主体的活动提供了新的空间，拓展了活动范围，增强了自由度。网络空间虽然有别于物理空间，但并非超脱于人类社会的独立空间或领域，而是人类社会新的组成部分。对主体而言，尽管在线交易主体是"虚拟"的，但并不是"虚构"或"虚幻"的，这是主体参与经济活动的前提，享有权利、承担义务的基础。它与传统经济活动主体最显著的区别就是身份的虚拟化，这是由信息技术本身特点决定的，即主体在网络中的身份主要以数码为识别标志，这就需要加强网络主体的身份信息管理，确认主体身份的真实性，以排解交易安全带来的诸多隐患。

确认主体的真实性，各国一般通过身份认证（Identity Certification）制度实现。身份认证具体分为身份识别（Identification）与身份验证（Authentication）。前者是指用户向系统出示自己的身份证明的过程，后者是系统核查用户身份证明的过程。认证制度中与身份确认相关的一个重要内容是电子签名或称数字签名制度（Electronic Signature & Digital Signature）以及电子认证制度。电子签名是指一种电子形式的签署，表明此签署由一主体或以该主体的名义发出，并且表明其对该数据电文所包含内容的认可。电子签名可以表明签署人的身份，但需要第三方认证来验证电子签名人的真实身份。这个第三方就是提供电子认证服务的电子认证服务提供商。"虽然电子认证和电子签名都是电子商务的保障机制，但二者的手段和目的有所不同。电子签名是一种技术手段的工具性的保障，法律规范对之所做的调整，主要表现为对符合签名基本功能的电子签名技术予以认定，从而确立起

法律效力。这实际上是对技术标准的认定，具有较强的客观性。而电子签名认证，则是对电子商务的一种组织上的保障，它不仅需要一定标准，还需要有一定的社会组织结构与之配套。也就是说，电子认证，更侧重于对交易人的身份、品行方面的考察。从目的上看，电子签名着重保护数据电讯的安全，不使其被仿冒、篡改或被否认。而电子认证，则主要确认交易人的身份，使之与实际上的数据电讯的发、收件人一致"。① 因此，电子签名和电子认证都是身份认证中不可缺少的保障机制。关于电子认证服务机构，中国通过《电子签名法》、《电子认证服务管理办法》、《电子认证服务密码管理办法》、《电子认证服务机构有关标准规范》和《电子认证业务规则规范（试行）》等对电子认证服务提供者实施监督管理，这不仅规范了电子认证服务行为和业务，而且提高了网络市场经营主体的信用度，为促进网络市场的繁荣和稳定发挥了重要作用。根据工业和信息化部第6次部务会议2009年2月4日审议通过，2009年3月31日起施行的《电子认证服务管理办法》规定，电子认证服务，是指为电子签名相关各方提供真实性、可靠性验证的活动。电子认证服务机构应当具备下列条件：具有独立的企业法人资格；具有与提供电子认证服务相适应的人员；从事电子认证服务的专业技术人员、运营管理人员、安全管理人员和客户服务人员不少于三十名，并且应当符合相应岗位技能要求；注册资本不低于人民币三千万元；具有固定的经营场所和满足电子认证服务要求的物理环境；具有符合国家有关安全标准的技术和设备；具有国家密码管理机构同意使用密码的证明文件；法律、行政法规规定的其他条件。电子认证服务机构应当保

97

① 张楚、郭斯伦编著：《网络与电子商务法教程》，首都经济贸易大学出版社2005年版，第139页。

证提供下列服务：制作、签发、管理电子签名认证证书，确认签发的电子签名认证证书的真实性，提供电子签名认证证书目录信息查询服务，提供电子签名认证证书状态信息查询服务。电子认证服务机构应当保证电子签名认证证书内容在有效期内完整、准确，保证电子签名依赖方能够证实或者了解电子签名认证证书所载内容及其他有关事项，妥善保存与电子认证服务相关的信息。

四、主体形象的多维化与主体权益的全面保护

随着网络的普及与多媒体技术的进步，网页（Webpage）、个人网页或主页（Homepage）、域名（Domain Name）、网站（Web-site）及电子邮箱（E-Mail Box）等形象性标志成为显著性社会识别标志，给主体增添了展示自己风采的舞台空间，形象更为生动与丰富多彩，从某种程度上说，它们与主体的"网络生命"是共存的，① 其整体形象设置是一项重要的无形财产，恶意抢注等行为会给主体带来难以估量的损失。可见，在网络中，网址名称、域名、网站名称、网页名称、邮件地址以及用户名等诸如此类的电子符号，已经构成主体的身份标志，是其从事网络行为所必不可少的要素，因此，有必要确认主体权益的法律地位，并明确其内涵、外延及保护方式。

主体权益的保护除了要遵循《商标法》、《反不正当竞争法》、《企业名称登记管理规定》等有关法律、法规的规定外，还包括名称管理、域名管理和 IP 地址管理等。名称管理就是赋予网站所有者名称专有权，根据北京市工商行政管理局 2000 年9 月 1 日起实施的《网站名称注册管理暂行办法》和《网站名称注册管理暂行办法实施细则》规定，网站所有者应当申请对其

---

① 参见齐爱民、徐亮：《电子商务法原理与实务》，武汉大学出版社 2001年版，第 31~32 页。

网站名称进行注册，每个网站最多可以申请三个注册网站名称，网站所有者对其所注册网站名称享有专有权，任何单位和个人不得擅自在其拥有的网站上使用与他人注册网站名称相同的名称。该办法对责任承担也做了相应规定，网站所有者使用与其他权利人所有的商标、字号、域名、企业名称、注册网站名称等相同或近似的注册网站名称，并从事与权利人相类似的经营活动，造成他人误认的，由注册机关责令其改正不正当行为，情节严重的可撤销其注册网站名称，收回《网站名称注册证书》并予以公告，注册机关可同时根据有关法律法规的规定对其予以处罚。网站所有者未经权利人许可擅自使用权利人所有的注册网站名称的，注册机关将依法予以处罚，网站所有者在该注册网站名称的权利人申请注册之前已经实际使用该网站名称的除外；网站所有者冒充注册网站名称的，工商行政管理机关将根据有关法律、法规对其予以处罚；除转让的注册网站名称外，注销或被注册机关撤销的注册网站名称，自注销或被撤销之日起一年内注册机关不予注册与之相同的网站名称。域名是互联网络上识别和定位计算机的层次结构式的字符标识，与该计算机的互联网协议（IP）地址相对应。域名已被誉为"企业的网上商标"、"企业的第二商标"，成为标识特定主体的名称。北京市工商局《网站名称注册管理暂行办法》（2000）规定，北京市工商行政管理局是国家工商行政管理局授权对全国注册网站名称进行统一注册试点的主管机关，对网站名称实施注册登记管理。根据国家有关规定，参照国际上互联网络域名管理准则，信息产业部《中国互联网络域名管理办法》①2004年12月20日实施，规范中国互联网络域名系统管理和域

---

①　2002年8月1日公布的《中国互联网络域名管理办法》（信息产业部令第24号）同时废止。

名注册服务，保障中国互联网络域名系统安全、可靠地运行，促进了中国互联网络的健康发展。为了加强对互联网 IP 地址资源使用的管理，保障互联网络的安全，维护互联网用户的根本利益，促进互联网业的健康发展，信息产业部 2005 年 3 月 20 日实施的《互联网 IP 地址备案管理办法》，适用于在中国境内直接从亚太互联网信息中心等具有 IP 地址管理权的国际机构获得 IP 地址的单位和具有分配 IP 地址供其他单位或者个人使用的单位。

五、主体权利行使方式的拓展与主体责任的体系化

网络技术的发展和应用，为主体提供了更多自由平等和公平竞争的条件和机会，大大拓展了主体行使权利的方式，也使得对信息的收集、储存、处理具有了前所未有的能力和规模，但同时，网络用户的隐私和商业秘密等受到前所未有的威胁，而且主体更难以确认，手段更隐蔽，损失更大。

首先，寄送垃圾邮件（Spam or Junk Email），不仅降低网络运行效率，占用网络带宽，造成邮件服务器拥塞，进而降低整个网络的运行效率，而且侵入了用户的私人空间，侵犯了隐私权（生活安宁权益）和自主选择权。这就需要科学界定垃圾邮件的含义，明确区分邮件营销，拟定消费者自助解决方案，反垃圾邮件联盟的行业自律举措，以及将互联网邮件管理纳入法制轨道（详见本书第五章第四节"自主选择权"）。其次，非法收集、复制、篡改及处理信息，侵犯了隐私权和商业秘密权等。"黑客"的蓄意破坏、ISP 等网络服务商的非法关闭和转移或者是其他主体非法收集（运用 Cookies）储存和处理用户的信息，都可能造成隐私或商业秘密的泄露和损失。在传统的消费市场中，隐私保护一般不属于消费者保护的突出问题，现行消费者权益保护法也未做特别的规定。但在网上交易中，消费者隐私保护变得非常突出。"IP 地址的被跟踪，隐私信息的被非法出售，账户密码的泄露，邮件炸弹的肆虐，令消费者不厌其烦倒在其次，而网络隐私一旦被滥用，将给个人带来难以想象的后果和网络秩序的混乱"。① 针对这个问题，笔者设计了网络隐私权保护的三道防线（详见本书第五章第二节"网络隐私安全权"）。最后，非法传播信息，侵犯了主体的隐私权和名誉权等。网络提供给人们相对自由表达意愿的广阔空间，如电子邮件（E-Mail）、电子公告板（Bulletin Board System，BBS）、网上聊天（Internet Relay Chatting，IRC）等，但同时也为非法公布隐私以及大量侮辱、诽谤等恶意散发污秽信息的行为提供了寄生场所。此外，还有未经许可的作品数字化侵犯著作权等相关问题。经营者的名誉是社会对经营者的生产能力、生产或销售的商品质量、服务态度、工作状况、对社会的贡献等的总评价，代表其在人们心目中的形象地位。法人名誉权是指法人所享有的有关自己的社会评价不受他人侵犯的权利。消费者不当行使言论自由权，会对经营者名誉权造成侵害，并对其经济利益产生重大影响。消费者王洪与经营者北京恒升远东电子计算机集团，就是从"笔记本电脑维修纠纷"的消费维权引发了"网络名誉侵权"。依据北京市第一中级人民法院 2000 年 12 月 19 日二审判决，王洪赔偿北京恒升远东电子计算机集团经济损失人民币九万元。② 为消费者提供优良的售后

101

---

① 游植龙：《论电子商务消费者权益的法律保护》，《信息网络安全》2002 年第 1 期，第 34 页。

② 1997 年 8 月 5 日，王洪与王立成（科华电脑公司经理）在北京中关村安特明科技有限责任公司（以下简称安特明公司）购买一台恒升集团生产的 SLIM—Ⅰ笔记本电脑。此后，王洪在使用电脑中感觉显屏晃动，遂于 1998 年 6 月 1 日与安特明公司联系维修事宜，并连续发表《请看我买恒升上大当的过程》、《誓不低头》、《答"雷鸣"律师，致恒升的公开信》等文章。参见《恒升案二审宣判王洪败诉（附判决书）》，http：//tech. sina. com. cn/h/n/46907. shtml，2008 年 12 月 19 日浏览。

服务，是经营者应尽的社会责任，亦是其商业信誉的组成部分，而该障碍本可通过正当途径得以解决，但王洪采取了在国际互联网上发表文章的方式以表达自己的不满。利用互联网发表侮辱、诽谤、诋毁他人名誉、商业信誉言论的行为，是一种侵权行为。

网络主体权利行使方式的多样化，使新的网络权利及其保护方式呼之欲出，如网络隐私权的保护、垃圾邮件的规制、网络产权的定位等，许多传统的概念需要重新认识，面临重新定性，网络主体责任体系的建设任重道远。

第四章 网上消费法律关系的客体制度

法律关系的客体，是指主体的权利和义务指向的对象。"消费权的提出，是对消费者购买、使用商品和接受服务过程中享有的权利从客体的角度所进行定位的结果。消费权所关注的不是参与消费的消费者，而是消费者的消费行为，即这种权利的取得不是基于消费者这一特殊主体的身份，而是基于主体消费的特定行为。消费行为与人的劳动能力相关联。在社会化大生产条件下，劳动者在劳动过程中消耗劳动力，形成增量利益；通过参与市场竞争获得收益，实现增量利益；又通过消费行为，一方面消费生产出来的增量利益，另一方面使得劳动能力得到补偿和发展。由此可见，消费是推动社会增量利益形成和实现过程循环有序进行的重要一环，消费行为是在社会化大生产背景下产生和实施的与社会整体经济运行相关联的行为，消费权就是人的劳动能力的补偿和发展权"。① 因此，客体制度研究是网上消费法律制度建设中不可分割的、基础性的和重要的组成部分。

---

① 参见朱雯、陈乃新：《论消费者权利的性质及经济法消费权的设立》，《经济研究导刊》2007 年第 7 期，第 135 页。

第一节 网上消费法律关系
客体制度概述

一、消费安全与消费便利为主导的消费取向

根据《消费者权益保护法》规定，消费关系的客体是指用于生活消费的商品和服务。针对网上消费法律关系，根据是否在线交付，即配送方式的不同，划分为在线交付的客体（数字化商品和在线服务）和离线交付的客体（非数字化商品和离线服务）。网上消费法律关系的客体与传统消费法律关系的客体相比较，有共性也有个性，其所具有的共性呈现出新特点，个性也涌现出新问题，亟须妥善地应对。下面依据中国互联网络信息中心2004年11月发布的《中国网络购物调查报告之用户网络购物行为特征：用户在网上购买的商品或服务》[①] 和2008年6月发布的《2008年中国网络购物调查研究报告》进行分析，探讨消费者的消费取向。

首先，消费便捷是主要的购物动因。用户选择网络购物的原因（多选题）：送货上门，比较方便53.9%；价格便宜50.1%；购买到本地没有的商品44.8%；节省体力和时间35.7%；商品品种较多31.9%；感觉好奇，尝试一下24.9%；比传统购物的效率高20.9%；其他6.8%。可见，其中"送货上门，比较方便，购买到本地没有的商品，节省体力和时间"均是购物便捷

---

① 参见《中国网络购物调查报告之用户网络购物行为特征：用户在网上购买的商品或服务》，http：//tech. sina. com. cn/other/2004 - 11 - 15/1842459542. shtml，2004年11月11日浏览。

的需求体现。

其次，消费安全是放弃网上购物的主要原因。用户没有尝试网络购物的主要原因（多选题）：不信任网站，怕受骗62.4%；担心商品质量问题47.4%；质疑网络购物的安全性42.3%；担心售后服务36.8%；程序繁琐，麻烦30.5%；担心付款环节30.0%；担心商品配送有问题26.7%；不熟悉，不了解，不知如何购买26.1%；商品信息不够详细17.8%；价格不够低15.3%；商品不够丰富9.4%；不想买/不需要/没必要6.0%；无合适产品1.1%；其他3.7%。其中"不信任网站，怕受骗，担心商品质量问题，质疑网络购物的安全性，担心售后服务，程序繁琐，麻烦……"均是对网上购物安全缺乏信心。

最后，消费种类日益繁多，不同的商品覆盖群体差异较大。购买用户数最多的一类商品是服装家居饰品，近一半（48.9%）的网购用户都在网上买过。服饰家居饰品的女性购买者较多，大多属于购物网民中的中等阶层。学历处于中等，以大专和大学本科居多；年龄处于中等，多在18～30岁之间；收入处于中等，各种收入段购物用户分布较为均衡。书籍音像制品是传统的网络购物商品，目前仍占据着重要地位。半年内有32.4%的网民在网上买过书籍音像制品。书籍音像的网购用户男女性比例较为接近；文化程度较高，大学本科及以上学历用户占到了73.5%；18～40岁用户比例占到近90%。相比于其他商品购物人群，35岁以上人群比例较高，属于收入较高的网购群体。化妆品及珠宝的购买比例为28.9%，占据商品购买人数的第三位。化妆品及珠宝网购人群女性占到7成以上，学历水平在网购人群中处于中等，以大专和本科生居多；较为年轻，18～24岁人群占到44%；收入水平相对偏低，收入在500～2000元之间的人群较多。除以上三类商品外，其他购买人数最多的商品依次是：通讯数码产品、充值卡点卡、玩具及母婴用品、电脑及配件、食品与保健品。通讯数码产品和电脑及配件的网购人群分布比较相似，男性用户比例超过 7 成，学历略偏高于网购人群平均水平；年龄略高于平均水平，收入略低于平均水平。充值卡点卡购买人群特征较为鲜明，年龄较小的男性用户较多，学历水平、收入水平均低于网购人群平均水平。玩具及母婴用品的购买人群女性较多，以年龄在 25～35 岁的大专和本科学历网购用户居多，属于收入较高的网购人群。

二、按需服务和以人为本经营理念的发展

"宽带时代"提供了广阔的购物环境通道。现代信息技术的普及，特别是互联网的崛起，使市场上的竞争更具透明度。与此同时，宽带所带来的便利已经开始慢慢渗入人们的生活，由于页面更加快速的切换，在线费用的逐步降低，不仅使消费者在线购物次数明显增加，还扩大了消费群体和购买范围。人们将宽带比作网上的高速公路，给经营者带来广阔的商机，也给消费者带来充分的选择。

"按需服务"（On Demand）以人为本的理念，成为促使电子商务不断发展的动力和源泉。"经济学中假定人们都是理性的消费者，都以追求利益最大化为目的，总是选择他们负担得起的最佳物品"。① 如果说，过去大多数顾客限于种种条件只能在生产厂商提供的范围内选择商品，那么，今天的信息技术，尤其是互联网，将促使顾客将其独特的消费方式表现得淋漓尽致。改变以往传统市场先生产后销售，企业充当市场教育者的模式，转变成为真正了解用户的需要，一切从用户实际出发，使以互联网为媒介的电子商务全面进入个性化服务的崭新境界。全球著名的网上零售商亚马逊网站（AMAZON. COM）宣布，网站已收购了一家出版公司，以推广"按

---

① 刘旭东、吕昊：《盗版软件的经济学分析》，《大众科技》2007 年总第 98 期，第 207 页。

需出书"的新业务。① IBM 公司也宣称,将斥巨资 100 亿美元用于开发"按需服务"网络商业软件,其用意是引导电子商务走向真正意义上的按需供应服务。② 正如美国通用电气公司总裁杰克·韦尔奇所说:"作为培育、繁荣市场的企业来说,应该毫无其他选择地顺应买方市场不断发展的潮流,责无旁贷的满足每一位消费者的需要,而今天电子商务的崛起为实现这一愿望创造了良好的条件"。

　　技术创新与规则调整正不断突破网上消费瓶颈。将商品交易变成通过输入数字来体现的崭新的"游戏法则",让产品或服务变成一群数字,让电脑去处理由顾客选择的有关的数字,使厂商提供的产品与顾客所需要的完全一致。这样,供应与需求脱节的矛盾在很大程度上可以得到缓解。日本电信电话公司(NTT)开始试验一种新式服务,即通过网络下载数据来传送香味。东京一家电子产品商店展示了这项服务的实验版本。在水晶球发生器中储存了 36 种天然香味,其中包括桉树、檀香木和罗勒等天然油脂。使用者输入自己的出生日期之后,电脑便能够根据此人生日和星座下载并散发出相应的香味。③ 美国 My Virtual Model 公司开发了一

----

　　① 　目前,这家出版公司为亚马逊网站提供了一份包括上千种书目的书单,亚马逊网站的顾客只要发出订单,马上可以交付出版公司印刷,即所谓的"按需出书"。亚马逊网站的一名高级管理人员说,这种经营方式满足了特定客户的个性化需求,同时使付印数量很小的生意也有利可图。他说,哪怕顾客只要一本书,公司也不会亏本。参见《亚马逊网站收购—出版公司推按需出书业务》,http://tech. sina. com. cn/i/2005 – 04 – 06/0957572988. shtml,2005 年 4 月 6 日浏览。

　　② 　参见刘林森:《电子商务"新境界"》,http://www. gog. com. cn/jqpd/pd02009/ca347664. htm,2003 年 3 月 3 日浏览。

　　③ 　网络下载香味的过程如下:用户在便携式电脑上连接一个类似水晶球的香味发生器,发生器上有一个喷嘴。随后,发生器从电信电话公司的中央服务器上接收香味数据,然后根据读取的数据,从喷嘴发出香味。参见《味道也可网上卖——日本公司试验网络下载香味》,http://www. northeast. cn/sjpd/sjxw/80200412120006. htm,2004 年 12 月 10 日浏览。

种"My Virtual Model"，用户只要输入身高、体重、肤色以及头发的颜色等数据，按用户的体态特征自动生成的虚拟模特就会出现在屏幕上，"试穿"用户相中的衣物。① 这都是在商业领域应用数字技术的典范。尽管在互联网上销售实物产品是许多在线商店的主要目标，但提高商业交易的效率或改善服务、扩大市场份额才是电子商务的核心。创造性的想法可以使许多实物产品和过程转变为数字产品，而且，随着现代信息技术的不断完善和发展，人们对信息的处理、管理和使用能力将得以进一步增强，也将使信息技术服务企业经营在技术物质的支持上具有更可靠的保证。当然，我们必须清醒地认识到，便利的物流体系、安全的网上支付等问题的解决不仅需要技术创新，更需要法律的规范保障，这样，网上消费才能真正深入人心。

108

第二节　在线交付客体制度的建设

离线交付的客体主要包括非数字化商品和非在线服务，一般通过在线购买离线交付模式实现，可以说，对于非数字化商品的电子商务，交易主体和部分过程实现了数字化，但由于其产品是有形的，也就无法实现数字化，必须有相应的物流配送系统。数字产品的电子商务将市场主体、客体和过程全部数字化，生产、发货、支付

---

① 许多服装公司正在推广"电脑试衣系统"，该系统内贮有数万种不同款式、花色和尺寸的服装，根据顾客输入的信息或者从不同角度对顾客体形进行三维扫描，电脑可在很短的时间内完成组合处理，为顾客设计最佳的服装款式，屏幕上出现"穿"上定做时装的顾客形象，如顾客不满意，可按键重新选择，直到满意为止。刘林森：《电子商务"新境界"》，http://www.gog.com.cn/jqpd/pd02009/ca347664.htm，2003 年 3 月 3 日浏览。

和消费都是在线上发生,数字产品电子商务需要全新的商业模式和商业过程,被称为"全数字商业"。① 其优势在于能够巧妙地绕过配送问题,所以,也有经营者致力于经营全数字化产品,如中国首家网络数码商城 Idshop(Internet Digital Shop)②。基于其具有的易复制性、易传播性和易篡改性等特征,必须界定合法性的交易规则。

一、在线交付客体的种类与模式

数字化商品是以"0"或"1"构成二进制形式存在的无形商品,从数字化商品的作用来看,大致包括两大类③:一类是数字化的信息产品(信息流)。美国数学家仙农(Shannon)认为,信息是用来减少随机不确定的东西。我国信息科学家钟义信先生将仙农对信息的概念分为两个层次:一是本体论层次上的信息,这个层次上的信息是指事物运动的状态和状态变化方式的自我显示;二是认识论层次上的信息,这个层次的信息是指主体所感知或表述的关于事物运动状态及其变化方式,包括状态及其变化方式的形式等等。④ 本书中的信息特指认识论层次的信息,信息产品即相对于有形实物产品而言的无形知识产品,数字化的信息产品,是一种可

109

---

① 参见袁晓东、戚昌文:《电子商务与知识产权》,《商贸经济》2002 年 1 月 14 日。

② 由北京听听电子商务服务有限公司与中国电信联手打造的、国内首家经营全数字化产品的网络数码商城 idshop(Internet digital shop)正式推出。业内人士分析,这种以小额储值卡支付、全数字化产品的网上商城很适合中国目前网络发展状况和网民的消费习惯,对于攻破互联网的"免费精神",促进中国互联网产业发展将产生积极作用。参见《国内首家全数字化商城面世》,http://www.81890.net/gb/node2/node14/node34/userobject1ai1723.html,2003 年 1 月 16 日浏览。

③ 在此,笔者无意穷尽所有数字化商品的种类,仅从广义上且为主题论述需要划分为信息流和资金流。

④ 参见钟义信:《信息科学原理》,北京邮电大学出版社 2002 年版,第 47～52 页。

以被数字化并通过网络来传播的知识产品。在互联网出现之前，音乐、影碟以及包含在书籍、杂志或其他期刊中的信息主要是以有形形式销售，在电子商务时代，可以被数字化并通过网络来传播。其中，数字化的应用软件（Application Program）①，是信息产品中应用较为广泛的一种，是为某种应用目的所编写的特定功能程序或代码，其中，应用软件种类最多，包括办公软件、电子商务软件、通信软件、行业软件、游戏软件等。另一类是数字化的权利凭证（资金流）。可以认为，此定义包含了两重含义：一是所谓电子化或非物质化，就是信息的载体由传统的纸张更替为电子手段；二是信息的电子化或非物质化的结果之一，就是电子文件的产生。据此，数字化的权利凭证，是指传统纸面权利上所载列的权利信息改由电子化的方法进行生成、发布、传送或记录。比较典型的为电子货币及其衍生物、电子提单、数字证券以及数字卡（包括网络游戏卡、上网卡、电话卡、电影卡、会员卡等）等。为了使网上支付更为便捷，开发出多种网上支付手段，通过互联网实现客户账户上资金的转移。比如电子支票（Electronic Check）、网上贷记卡（Internet Debit Card）、在线储值系统（On-line Store Value System）等。电子提单即提单的电子化，有时又称做提单的无纸化（Paperless）、提单的非物质化（Dematerialisation）或提单的电子传输（Electronic Transmission）等。

---

① 电脑软件，是人们编写的，电脑能够理解且执行的指令，有时也叫代码、程序。根据功能的不同，电脑软件可以粗略地分成四个层次。最贴近电脑硬件的是一些小巧的软件。它们实现一些最基本的功能，通常"固化"在只读存储器芯片中，因此称为固件。系统软件包括操作系统和编译器软件等。系统软件和硬件一起提供一个"平台"。它们管理和优化电脑硬件资源的使用。常见的中间件包括数据库和万维网服务器等，它们在应用软件和平台之间建立一种桥梁。应用软件种类最多，包括办公软件、电子商务软件、通信软件、行业软件、游戏软件等等。

在线服务(Online Services)是指运用 WWW 服务器特定的程序,实现主体通过浏览器实时地通过键盘接受服务。网络技术的发展大大拓展了服务空间,凭借信息双向交流、速度快、不受空间限制等优势,让在不同产业的发展现状以及基于现有 Internet 环境下的商务资源重组的趋势综合作用下,促进了多项产业的协同发展,正是"科技引领服务,服务创造未来"。在线服务一般要求注册为会员,用户注册可以获取用户电子身份,是实现在线服务平台统一用户管理、统一用户注册认证的基础。同时,用户电子身份不仅是用户访问在线服务平台的基础,也是接受安全而稳定的实时在线服务的保障。在线服务的提供一般是有偿的付费服务,例如,瑞星在线杀毒提供免费在线查毒与付费在线杀毒服务。在线服务也有无偿的免费服务,例如,on118 法律在线服务网①声明该网站由执业律师为所有需要法律帮助的访问者提供免费在线咨询。在线服务主要包括网络教育服务、在线通讯服务、在线杀毒等,其发展潜力巨大,成为传统服务行业不可分割的重要组成部分。

在线交付客体的电子商务模式主要有网上订阅模式、付费浏览模式、广告支持模式和网上赠予模式四种。网上订阅模式(Subscription-based Sales)指的是企业通过网页安排向消费者提供网上直接订阅、直接信息浏览的电子商务模式。网上订阅模式主要被用来销售报刊杂志、有线电视节目等。例如,美国在线(American Online)和微软网络(Microsoft Network)等在线服务商让订阅者每月支付固定的订阅费用,享受各种信息服务。付费浏览模式(the Pay-pet-View Model)指的是企业通过网页安排向消费者提供计次收费性网上信息浏览和信息下载的模式。First Virtual

①　http://www.on118.com/,2005 年 1 月 2 日浏览。

Holdings 网站,就是采用付费浏览模式的信息交易市场,它让消费者根据自身需求有选择地购买,其付款方式采用该企业自己开发的国际互联网付款系统(First Virtual's Internet Payment System)。广告支持模式(Advertising-supported Model)是指在线服务商免费向消费者提供信息在线服务,而营业活动全部用广告收入支持。这是目前最成功的电子商务模式。例如,Yahoo 和 Lycos 等在线搜索服务网站就是依靠广告收入来维持经营活动。信息搜索为消费者在信息浩瀚的互联网上寻找信息提供最基础的服务,企业在信息搜索网站上设置广告是其重要的宣传方式,特别是通过付费方式在网上设置旗帜广告(Bannners),通过旗帜即可连接到企业的网址。网上赠予方式是一种非传统的商业运作模式,它指的是企业借助于国际互联网全球广泛性的优势,向互联网上的用户赠送软件产品,扩大知名度和市场份额。通过让消费者使用该产品,让消费者下载一个新版本的软件或购买另外一个相关的软件。网上赠予模式的实质就是"试用,然后购买"。例如,《华尔街日报》对绝大多数在线服务商和其他出版社一般都提供免费试用期。它在免费测试期间拥有 65 万用户,其中有很大一部分都成为后来的付费客户。①

二、在线交付客体的特征

在线交付客体具有易复制性。首先,数字产品具有质量不可变性,是指数字产品不可能磨损,一经创生,就可以永远存在下去。尽管一些有形商品的使用寿命很长,如汽车、住房被人们称为耐用商品,但还是可以被用坏,最初的产品质量差异会因为消费者的使用而变得更加明显。而数字产品不管用得多久或多频繁,其质量不会下降。数字产品经久耐用,使得生产商不得不同自己已卖出

---

① 参见聂光铭编著:《网络经济》,地震出版社 2000 年版,第 115~127 页。

的商品竞争,进行产品的更新换代,例如杀毒软件版本的升级和性能的提高。其次,数字产品具有可复制性,这是质量不可变性的延伸特点,对于数字产品来说,质量几乎是相同的,数字技术使得数字产品可以完美的复制,而不存在质量上的差别。对于同一种数字产品,大多数消费者只可能也只需要购买一次,并且在使用一定时间后可能又转让给他人使用。最后,基于数字产品的质量不可变性和可复制性,以及计算机技术的广泛运用,产生了数字产品的不仅可以复制,而且容易复制的特性。世界知识产权组织(WIPO)早在 1987 年就提出了如下解释:"当文字与图形显示在计算机屏幕上……停留时间足以供阅读有关文本,研习有关作品,它们就被固定。出现在屏幕上的实际是作品的复制本,通常是页面形式。如果这是真的——看来像是真的——屏幕显示就是复制,显示的作品就是复制本,这种显示有必要为复制权所覆盖。"①

在线交付客体具有易传播性。正是由于数字产品的易传播性,成为电子商务发展的强大动力和源泉。以远程教育为例,"教育互联"就是一个网络教育超市,是一个教育资源有偿供求的网上平台,具有大众普及性和灵活性特点,为不同背景、不同职业和不同基础的受教育者提供了学习的机会。正如加拿大哥伦比亚大学教授托尼·贝茨博士所说"开办远程教育的理由,主要是为那些因为各种原因而无法进入正规学校、学院或大学的人提供受教育的机会。"但是,同时也带来世界性难题,买方在获得耐用的数字产品以后,可能在未取得授权的情况下,复制并传播数字产品,敏感信息被泄露往往会带来重大损失。传统的文档权限管理能够防止未经授权的访问,但一旦能看文档就拥有对该文档的全部权

---

① WIPO, *Worldwide Symposium on the Future of Copyright and Neighbouring Rights* (June 1994), p. 181.

限,特别是可以随意外传,使敏感信息的安全高度依赖于人的道德和忠诚,一旦有权限阅读的人有私心,信息的安全就缺乏保障。这就必须让能读能看某个文档的人不能传播该文档,这个问题不解决,就不得不为保密的原因而放弃共享,从而导致信息数字化率降低、工作效率下降,进而导致数字产品市场的混乱。这就需要数字文档技术的创新和法律的规范,数字文档技术是指技术控制,法律规范是指对于非法传播的制裁。其目的是提供最大程度的共享机制,使文档信息的价值得到最充分的利用,同时,还能保证敏感文件不会被泄露,即使是对合法阅读者也能进行拷贝、打印等权限的管理和控制,从而解决机构用户的信息数字化率和信息使用率偏低的问题。

114

在线交付客体具有易篡改性。数字产品具有自身质量不可变性,但是,如果主体主动介入,则具有内容的可变性,即数字产品的内容随时可变,容易被修改。数字文件一旦被下载,就很难控制用户对内容的完整性,无论是有意、无意,还是欺诈性的修改,都是不可避免的,这将对数字产品的潜在市场造成威胁。

三、在线交付客体的合法性原则

在线交付客体的合法性原则,是指客体交付过程中主体依法行使权利、履行义务和承担责任,具体包括经营者提供产品和服务的合法性与消费者接受产品和服务的合法性。

（一）经营者提供产品或服务的合法性

经营者提供产品或服务的合法性,是指经营者以不侵害权利人的合法权利为目的依法提供产品或服务。

一方面,经营者提供产品或服务应当是合法流通的产品或服务,禁止购买、使用属于禁止流通的商品和接受属于禁止流通的服务。国际消费者联盟组织（简称 IOCU）1981 年在槟榔屿成立了一个警告组织,就禁止、限制出售的产品或在世界任何地方应予收回的产品向消费者提供警告。对于直接影响消费者生存和生活的重要标的,如粮食、饮水、药品、农药等,各国一般采取针对性的举措予以特殊规范,遵守既定法律和强制性标准,以防止损害消费者经济利益的做法。例如,为加强药品监督管理,规范互联网药品信息服务业务,保障互联网药品信息的合法性、真实性、安全性,中国根据《药品管理法》、《互联网信息服务管理办法》和相关法律、法规的规定,制定了《互联网药品信息服务管理暂行规定》,该规定自2001年2月1日起实施到2004年7月8日《互联网药品信息服务管理办法》施行之日终止,根据《互联网药品信息服务管理办法》,提供互联网药品信息服务的网站不得发布麻醉药品、精神药品、医疗用毒性药品、放射性药品、戒毒药品和医疗机构制剂的产品信息。2009年7月1日起施行《互联网医疗保健信息服务管理办法》,该办法规定,互联网医疗保健信息服务内容必须科学、准确,必须符合国家有关法律、法规和医疗保健信息管理的相关规定。提供互联网医疗保健信息服务的网站应当对发布的全部信息包括所链接的信息负全部责任。不得发布含有封建迷信、淫秽内容的信息;不得发布虚假信息;不得发布未经审批的医疗广告;不得从事网上诊断和治疗活动。非医疗机构不得在互联网上储存和处理电子病历和健康档案信息。此外,根据国际标准化组织《质量管理和质量保证——术语》①、《标准化法》、《标准化实施条例》和《产品质量法》等规定,经营者还应当保证提供产品或服务的真实性、完整性、商业适用性、维修性和经济性等。

　　另一方面,经营者提供产品或服务过程中采用电子控制和电子自我救助手段要具有合法性。电子控制,是指在合同关系中,信

---

①　即 ISO 8402—1994,该标准已经为我国国家标准 GB/T 6583—1994 等同采用。

息产品的许可方根据协议条款采取某种电子措施和类似方法，限制他人对信息的利用，保证许可方的信息不被越权使用，同时又可以保证被许可方对许可信息的正常使用。美国《统一计算机信息交易法》第605条(a)款规定，"自动限制措施"指目的在于限制对信息的使用的程序、代码、装置或类似的电子或物理措施。该条款确认了电子控制的法律效力，满足许可方在合同履行过程中在程序上对自己利益保护的需要，并且从法律性质上将电子控制确定为合同权利的一种，是出于对被许可方给予保护。605条(b)款进一步规定，下列情况下，有权对信息的使用进行限制的一方可以在信息或信息的拷贝中加入一个自动限制措施并使用该限制措施，即使用电子控制措施：协议中有条款授权这种限制措施的使用；限制措施阻止的是与协议不一致的使用；限制措施阻止在规定的合同期限到期后或一定次数的使用之后的使用；限制措施阻止在合同终止以后，而不是规定的合同期限或一定次数的使用之后的使用，且许可方在阻止进一步使用之前向被许可方发出了合理的通知。第605条(c)款规定并不授权积极地阻止或使被许可方不能访问其自己或第三方，而非许可方的信息的自动限制措施，只要此种信息为被许可方或第三方所占有，并且无需使用许可方的信息或信息权即可访问。第605条(d)款规定一方如采用了一项符合(b)款或(c)款的自动限制措施，将不对由于此种自动限制措施的使用而引起的损失负责。第605条(e)款规定并不阻止许可方按照一项规定以电子方式用一份升级信息或其他新的信息替代或废除原有拷贝的协议，通过交付新拷贝或版本对原信息拷贝进行电子替代或废除。第605条(f)款规定并不授权在发生违约行为或因违约而撤销合同之时，使用自动限制措施以获得救济。例如，"由于信息产品具有易复制、易传播和易篡改的特性，获取信息后的再次分发和出售成为经营者的关注的重要问题，一些信息技术公司针对该问题开发了网上信息知识产权保护技术,这也是电子控制的一种表现形式。Ca dillac 公司采用 IBM 密码信封技术进行知识产权保护,信息下载者已开密码信封,即自动引发网上付款行为。为了解决信息再次分发和出售的问题,密码信封的设计允许信息购买者作为代理人将信息再次出售,而且给予代售者一定的佣金,这样,就鼓励了信息的合法传播"。① 电子自我救助是因为对方侵权或违约,技术提供方为维护自身权益所采取的防卫性的技术控制。例如,1997 年北京江民新技术有限责任公司"KV 杀毒软件'逻辑锁'案件"(详见本书第三章第一节)。笔者认为,禁止或者允许电子自我救助不能一概而论,任意采用是不现实的,完全否认其功能同样是不理智的,应对其做出明确的法律规定,美国《统一计算机信息交易法》第814、815 和816 条关于电子自我救助的方式和条件的规定值得借鉴,根据该法规定,电子自我救助,是指许可人根据法定条件,运用电子技术行使其权利的特殊方式,包括占有权与阻止权两种方式。占有权,是指占有所有为被许可方所占有或控制的被许可信息的所有拷贝以及与该信息有关的所有其他材料,这些信息、拷贝或材料,根据合同本应由被许可方退还或交给许可方。阻止权,也称为防止使用权,有权阻止根据许可证对被许可信息上的合同权利和信息权利的继续行使。电子自我救助条件是对电子自我救助的限制,在行使许可证条款所许可的电子自助之前,许可方应在以一份记录向被许可方指定的人发出的通知中说明,要求被许可人对于电子自我救助条款的许可使用,必须单独明确的表示同意。通知中应当写明:许可方拟于被许可方收到通知以后的 15 日内进行电子自助作为救济;许可方有权诉诸电子自助的违约行为的性质;以及被许可方可以就被主张的违约

117

_____

①　参见聂光铭编著:《网络经济》,地震出版社 2000 年版,第 119 页。

行为与许可方交涉的人的名字、职称和地址包括直接的电话号码、传真号或电子信箱。可见，与电子控制相比较，二者的共同目的是保障信息权利人的权利；不同之处在于，电子控制侧重事前的预防性手段，电子自我救助行为主要是事后的防卫性措施。

(二)消费者使用产品或接受服务的合法性

消费者使用产品或接受服务的合法性，是指消费者以不侵害权利人的合法权利为目的的依法使用产品或接受服务。

一方面，消费者不得侵犯产品或服务的专有权，进行不正当的复制、传播和篡改。数字产品的价值和潜在威胁均在于其可以被方便地复制、存储和传输。数字产品的生产商在做了最初的固定投资以后，生产的边际成本几乎为零。如果生产商连固定成本都收不回的话，产品质量就可能降低，或产品干脆退出市场。这意味着，数字产品价格一旦确定，固定成本就决定了达到收支平衡所需的最低销售量。因此，保护数字产品的核心在于防止数字产品的不正当复制和转手销售。世界知识产权组织在1996年通过了《版权条约》与《表演和唱片条约》，规定了一种新型权利——传播权，以适应数字化和网络技术的发展，这主要是为了解决可复制性带来的问题。复制可被传输，这使传输能够成为发行的前提。美国1995年白皮书也持这种观点，它建议修改美国现行版权法以使传输包括在发行权范围之内，它认为，尽管没有有形物转手，"原件"仍留在传输者一方，但是，如果一个作品从一台计算机传输给其他十台计算机，作品的十份复制本就被发行了。① 著作权固有的保持作品完整权，可以控制数字产品的内容，解决易篡改性问题。因此，消费者应当依法使用产品或接受服务，不得侵害权利人的合法权利。

---

① Note 6(White Paper 1995)Appendix 1-Proposed Legislation.

另一方面,消费者有权依法享有运用产品或服务的共享权。有学者认为,任何知识都有两种对立的权利相互制约,一是知识专有权,二是知识共享权。有学者认为,与有形财产不同,知识产品天生就有专有权和共享权的平衡问题,称为"知识均衡论"。因此,在立法时不能无限强化专有权,从而损害消费者对知识产品的共享权。① 也有学者主张知识专有权,否定"知识均衡论",并依据举世公认的"奔驰车不能共享",提出"软件也不能共享"。显然,"软件奔驰等同论"要想成立的话,其隐含的前提必须成立,那就是有形产品和无形产品、工业产品和信息产品没有实质区别,实际情况却并非如此。运用边际成本的原理分析无形财产的特殊性,得出边际收益递减是工业社会物质产品生产过程的普遍现象,现代西方经济学的传统理论,也把边际收入递减作为其理论分析的基本假设。但是,这个流行了两百多年的假设,在网络经济面前受到了严峻的挑战,那就是网络经济是边际收益递增的经济。假设我们各自投入两亿美元的资本,分别生产出第一辆某种汽车和某种电脑软件,这里同样的两亿美元的前期投入我们称之为"沉没成本",即如果生产停止就无法挽回的成本。大型工业生产和软件生产都具有沉没成本较高的特点,这是它们的共性。但是,从生产第二辆汽车和复制第二张软件开始,两者就出现了本质区别,每辆奔驰车的利益与生产的数量的增加是呈反向曲线的,这其中有材料成本、固定资产折旧等多方面原因,单纯扩大生产规模并不能在产量增加的前提之下提升利益。而对软件的生产而言,却是另外一种情况,每张软件的利益随着软件发行数量的增加而递增。简单地讲,卖的产品越多,每张产品挣的钱也越多,两者的乘积

---

① 参见刘国华:《中国民间论战软件保护立法》,《21世纪经济报道》2001年12月27日。

（即毛利率）也就必然成倍地增长。另外，与网络边际成本不谋而合的是，软件本身具有完美的可复制性，只要第一张光盘生产出来，就可以以极低的成本快速生产出上百万张光盘，它们同第一张光盘几乎没有任何差别，而且，这个过程并不需要复杂的技术或高额的投入，低到几乎可以忽略不计的成本，而每增加一个单位产品所带来的收益却在不停增加，导致了软件的利益随发行量的增加而以几乎是平方的速度增长。正是基于这种原因，微软的市场价值于 1998 年超过通用电气，达到 2500 亿美元以上，比尔·盖茨本人也因为拥有微软公司的主要股份成为世界首富，而要在工业时代聚积起同样的财富，可能要花数倍于此的时间。① 笔者赞同知识均衡论，实践中，著作权的合理使用制度、专利权的合理使用和强制许可制度都在权衡权利人和使用人的利益，而这种利益均衡又是为经济发展和社会进步服务的，所以，任何主体都不能"持权旷物"，剥夺公众"合理使用"（Fair Dealing or Fair Use）的权利，这关系到消费者权益的切实保护。当然，合理的标准以及与不合理之间的界限，是随着社会经济的发展而变化的，而且，这已经远非消费者权益保护法所能够单独解决的课题，涉及反垄断等相关的法律制度的共同建设。

---

① 参见杨望远：《软件的网络经济学分析》，http://www. netlawcn. com/second/article. asp? artno = 14,2004 年 5 月 2 日浏览。

第五章 消费者的权利与经营者的义务

第一节 消费者的权利与经营者的义务概述

一、消费者主权与经营者主权的博弈

在市场经济体系中,主要存在两大基本利益主体,即经营者和消费者。对于消费者与经营者的相互地位,西方经济学中存在两种对立的学说:消费者主权和经营者主权。消费者主权(Consumer Paramountcy),是指"消费者在决定某个经济体系所经营商品的种类和数量上起着支配和主导的作用"。① 即消费者的消费行为在商品生产这一最基本的经济问题上起决定性作用,这种作用表现为消费者用货币购买商品是向商品投"货币选票"。"货币选票"的投向和数量,取决于消费者对不同商品的偏好程度,体现了消费者的经济利益和意愿。这样,消费者就把自身的意愿和偏好通过市场传达给生产者,生产者据此确定生产的数量、雇佣的劳动和所需的生产资料,同时改进技术、降低成本、增加品种等,以满足消费

---

① 《马克思恩格斯选集》第2卷,人民出版社1995年版,第11页。

者的需要、获得最大利润。企业、市场和消费者这三者间的关系是：消费者借助于消费品市场上生产者之间的竞争，行使主权，向生产者"发布命令"。此思想最早见于现代经济学之父亚当·斯密的《国富论》中，后来的奥地利学派和剑桥学派都把"消费者主权"看成是市场关系中的最重要原则。经营者主权（Producer Paramountcy）的代表约翰·肯尼思·加尔布雷斯根据大公司垄断市场的现实提出："在人类收入水平较低的以往社会中，人们只要求满足自然需要，与消费者收入不高和消费水平低下的情况相适应，与前现代经济的市场狭小和消费低迷相适应。而在丰裕社会中，人们进一步要求满足心理的需要，在商品供给日益丰富，消费者购买力日益提高，市场半径不断扩大及市场活跃程度不断增强的背景下，消费者主权往往被垄断保护下的生产者主权所取代。尤其是计算机技术的广泛应用和国家对经济的干预，也使得消费者的购买能够听命于经营者"。①即在现代经济条件下，借助于专业的市场调查机构，生产者能够获得消费者需求及其变化的丰富信息，把握消费发展的流行趋势，对消费者进行轰炸式的"诱导"，生产者可以迫使消费者接受其提供的品种、款式、规格、价格，按照其指导进行购买和消费。生产者借助于现代技术将其意志强加给消费者，于是，在现代经济条件下，不是需求创造供给，而是生产创造消费。

从经济学角度，市场上的供求均衡使社会所有成员得到的总剩余最大化，也即在市场均衡状态下的资源配置可以使买者和卖者得到的总利益最大化，这种配置就称之为效率（Efficiency）。②

---

① ［美］加尔布雷思：《加尔布雷思文集》，沈国华译，上海财经大学出版社2006年版，第95～98页。

② 消费者剩余＝买者的评价－买者支付的量，生产者剩余＝卖者得到的量－卖者的成本，总剩余＝消费者剩余＋生产者剩余。［美］曼昆：《经济学原理——微观经济学分册》，梁小民译，北京大学出版社2006年版，第135～154页。

所以,需要关注的不是在市场行为中谁支配谁、谁服从谁的问题,而是利益如何得到更充分实现的问题。一个有效的市场应该是一个均衡的市场,是一个消费者主权和经营者主权均衡的市场,一个消费者利益和经营者利益都得到充分实现的市场,而不是一个绝对的消费者主权或者绝对的经营者主权的市场。在互联网时代,信息技术的高速发展激发了消费者与供应商之间高效互动,一方面,消费数据更容易被汇聚,也更可能形成统一的消费行为,这就产生规模需求的效应。同时,经营者利用消费数据,结合生产规划,经过优化实现低成本运作。这样,消费者分享到商业主体中的流通利润,对消费者参与的原动力起到了重要的牵引作用,进而,这又成为推动经营者发展的主要动力源。这种协作的商业模式,极大地调动了双方的合作意识,更有利于达到经济运行的动态均衡,加强供需的交融,实现生产与消费的协调,促进国民经济良性循环,构建和谐社会。

123

以法学和社会学的视角而言,权利和义务具有相互依存性,在动态的经济运行中,不存在绝对的主权,也不存在绝对的权利和义务,"无论是从个体的人赖以生存的角度,还是从个体的人所具有的与生俱来的社会属性的角度来看,人都不可能仅以个体的形式独立生活、生存并获得发展,而是必须生活在一个群体之中,即必须与他人共同组成社会而生活在具体的社会之中。我们在承认'人'是个体的人的前提下,不得不探讨个体的人与其他人、社会组织以及国家之间的关系,不得不承认具有普遍性和绝对性的人权在具体的社会和国家中是应当受到限制的。在社会生活中,个体的人必须与其他人共同生活,与其他人、社会组织以及国家之间发生社会关系,因而必然存在权利与权利之间、权利与权力之间的冲突与矛盾。这也就是说,任何社会都不可能保证其中任何一个人所具有的权利和自由的绝对性。从社会意义上而言,每一个人的权利和自由都必然受到限制，即要受到国家和社会组织所代表的公共利益的限制，受到其他人所具有的比其权利和自由更重要的权利和自由的限制"。① 因此，权利与义务总是对立统一的，正如马克思所说："没有无义务的权利，也没有无权利的义务。"②

二、消费者的权利与经营者义务的协调

"任何法律上的权利与义务必须是法律规范所规定的，得到国家的确认和保护，权利人享受权利依赖于义务人承担义务，这是法律意义上的权利与义务不同于其他意义上的权利与义务的特殊的法律性"。③《消费者权益保护法》第二章专章规定了消费者的九项权利：交易安全权、知情权、自主选择权、公平交易权、求偿权、结社权、获得有关知识权、人格尊严和民族风俗习惯受尊重权、监督权。第三章专章规定了经营者的十项义务：依照法律、法规的规定与消费者约定履行的义务；接受消费者监督的义务；保证商品和服务安全的义务；提供商品和服务真实信息的义务；标明真实名称和标记的义务；出具购货凭证或者服务单据的义务；保证商品或者服务质量的义务；履行三包或者其他责任的义务；不得以格式合同等方式排除或限制消费者权利的义务；不得侵犯消费者人格权的义务。针对《消费者权益保护法》采用的规定消费者权利和经营者义务的立法方式，有学者提出《消费者权益保护法》侵害了经营者的合法利益，经营者只能承担责任和义务，没有任何权利可言。④ 还有学者认为，在消费者权益保护的法律体系中，消费者的权利被强化，其义务却没有得到相应的重视和明确。消费者权益

---

① 胡锦光：《论以人为本的"人"》，《法商研究》2008 年第 1 期，第 49 页。

② 《马克思恩格斯选集》第 2 卷，人民出版社 1995 年版，第 16 页。

③ 孙国华主编：《法理学教程》，中国人民大学出版社 1994 年版，第 480 页。

④ 郑东平：《关于〈消费者权益保护法〉的若干思考》，《法制日报》2004 年 6 月 1 日。

保护法律体系权义结构的失衡使得经济法无法从法理到制度层面达至主体权义统一的自洽性。① 笔者认为,该制度规则的设计是遵循"消费者权利—经营者义务—国家(社会)责任"的立法原则展开的,既没有剥夺经营者的权利,也没有弱化消费者的义务,而是"赋予消费者享有广泛的权利,使作为弱者的消费者在消费生活领域的基本人权获得了法律所确认的权利的支撑"。② "日本经济法学者金泽良雄进一步指出,消费者权利,与其说是权利,莫如说是作为弱者的消费者的失地回复的手段"。③ 在消费者弱势地位改善的同时,消费者和经营者的纠纷有所减少,市场秩序呈现良性与和谐。

　　"进入现代市场经济社会,生产高度社会化,利益主体多元化,内外市场网络化,经济矛盾复杂化,使得任何一个法律部门都难以对这种现代市场经济关系单独分别调整,因而出现了新的综合调整的需要和要求"。④ 而且,任何一部法律法规都不可能囊括所有规则,而是各有其立法取向,并协同运作。我国已基本建立了以《消费者权益保护法》为核心,包括《广告法》、《产品质量法》、《食品安全法》、《反不正当竞争法》等消费者权益保护的法律体系。例如,《反不正当竞争法》立足于保护守法经营者,惩治非法经营者;《产品质量法》的直接立法目的则是为了加强对产品质量的监督管理,提高产品质量水平,明确产品质量责任。《消费者权

---

　　① 张永忠:《消费者主体地位的理论反思与制度重塑》,《法商研究》2009 年第 3 期,第 94 页。

　　② [德]耶林:《为权利而斗争》,载《民商法论丛》第 2 卷,第 22 页。

　　③ 转引自梁慧星:《民法学说判例与立法研究》,中国政法大学出版社 1993 年版,第 265~266 页。

　　④ 刘文华、肖乾刚主编:《经济法律通论》,高等教育出版社 2000 年版,第 11 页。

益保护法》作为以消费者为主体保护消费者合法权益的专门性法律，以消费者权利为核心的精神已经得到各国各地区的广泛认同。美国在1962年3月15日，由总统肯尼迪向国会提交的《关于保护消费者利益总统特别咨文》中，最早明确提出，应当保护消费者的权利有四项：求安全的权利（the right to be safety）、获得真实情况的权利（the right to be informed）、选择的权利（the right to choose）和自由表达意见（the right bo be heard）的权利。1969年，尼克松总统又补充了第五项权利，即求偿权。世界各国的消费者权益保护法基本上都是以这五项权利作为消费者的基本权利。欧盟各国于1973年在欧洲议会通过的《消费者保护宪章》中列举了五项权利：即保护支持权、损害受偿权、获取信息权、受教育权、表达意见和咨询的权利。他们重视政府和社会组织对消费者提供的法律帮助，消费者有咨询权是它的特色。韩国1980年的《消费者保护法》①第3条第1～8项分别规定了消费者的安全权、知情权、选择权、意见提起权、救济权、受教育权、结社权和环境权8种权利。日本1968年《消费者保护基本法》，虽没有单独设立消费者的权利，但列举了国家对消费保护应尽的几项义务，与此相对应的消费者权利可归纳为：消费者人身、财产不受损害权、免受不正当竞争影响权、知悉真实情况权、接受教育权、反映和表达自己意见权等。1985年，联合国大会通过的《保护消费者准则》以示范法形式规定了消费者八项权利：有权得到必要的物品和服务得以生存，有权得到公平的价格和选择，有得到安全的权利，有获得充足的资料的权利，有权寻求咨询，有得到公平的赔偿和法律援助的权利，有权得到消费者教育，有权享受一个健康的环境。

---

① 1986年12月31日该法通过修正，设置了特殊的公益法人即韩国消费者保护院，以专门负责消费者保护政策的制定与促进工作。

当然,"任何一种法律关系中,权利人享有权利依赖于义务人承担义务,义务人如果不承担义务,权利人不可能享受权利;权利与义务表现的是同一行为,对一方当事人来讲是权利,对另一方当事人来讲则是义务"。① 消费者与经营者的关系也是如此,消费者权利的实现依赖于经营者义务的履行,而经营者权利及其利益的实现很大程度上依赖于消费者日益增长的消费需求和消费行为,而不是消费者义务的履行,对消费者义务的确认,是消费者权益自我保护的客观要求,是对消费者权利滥用的限制。而且,不容忽视的是,国家以消费者的根本利益为出发点,去妥善处理各种复杂的经济关系,才能促进市场经济的正常运行与发展。因为,"立法者总是从某种程度上牺牲或抑制某些利益而换取对另一些利益的支持和促进的,这种利益协调是不同阶级之间力量对比的表现,也是一种国家管理艺术。立法者对社会中的诸利益及利益关系做出恰当的判断,会使立法得到大多数人的拥护和支持,也使立法有可能在更大程度上促进各种利益的发展"。② 消费者义务也已经为国际社会所确认,国际消费者组织联盟在 1963 年就提出了消费者的认知、行动、关心社会、保护环境和团结五大义务,其他国家的消费者立法也多有义务性的规定。中国《消费者权益保护法》第 13 条第 2 款规定:"消费者应当努力掌握所需商品或者服务的知识和使用技能,正确使用商品,提高自我保护意识。"所以,《消费者权益保护法》规定"消费者权利—经营者义务 国家(社会)责任"的立法体例是科学的,这不意味着消费者的绝对权利和经营者的绝对义务,相反,恰恰是基于对消费者的特殊保护,反映了主体之间权利与义务的统一性。

---

① 孙国华主编:《法理学教程》,中国人民大学出版社 1994 年版,第 484 页。

② 孙国华主编:《法的形成与运作原理》,法律出版社 2003 年版,第 131 页。

三、消费者权利的内涵

《消费者权益保护法》根据中国的实际情况,赋予消费者享有九项权利:一是人身财产不受损害的权利;二是知悉商品和服务真实情况的权利;三是自主选择商品和服务的权利;四是公平交易的权利;五是依法获得赔偿的权利;六是依法成立维护自身合法权益的社会团体的权利;七是获得有关消费和消费保护方面知识的权利;八是人格尊严、民族习惯得到尊重的权利;九是对商品和服务以及保护消费者权益的工作进行监督的权利。以上的九项权利涉及广大群众生活消费的各个领域,为作为弱者的消费者在消费中自身权益的维护提供了有力的法律保障。鉴于网上消费法律关系的内容与传统消费法律关系的内容的不可分割性和交叉性,笔者对其他权益不做探讨。其他如结社权、获得有关知识权、人格尊严和民族风俗习惯受尊重权、监督权等,相应地,经营者应当履行不得侵犯消费者人格权、尊重民族风俗习惯和履行接受消费者监督等义务。

安全权是消费者所享有的最基本的权利,是消费者追求的最基本的价值目标。在网络环境中,消费者安全权的含义更加丰富,是人身安全权、财产安全权和隐私安全权的有机统一体。为此,经营者应当负有保证商品或者服务质量的义务,致力于实现绿色消费和可持续消费;还应当负有依据法律法规、行业惯例等制定出规范的隐私权保护政策,并切实贯彻实施的义务,以此实现网络隐私权的基础保护。

知情权是消费者享有知悉其购买、使用的商品或者接受的服务的真实情况的权利。由于信息不对称造成的信誉危机是电子商务发展面临的最大瓶颈,必须打破经营者所谓的"销售控制",削减信息不对称,建立和健全在线信息披露制度,充分实现知情权。

自主选择权的核心是意思表示自主真实,充分实现消费者的购买决策。完整的网上消费自主选择权应当贯穿合同订立与执行的各个环节,包括消费者自主选择商业邮件,自主选择提供商品或者服务的经营者,自主选择商品或者服务。经营者有权从事"邮件许可营销",但必须杜绝商业垃圾邮件,明示经营者、商品或服务的真实完整信息,其介绍、推荐和帮助不能代替消费者的意志,更不能违背消费者的意愿。

公平交易权的实现途径是网上格式合同的规制,行政规制可以作为前置手段,法律规制应当作为最重要和最终解决手段,民间团体规制为辅助手段。经营者应当接受规制和监督,积极主动采用合同示范文本,按照规定办理合同备案登记,遵循法律对于合同时间、长短、通俗、醒目、格式等方面的要求,并接受民间团体的监督。

无因退货权是消费者在收到货物的一定期限内,消费者有权要求经营者无条件退货,经营者不得拒绝,负责退还货款,并承担消费者为此付出的额外合理费用的权利。只要在法定"犹豫期"内,除非特殊定做、易于复制的有形商品等法定情况发生,经营者必须满足消费者的"无条件"退货。

第二节　网络隐私安全权

安全是人追求的最基本的价值目标,安全权是人的最基本的权利,是消费者应当享有的最基本的权利,也是宪法赋予公民的人身权、财产权在消费领域的具体体现。"人民的安全乃是至高无上的法律……安全有助于使人们享有诸如生命、财产、自由和平等等其他价值的状况稳定化并尽可能地持续下去"。[①] "凡是不能给

---

① ［美］E.博登海默:《法理学:法律哲学与法律方法》,邓正来译,中国政法大学出版社 1999 年版,第 293 页。

数以百万计的人们以基本的安全的任何制度，都不配称为拥护个人自由和发展的有组织的制度"。① 根据《消费者权益保护法》第7条，消费者在购买、使用商品和接受服务时享有人身、财产安全不受损害的权利。消费者有权要求经营者提供的商品和服务，符合保障人身、财产安全的要求。

消费者安全权的享有应当是安全消费、绿色消费和可持续消费的综合有机体。安全消费即消费者在购买、使用商品和接受服务时，享有人身安全和财产安全的权利。人身权的范围，除生命健康权外，还包括姓名权、名誉权、荣誉权、肖像权等，消费者权益保护中的人身安全权核心是生命安全权和健康安全权，生命健康权以人的生命安全为基础，消费生活中生命健康的程度是体现国民生活质量的重要指标。财产安全权则不仅是指消费者购买、使用的商品或接受服务本身的安全，还包括其他财产的安全。为进一步保障消费者权益，各国通常会采取倡导性举措，提倡绿色消费和可持续消费，这也是消费者安全权的应有之义，而且，从一定角度讲，这是消费者和经营者共同的义务。首先，这是引导消费者转变消费观念，向崇尚自然、追求健康方面转变的需要，消费者应当在追求生活舒适的同时，注重环保、节约资源和能源，实现可持续消费。中国商务、工商、质检、环保、财政、卫生、铁道、交通8部门共同实施的"三绿工程——提倡绿色消费、培育绿色市场、开辟绿色通道"，就是以保障食品安全为目的的一项系统工程。其次，这是适应消费需求变化的需要，也是解决维权热点和消费维权国际化的需要。新的消费需求将会使消费者更加关注身体健康，更加关注子孙后代的消费，更加关注人类的生存环境。2000年11月，国

---

① 谢次昌主编：《消费者保护法通论》，中国法制出版社1994年版，第119页。

际消费者联合会就通过了"可持续消费"的决议,倡导消费者在消费时选择无污染、无公害、可持续、有助于消费者身体健康的绿色产品,在消费过程中注重对垃圾的处理,以有效地避免由于污染、有毒有害物质的传播,使消费者生命健康权遭受损害和造成环境污染的问题。最后,提倡绿色消费是贯彻十六届五中全会精神、落实"十五"计划关于重视生态建设和环境保护、实现可持续发展战略目标的需要。1999年,中国消费者协会曾将"安全健康消费"作为年主题,时隔五年,中国消费者协会重提安全健康的问题,锁定2005年"健康·维权"年主题,具有更新更深远的意义,目的是在保护消费者生命健康权、培养消费者生命健康消费意识的同时,促使包括消费者在内的社会各界从落实科学发展观、构建和谐社会的高度重视消费者生命健康问题。只有消费者的生命健康权益得到保障,落实全面、协调、以人为本的科学发展观,构建和谐社会才有可能。随着经济社会环境的变化,消费环境也在随之发生变化,消费者问题的内容也在发生着变化。针对网上消费,消费者安全权的含义更加丰富,较为突出的是网络隐私安全。

一、网络隐私安全与消费者权益保护

隐私权作为人的基本权利之一,它伴随着人们对自身的尊严、权利、价值的认识而产生,尊重、保护隐私权成为实现人格权的基本要求。1890年路易斯·D.布兰迪斯(Louis D. Brandeis)和塞缪尔·D.沃伦(Samnel D. Warren)提出了隐私权的权威概念①,自

---

① Louis D. Brandeis & Samnel D. Warren, "The Right of Privacy", *Havard Law Review*, 1890, pp. 193－220;the right to be let alone——任何人均应有不受干扰的权利;what is whispered in the closet shall be proclaimed from housetops——个人在自己家中的轻声细语不受公开宣扬的自由;now the right to life has come to mean the right to enjoy line-the right to be let alone——生命的权利即指享受生活的权利,也就是不受干扰的权利。

此,隐私权作为一个法律的概念开始运用,并随着20世纪60年代民权运动的高涨逐渐得到各国的立法认可,逐步纳入《公民权利和政治权利国际公约》、《世界人权宣言》等国际公约以及《欧洲人权公约》等区域性公约。网络隐私权,是指"网上交易合同中,消费者个人对以数据形式收集和存储于网络中的有关自己的资料信息的了解、拥有、控制以及不受他人侵犯的权利"。① 即在网络环境中拥有享受生活的权利,也就是不受干扰的权利。

在传统的消费市场中,隐私权保护问题一般不属于消费者权益保护的突出问题,因为在传统的消费关系中,经营者一般不会询问消费者的姓名、地址和月收入等信息,现行消费者权益保护法也未做特别的规定。但是,基于网上消费的特点,消费者未与经营者面对面接触,而是通过在网页内输入欲购买商品的名称、种类、编号、数量等信息与经营者缔约,有的网上商店仅要求消费者输入姓名、家庭住址、联系电话、电子邮箱即可;有的网上商店要求消费者注册为会员以取得交易资格,故要求填写的信息更为详细,一般包括姓名、性别、年龄、家庭住址、联系电话、电子邮箱、职业、教育程度,甚至婚姻状况、收入水平、个人爱好等;如果消费者通过网上支付时,还需要身份证资料和信用卡资料。消费者不论以何种形式将个人资料告知经营者,经营者都掌握了消费者的个人资料。由此而来可能出现"IP地址的被跟踪,隐私信息的被非法出售,账户密码的泄露,邮件炸弹的肆虐,令消费者不厌其烦倒在其次,而网络隐私一旦被滥用,将给个人带来难以想象的后果和网络秩序的混乱"。②

---

① 齐恩平:《论网上交易合同中对消费者个人信息隐私权的侵害及保护》,《当代法学》2002年第10期,第42页。
② 游植龙:《论电子商务消费者权益的法律保护》,《信息网络安全》2002年第1期,第32页。

网络隐私权问题的产生有着多方面的原因。首先,互联网的开放性是网络隐私权问题产生的平台。网络是一个自由、开放的世界,它使全球连成一个整体,互联网上的信息传送通过路由器来传送,而用户不可能知道信息通过哪些路由器进行的,这样,有些人或组织就可以通过对某个关键节点的扫描跟踪来窃取用户信息,也就是说,从技术层面上截取用户信息的可能性是显然存在的,即任何一个上网者的任何一个网络隐私数据,都有被窥探的可能。可见,网络一方面使得搜集个人隐私极为方便,另一方面也为非法散布隐私提供了一个大平台。其次,cookies 等技术的兴起是网络隐私权问题产生的途径。在互联网领域有很多技术对隐私权构成威胁,其特点是具有惊人的整理信息并进行分类的能力,使得对个人信息的收集、储存、处理和销售具有前所未有的能力和规模,导致消费者的信息随时都有被收集和扩散的危险,从而对隐私权产生威胁。其中最典型的技术是 cookies,目前大部分商业网站都会将 cookies 放置到访客的电脑里,以跟踪访客的上网习惯、浏览的页面、停留时间、访客来源等,不仅能知道用户在网站上的购物详情,还能掌握该用户在网站上的浏览内容,总共逗留时间等,以便了解网站的流量和页面浏览数量。例如,当你进入一个网站时,页面上出现"欢迎你××,这是你的第××次访问,上次你购买了××,总共逗留了××时间……!"。这种行为已经引起许多争议,因为在网络中,稍有疏忽,cookies 就会变为致命的小甜饼,成为泄露你个人资料的祸首。最后,利益驱动是网络隐私权问题产生的根本原因。实质上,无论是互联网技术的开放性,还是技术的创新性,都不是造成隐私权问题的直接原因,只有这些客观的基础和条件被不正当的运用时,才会产生隐私权问题。访客资料是一笔宝贵的财富,虽然详尽的统计资料可以帮助经营者制定最佳的商品和服务销售策略,促使经营者为消费者提供更人性化的商品和服务,然而,随着越来越多的用户的私密信息被记录在计算机中,如果不尊重消费者的隐私权,在消费者不知情或不情愿的情况下运用各种技术手段取得信息,或者与用户在其他许多网站的浏览活动强制链接,以此牟利,甚至将这些收集来的资料转售,这显然是侵犯了消费者的隐私权,产生了网络隐私权保护的问题,因此,利益的驱动才是网络隐私权问题产生的根本原因。

因此,信息时代网络技术的发展在给人们带来高效便捷的同时,也对个人信息资料的隐秘性和安全性构成了前所未有的威胁。网络隐私数据如何得到安全保障,成为电子商务发展中的重要问题。只有重视和加强对网络隐私权的保护,才能让"我们在享受互联网技术带来的方便、快捷和商业利益的同时,做到经济技术发展与人的精神世界安宁幸福之间的和谐"。① 在网上交易中,消费者隐私保护问题变得非常突出,对网络隐私权的关注日益加强,隐私权的保护规则面临着很大的挑战,亟须重视和加强对消费者隐私权的保护,并有针对性地制定规则。

二、网络隐私权保护模式的选择

网络隐私数据如何得到安全保障,成为消费者权益保护中的重要问题,其中,网络隐私权保护应当秉承何种原则,选择何种保护模式,成为网络隐私权保护中的首要问题。

目前国际上对于网络隐私权的保护主要采取两种模式,对于二者孰优孰劣,学界和业界一直争论不休,在此,笔者对不同模式不做褒贬,仅做客观分析,力图探寻不同国家选择不同模式的深层次原因。

模式一:以美国为代表的行业自律模式,也称为指导性立法主

---

① 张新宝:《重视对互联网隐私权的保护》,《中国社会科学院院报》2003 年10 月14 日。

义,该模式最具特色的形式是建议性的行业指引（Suggestive industry guidelines）和网络隐私认证计划（Online privacy seal program）,如著名的 TRUSTe 和 BBBonline 组织。此种模式的最大优势在于倡导和贯彻自律自治原则,便于创造一个开放的产业发展空间,以鼓励和促进互联网产业的发展;劣势在于行业自律缺乏有力的执行措施和保障手段,容易导致规定无法切实实施,即自律失效,尤其是在保护用户隐私权付出的成本过高,或者可以通过搜集、使用和处理个人隐私材料给他们带来巨大的商业利益的情况下,可能出现这种状况。美国何以选择行业自律模式,并极力主张对 ISP、ICP 及与此产业相关各方实行比较宽松的政策呢? 主要原因在于其信息技术发达,电子商务发展迅猛,用立法的方式来保护个人数据的安全,会对电子商务的发展形成一定的限制,不利于其在网络经济中主导地位的巩固。

135

模式二:以欧盟为代表的国家和政府主导的立法规制模式,也称为积极立法主义,具有典型意义的是欧盟 1995 年制定的《欧盟隐私保护指令》以及 2003 年 12 月 11 日生效的《隐私与电子通讯指令》。立法规制模式的优势在于有章可循,通过立法的途径,确立网络隐私保护的各项基本原则、具体的法律制度及相应的司法或行政救济措施;缺点是法律相对于日新月异的互联网技术创新具有相对滞后性,以及难以考虑不同领域不同行业不同标准的相对僵化性。欧盟对网络问题的各种管制措施和规范,被视为涉及国家最多和层次较高的网络管制方案。一方面是法律文化传统的影响,另一方面,更是网络经济发展的迫切需要。欧盟率先制定出个人数据保护指令等举措,目的均在于谋求网络经济中的强势地位。可见,两种模式不仅反映了各国对互联网产业建设的侧重不同,更包含了深层次的经济原因和政治原因。

双赢策略更加注重互动性和整合性。既要体现消费者参与营销的思想，又要把各类互联网技术与新的营销变量结合起来，达到与广泛的利益相关者进行沟通协调的目的，这就需要对我国网络隐私权保护的现状进行全面把握和综合考察。从整体经济形势出发，当前我国正面临着来自经济全球化的机遇和挑战，面临着国内经济结构的战略性调整，处于新科技革命带来的巨大变革的重大时刻，尤其是在网络隐私权保护这个新领域，我们必须在充分了解的基础上审慎行事，创造一个合法、有序和宽松的发展空间，倡导和贯彻自律自治原则。但是，从总体上，我国目前的自律性行业组织发展的还很不充分。表现在，"我国的行业协会在数量上已经不少，但大多是改革开放以后随着政府职能的转变、机构改革而从政府部门中转变而来的。这些行业协会行政化色彩很浓，组织结构不尽合理，具体职能尚不明确，人员素质和服务水平等方面与国际上有较大差距"。① 可见，没有理性法律精神指导的行业自律不可行。从立法现状考察，中国现有立法对网络隐私权的保护比较笼统和零散，效力层次较低。一是隐私权未被确认为一项独立的人格权（附属于名誉权），对隐私权的保护以及侵害隐私权的诉讼也没有形成专门的法律制度。1988 年最高人民法院《关于贯彻〈中华人民共和国民法通则〉若干问题的意见（试行）》第 140 条②和 1993 年 8 月 7 日最高人民法院《关于审理名誉权案件若干问题

① 胡坤：《政府推动电子商务发展——电子商务应用与经济发展研讨会在北大光华学院举行》，《EB 电子商务世界》2004 年第 1～2 期，第 34 页。

② 《关于贯彻〈中华人民共和国民法通则〉若干问题的意见（试行）》第 140 条规定，以书面、口头等形式宣扬他人的隐私，或者捏造事实公然丑化他人人格，以及用侮辱、诽谤等方式损害他人名誉，造成一定影响的，应当认定为侵害公民名誉权的行为。以书面、口头等形式诋毁、诽谤法人名誉，给法人造成损害的，应当认定为侵害法人名誉权的行为。

的解答》第 7 条第 3 款规定①均体现了这种精神。二是网络隐私权立法比较笼统,操作性差,而且效力层次较低。1997 年 12 月 8日国务院信息化工作领导小组审定的《计算机信息网络国际联网管理暂行规定实施办法》第 18 条第 1 款②规定了不得侵犯他人隐私,但没有规定应当如何承担法律责任,1997 年 12 月 30 日公安部发布的《计算机信息网络国际联网安全保护管理办法》第 7 条③规定了互联网用户的通信自由和通信秘密,但没有界定具体的侵权行为,不便于操作。2000 年 10 月 8 日信息产业部通过的《互联网电子公告服务管理规定》第 12 条和第 19 条④规定了电子公告服务提供者的隐私权保护责任,2001 年《最高人民法院关于确定民事侵权精神损害赔偿责任若干问题的解释》第 1 条第 2 款规定:"违反社会公共利益、社会公德,侵害他人隐私或者其他人格利益,受害人以侵权为由向人民法院起诉请求赔偿精神损害的,人民法院应当依法予以受理。"可以说,在隐私权和网络隐私权保护上

137

---

① 《关于审理名誉权案件若干问题的解答》第 7 条第 3 款规定,对未经他人同意,擅自公布他人的隐私材料或者以书面、口头形式宣扬他人隐私,致他人名誉受到损害的,按照侵害他人名誉权处理。

② 《计算机信息网络国际联网管理暂行规定实施办法》第 18 条第 1 款规定,用户应当服从接入单位的管理,遵守用户守则;不得擅自进入未经许可的计算机系统,篡改他人信息;不得在网络上散发恶意信息,冒用他人名义发出信息,侵犯他人隐私;不得制造、传播计算机病毒及从事其他侵犯网络和他人合法权益的活动。

③ 《计算机信息网络国际联网安全保护管理办法》第 7 条规定,用户的通信自由和通信秘密受法律保护。任何单位和个人不得违反法律规定,利用国际联网侵犯用户的通信自由和通信秘密。

④ 《互联网电子公告服务管理规定》第 12 条规定,电子公告服务提供者应当对上网用户的个人信息保密,未经上网用户同意不得向他人泄露,但法律另有规定的除外。第 19 条规定,违反本规定第 12 条的规定,未经上网用户同意,向他人非法泄露上网用户个人信息的,由省、自治区、直辖市电信管理机构责令改正;给上网用户造成损害或者损失的,依法承担法律责任。

取得了一定的进步,但毕竟仅是行政规章或司法解释,而且"向他人泄露"也无法涵盖所有侵权形式。可以说,比较具有突破性的是 2003 年 1 月 1 日起施行的《上海市消费者权益保护条例》,首次将个人隐私作为消费者的一项单独的权利加以保护。根据该条例第 29 条规定:"经营者提供商品或服务时,不得要求消费者提供与消费无关的个人信息","经营者未经消费者本人同意,不得以任何理由将消费者的个人信息向第三人披露"。2008 年 10 月 1 日起施行的《山东省消费者权益保护条例》也认可了隐私权的保护,根据该条例第 7 条规定:"消费者在购买、使用商品和接受服务时,其生命权、健康权、身体权、姓名权、肖像权、名誉权、荣誉权、隐私权、人格尊严权、人身自由权等人身权或者财产权受到损害的,有权要求经营者依法赔偿或者承担其他民事责任。"但是这毕竟是地方性法规,实施效果有限。因此,我国在法律上既没有新的网络隐私保护的规定可供适用,也不能求助于传统隐私权的保护手段来保护个人的网络隐私。可见,单纯的立法规制既不现实,也不成熟。此外,依靠技术创新,电子商务才可能进入更高的阶段。审视及评价世界各国和各地区的电子商务立法,不难看出技术因素在其中的重要性,技术手段是保护网络隐私权的重要一环,因此,应当宣传树立网络隐私权观念,并确认个人数据自我保护的合法性。

借鉴国际立法与结合本国国情,网络隐私权问题的解决需要综合保护与系统调整,加强事前、事中和事后的系统监管,单一的行业自律调整或纯粹的法律的"秋后算账"都不能解决根本问题,笔者主张综合保护模式:立法从宏观上确认网络隐私权的法律地位,界定隐私权保护的基本内容、主要方式和最低限度,行业自律明确微观制度,确保隐私权政策符合法律精神,达成隐私权的有效适度保护,再辅以用户的自我保护。这就是网络隐私权保护的三道防线:用户的自我保护、行业自律与政府管理的基础保护、完善网络隐私权保护体系。

三、网络隐私权保护三道防线的构建

(一)第一道防线:自我保护

国家应当鼓励保护个人隐私的技术手段的发展,提倡网络用户使用隐私权选择平台、匿名技术、加密技术等保护个人隐私,引导公众正确使用个人隐私保护技术,以实现自我保护,这是隐私权保护的第一道屏障。消费者的自我保护模式应当是自我控制、自我选择和自我防卫的综合体系。自我控制,即依靠技术手段加强隐私控制,主要有运用匿名注册和浏览,对 cookies 的删除和禁用,以及应用技术软件等。其中,引起较大争议的是匿名运用的问题,通常匿名浏览较易实现,技术上通过设置代理服务器或者使用网上中间人即可,而且,经营者为实现其点击率,也不会强制实行实名制,除非特殊内容的浏览。自我选择,即主动了解经营者的各项规定和政策,如隐私权保护政策,包括经营者收集的信息内容和种类,收集信息的方式和目的,信息使用的主体、范围、途径和使用期限,提供或不提供这些信息的后果,以及可能拥有的任何补偿权等。据此,在不同的信息隐私保护可能性之间做出完全自主的选择。自我防卫,即运用法律武器保护合法权益。

(二)第二道防线:行业自律与政府管理的基础保护

从电子商务作为市场化程度相当高的商务模式角度讲,自律性行业组织和自律性行业规范在市场经济条件下产生、发展和发挥作用,有其客观必然性。并且由于电子商务的虚拟实在性,管理不当必然影响电子商务的顺利发展,所以,在世界电子商务的发展过程中,对于网络隐私权的保护,以政府的管理促成行业自律已经成为许多国家和地区的共识。

一方面,经营者对于隐私权的保护负有义务,应当依据法律法

规、行业惯例等制定出规范的隐私权保护政策,并切实贯彻实施,从制度上保证网络用户的利益不受侵犯,与其建立一种真正的互信关系,以此实现网络隐私权的基础保护。第一,告知义务。要使网络使用者能够在不同的信息隐私保护可能性之间做出完全自主的选择,前提是使用者必须对各个可能性的内涵有充分的理解。因此,在用户申请或开始使用服务时,收集信息者就应当履行告知义务,保证告知信息及时、准确和完整,包括告知消费者所收集的信息内容和种类,收集信息的方式(尤其是使用 cookies 的网站,应当明确地告知消费者其使用了 cookies,用户享有删除和禁用的权利)和目的,信息使用的主体、范围、途径和使用期限,提供或不提供这些信息的后果,以及可能拥有的任何补偿权等。这样披露信息能使消费者更好地判断个人隐私保护的水准以及决定是否愿意参与,同时,这也是消费者知情权实现的一部分。第二,合法收集和依法使用义务。合法收集体现了对消费者许可获得网络隐私的保密责任规定和对非法获得消费者隐私的禁止。依法使用是指不超越法律规定和隐私权承诺的范围,从而实现消费者对个人资料使用用途的选择权,包括不擅自修改、删除、披露、出售以及对数据文档的互联与比较等。美国国会正在研究方案,声称将禁止网络公司将用户数据库列入公司资产,并禁止将用户数据库资料出售的行为,从而保护消费者的隐私。第三,防范泄密义务。不论是操作上的失误,还是人为的信息泄露或被窃取,或是技术上的缺陷致使信息资料与数据丢失,都将严重地影响网络个人信息资料的正常使用和网络隐私权的保护,因此,收集信息者在履行依法使用义务的基础上,必须履行防范义务,即采取合理的防范措施,保护收集的个人数据具有足够的安全性,阻止未被授权的非法访问,避免个人信息的丢失、滥用或更改,加强信息安全技术的开发与应用,为保护个人隐私提供强大的技术后盾。美国联邦贸易委员会提出的设置 CPO、安装鉴定软件、加密文档等建议值得借鉴。第四,提供"信息救济"义务。这是指保证网络个人信息资料的准确、完整的权利,这一权利包括网络隐私权人通过合理的途径访问、查阅被搜集和整理的网络个人信息资料,并依据相应的程序,针对错误的信息,提出异议或者更正,对所缺少的必要的信息资料加以补充,对过时的、错误的资料予以删除,以保证网络个人信息资料的动态更新。第五,承担综合责任。消费者在由于非法收集、不当使用或提供了不准确、不完整的个人信息而受到侵害时,有权要求赔偿。如果经营者不履行赔偿责任,则隐私权的保护仍是空中楼阁,权利人有权提起诉讼,或根据协议申请仲裁,或向有关行政职能机构申诉获得救济。第六,除外责任。一般网站均做承诺,除以下两种情况外:用户授权网站透露这些信息;相应的法律及程序要求网站提供用户的个人资料。本网站不公开用户的姓名、地址、电子邮箱和笔名。此外,专门负责处理与用户隐私权相关事宜,直接对企业的最高领导人负责的首席隐私官(Chief Privacy Officer,CPO)也日益纳入法人治理结构中来。美国商业信息隐私组织主席表示,类似CPO 这样的职位在欧洲已经非常普遍,许多国家都要求收集数据的企业指派一位"资料保护"经理。根据香港于 1996 年 12 月 20日生效的《个人资料(隐私)条例》,设立独立的法定机构——香港个人资料隐私专员公署,个人隐私专员可行使广泛调查及执法权力,例如,视察个人资料系统,核准自动核对个人资料的要求,主动就涉嫌违反条例的个案进行调查等。CPO 力图在法律许可限度内,运用个人对隐私的需求和公司使用隐私材料的权利之间,建立适当的平衡关系。主要任务是处理内部和外部隐私事务:内部事务包括政策的制定、执行,同股东、员工的联系;外部事务包括公司和其他商家、客户、媒体等的交流。微软的 CPO 理查德·普赛尔将他的工作分成三部分:提出公司的数据保密政策,监督公司的业务发展以确保公司开发的新程序能保护用户的隐私权,以及培训公司员工。①

另一方面,明确政府角色定位,构架促成市场自治和行业自律的主导型与服务型相结合的政府,加强信息化和电子政务建设。任何一个国家发展网络与电子商务行业或产业,没有政府的参与、管理几乎是无法实现的。"对于互联网接入服务提供商(ISP)而言,或对于互联网内容服务提供商(ICP)而言,都需要在国家的整个产业政策中寻求自身的地位和位置,都将受到整个国家经济形势、政策的限制和制约"。② 而且,从政府管理的性质和方式讲,"社会主义国家对经济生活是管理而不是干预,是作为一种内部力量,且是作为一种内部领导力量进行管理的,而不是从外部介入干预的"。③ 所以,不能把管理狭隘地理解为限制与制裁,政府重在引导、培育和规范,是站在经济全球化的高度看待中国的网络及电子商务,以网络的方式管理网络,从而实现科学的、经济的、高效的、互动的和可操作的管理,实现合法自律。

(三)第三道防线:完善网络隐私权保护体系

针对我国电子商务发展和个人信息保护的需求与网络隐私权保护的立法供给现状,完善网络隐私权保护体系是最基本的举措。

第一,要确认网络隐私权作为一项独立人格权的法律地位。隐私权是否应当成为一项独立的人格权? 迄今为止,各国未能形成统一意见,以美国为代表的,承认隐私权是一项独立的人格权,可以作为一项独立的诉因诉至法院;以英国为代表的,不承认隐私权是一项独立的人格权,认为它附属于其他权利,必须附着于其他

① 参见王明明:《电子商务与隐私权保护》,http://www.51lw.com/article/business_manage/1136.htm,2004年8月13日浏览。
② 蒋志培:《网络与电子商务法》,法律出版社2002年版,第12页。
③ 刘文华:《中国经济法基础理论》,学苑出版社2002年版,第65页。

诉讼,才能使侵犯隐私权的行为得以追究。笔者认为,是否作为一项独立人格权,要视保护的体系而定。考虑到中国一般隐私权规范的缺乏,要对网络隐私权加以保护,就有必要先完善一般隐私权的规定,再根据网络隐私权的特性予以明确。首先,是根本大法的确认。通过宪法明确规定公民享有隐私权,建议在《宪法》第38条增加一款:"中华人民共和国公民的隐私权受法律保护,禁止任何组织和个人非法侵害。"其次,我国正在起草民法典、修订行政法、诉讼法等基本法律,建议在民法典中确立隐私权的独立权利地位,兼顾现实社会与网络虚拟社会的要求,对隐私权的内容、应承担的责任等做出原则性规定。最后,根据互联网络的特性制定网络隐私权特殊规则。

第二,要明确网络隐私权保护的内容。网络隐私权的保护涉及对个人数据的收集、传递、存储和加工利用等各个环节保护隐私权利的问题,因此,网络隐私既包括了静态的个人资料的隐私权,也包括了动态的个人行为的隐私权。个人资料,是指消费者出于网络产品交易和接受服务的需要,如为了申请邮箱、注册抽奖或是网上购物,必须在网络上向各类经营者提供包括自己的个人资料在内的隐私。应当纳入保护范围的个人资料至少应当包括3类:第一类是个人特定信息,是人与人之间得以相互区别的特质隐私,如姓名、性别、年龄、肖像、声音、指纹、血型、出生日期、身份证编号等;第二类是敏感性信息,如宗教信仰、婚姻、家庭、学历、职业、经历、病历、地址(家庭住址、包括 E-mail 在内的通讯地址、IP 地址等)、信用和财产状况(信用卡、电子消费卡、上网卡、上网账号和密码、交易账号和密码、账户余额等财产秘密)、用户名和密码(Username & Password)等;第三类是其他与消费者个人及家庭密切相关的信息。个人行为是指消费者在网络上的"行踪",如个人所到访的网站、消费习惯、阅读习惯,甚至信用记录等都受到"监视"，常常在毫无知觉的情况下被"记录在案"。因此，个人行为的隐私权，或称在线隐私也应当受到保护。一方面，应当享有通讯秘密和通讯自由权。通讯秘密和通讯自由是宪法规定的公民享有的政治权利，E-mail 是网络世界最常见的通讯手段，其内容的安全取决于邮件服务器的安全、邮件传输网络的安全以及邮件接收系统的安全，从而实现隐私不被窥视、侵入的权利。另一方面，在互联网上享有浏览权、登录权和消费权。消费者在进行购物消费和浏览网页等活动时，会不自觉地暴露自己的 IP 地址、浏览踪迹、活动内容、消费习惯、个人行为习惯等信息。掌握和收集此类信息，必须加以管理和限制，从而保障用户使用信箱、交流信息及从事交易活动的安全保密性，实现隐私不被干扰的权利。

　　第三，制定《网络隐私权保护法》，并纳入个人数据保护法体系中。美国、英国、德国、日本等国家从 20 世纪 70 年代起，相继通过立法对隐私权予以保护。美国早在 1974 年通过规范政府的《联邦隐私法案》，主要从行政的角度出发，对政府应当如何搜集资料、资料如何保管、资料的开放程度等都做了系统的规定。而在民事方面，法律涉入不多；在商业领域，一般非常强调业界的自律，尽量避免政府法令的介入。1986 年的《联邦电子通信隐私权法案》①成为处理网络隐私权保护问题的重要法案，1997 年《全球电子商务发展框架》报告尤其提出了"对消费者友善的隐私保护环境"的主张。此外，还有针对保护未成年人的隐私法案，规定了通过截获、访问或泄露保存的通信信息侵害个人隐私权的情况、例外及责任。尤其是 2000 年 4 月 21 日，美国首部专门规范网络隐私保护问题的《儿童在线隐私保护法》(*the Children's Online Privacy Protection Act*)正式生效，这正是行业自律模式吸收积极立法主义

---

① 刘文华：《中国经济法基础理论》，学苑出版社 2002 年版，第 65 页。

的典型。该法保护 13 岁以下网童的隐私,要求网站在向 13 岁以下儿童询问个人信息时,必须先得到其家长的同意。1995 年,欧盟发布《欧盟资料保护指令》①,在保护隐私权方面将欧盟国家作为一个整体纳入了法律调整的范围内。而 1998 年 10 月通过的《隐私保护指令》,明确对网上交易涉及的敏感性资料及个人数据给予法律保护。此后,先后制定了《互联网上个人隐私权保护的一般原则》、《关于互联网上软件、硬件进行的不可见的和自动化的个人数据处理的建议》、《信息公路上个人数据收集、处理过程中个人权利保护指南》等一系列法规,为用户和网络服务商提供了清晰可循的隐私权保护原则,从而在成员国内有效地建立起有关网络隐私权保护的统一的法律体系。此外,如,英国 1998 年制定的《数据保护法案》,规定广告邮件发送人必须提供收信人拒绝再收到广告电子邮件的功能。俄罗斯 1995 年制定《联邦信息、信息化和信息保护法》,该法明确界定了信息资源开放和保密的范畴,提出了保护信息的法律责任。日本于 2002 年 5 月制定《特定电信服务提供商损害责任限制及要求公开发送者身份信息法》,该法规定了电信服务提供商的必要责任,使服务提供商可以采取迅速、恰当的措施,处理在互联网网站、BBS 上发布信息时发生的侵权行为。韩国国会在 11 月 8 日审议了反垃圾邮件的议案,正式通过了《促进信息通信网利用以及信息保护等修正法案》,修正案规定,垃圾邮件发送者应该公开在何处收集了电子邮件地址,利用电话等发送语音广告时必须在通话前告知是广告等。最后,要进行国际协调,提出我们认可的对我国用户网上隐私保护的要求和

---

①　其中,争议最大的第 25 条规定:有关跨国资料传输时,个人资料不可以被传输到欧盟以外的国家,除非这个国家能保证资料传输有适当程度的保证。而这个"适当程度的保证"的要求之高,连美国都未能达到。

标准，这是在强调网络立法国际属性的同时，从国家经济安全的高度来审视和确定我国的网络立法。美国与欧盟的"安全港"（历时两年多于 2000 年 3 月达成，核心条款涉及三个方面，一是欧盟企业在向安全港中的美国企业输出数据时，必须遵守欧盟的有关规定；二是建立数据保护管理机构监管执行；三是为进入安全港的美国企业提供指导）隐私保护协议，就是国际协调的结果。

所以，提倡自律是非常必要的，但仅仅靠自律维持网络的秩序是不现实的，用户自我保护、行业自律与政府管理的基础保护、完善网络隐私权保护体系应当互为补充，才会相得益彰，这是网络隐私权获得有效保护和电子商务健康运行的有力保障。

第三节　在线信息知情权

"知情权，又称了解权，咨询权，是获取信息的权利，是公民的重要权利之一，一般认为是由美国的新闻记者肯特·库伯在 1945 年的一次演讲中首次提出的"。[1] 广义的知情权依据内容可以分为知政权、社会知情权和个人信息知情权。[2] 消费者的知情权属于社会知情权的范畴，1962 年 3 月 15 日，美国总统肯尼迪首次提出消费者的四大权利之一，即了解商品真实情况的权利。1985 年 4 月 9 日联合国大会通过了《保护消费者准则》，规定消费者享有取得充分的信息、能够按照个人意愿和需要做出具体的选择等六项权利。此后，包括中国在内的各国立法，都确认了消费者包括知

---

[1]　董文军：《消费者的知情权》，《当代法学》2004 年第 3 期（总第 105 期），第 98 页。

[2]　翁国民、汪成红：《论隐私权与知情权的冲突》，《浙江大学学报（人文社会科学版）》2002 年第 2 期，第 35 页。

情权在内的基本权利。2000年,中国消费者协会确定活动年主题为"明明白白消费"(Make Informed Decisions),正是促使知情权实现的有力举措,其实质是确认"明明白白消费"是启动消费的前提,这是消费者的权利、经营者的义务和政府的责任。

一、信息不对称与消费者知情权

消费信息不对称,就是指在消费过程(交易过程)中,生产经营者与消费者之间存在信息分布不均衡的状态,具体地说,就是生产经营者对商品拥有比消费者更多的知识和信息,包括产品的质量、原料构成、性能、制作方法、用途、生产成本等,因而形成了一种生产者占有信息优势,而消费者则处于信息劣势的不均衡状态。信息不对称形成的原因是多方面的:第一,社会分工的不同是信息不对称产生的客观原因。在自然经济条件下,其本质特征是自给自足,生产者也就是消费者,即生产与消费的主体是同一的,利益是一致的。但是,商品经济条件下生产目的是交换,随着生产与消费发生分离,消费者不再直接参与商品的生产和制造,生产者和消费者的利益日益独立,生产者强调商品的价值,消费者关心商品的使用价值。在生产与交换过程中,生产者经营者处于垄断信息源的优势地位,初始状态的信息不对称就产生了。第二,经济激励是信息不对称产生的内在原因。消费者对商品的品质、性能或者缺陷的了解,除了依据自身常识、经验判断外,经营者披露的信息是其鉴别、选择、消费的主要和直接的来源,经营者的如实充分披露成为消费者理性消费决策的关键环节,然而事实上,"人们个体不会做对整体有利的事,除非这件事对个体有利,人们预计承担的行动成本和预计取得的行动产生的收益,引导了他们的行动"。[①] 信

---

① [美]保罗·海恩等:《经济学的思维方法》,马昕、陈宇等译,世界图书出版公司2008年版,第227页。

147

息优势主体往往可以利用其优势地位采取机会主义行为，获得不法利益而使劣势主体利益受到损害，这种以损害交易相对人利益为代价获取利润的激励，使他们往往根据自身的需要公开对自己有利的信息，隐瞒对其不利的信息，甚至发布虚假信息，赚取高额利润。第三，消费者知识的有限性是信息不对称产生的必要条件。这种有限性是由消费者所拥有和能支配的资源的有限性决定的，因为消费者可能熟知自己经常接触的少数商品或服务，而对大多数则只有少量知识或完全无知。为了突破这种障碍，一个有效的手段是进行信息搜寻。

Engel，Blackwell 和 Miniard 认为消费者决策过程一般包括五个主要阶段：问题认知、信息搜集、备选方案评估、购买和购后行为（EBM 模型）。其中，信息搜集涉及内部信息搜集和外部信息搜集。内部信息搜集是消费者从记忆和经验中提取有关信息，这些信息通常是以信念、态度和经验的方式存在。当内部信息不足以解决问题时，消费者会进行外部信息搜集，如广告、产品说明等。在信息搜集的基础上，消费者构建起一定的产品评价标准，并根据这些标准对各种备选方案进行评估。对获得最高评价的产品，消费者可能会形成购买意向。[①] 信息搜集无疑有助于科学的消费决策，然而事实上，相对于信息供给的无限性而言，人的主观能力如知识、经验、理解力等总是有限的。而且，即便消费者得到的信息足够多，消费者也未必有足够能力处理这些信息，当信息搜寻成本可能会超过其所能获得的收益，搜寻信息就无利可图了。

---

① Engel J. F.，Blackwell R. D.，*Miniard P. W. Consumer behavior*，Orlando，FL：Dryden，2000，p. 28.

　　1970 年,乔治·阿克尔洛夫(George Akerlof)①首次提出了"柠檬②市场"的概念,揭示了信息不对称产生的严重后果,现在"柠檬"已成为熟知的一个隐喻。柠檬问题即逆向选择问题,它源于交易双方之间的信息不对称。柠檬市场是指信息不对称的市场,即在市场中,产品的卖方对产品的质量拥有比买方更多的信息,如若监管不及时,造成信息严重不对称。在极端情况下,将会有更多的人加入制造假冒伪劣的队伍中,引起市场的逆向选择,次品驱逐优质品,市场因此止步萎缩,好企业退出,消费者受损。于是,各国和地区纷纷通过立法加强经营者者的披露义务,以维护消费者的知情权。欧盟于 1997 年颁布的《欧盟关于远距离合同中消费者权益保护指令》第 4 条第 1 款规定,商品或服务的提供者在通过网络与消费者签订合同时,必须预先告知消费者一切与合同有关的信息(包括商家的名称、地址、买卖条件、付款方式、运送方式、要约的有效期限以及相关费用情况等等)。该《指令》还规定,消费者有权在收到经营者的商品之日起,或者在与经营者缔结服务合同之日起 7 天内,不说明任何理由,就可以解除与经营者之间的合同。一旦合同被解除,经营者必须返还消费者已经支付的全部价款。中国《消费者权益保护法》第 8 条规定:"消费者享有知悉其购买、使用的商品或者接受的服务的真实情况的权利。消费者有权根据商品或服务的不同情况,要求经营者提供商品的价格、

149

———————————

　　①　瑞典皇家科学院 10 月 10 日宣布,三位美国教授乔治·阿克尔洛夫、迈克尔·斯彭斯和约瑟夫·斯蒂格利茨由于在"对充满不对称信息市场进行分析"领域所做出的重要贡献,而分享 2001 年诺贝尔经济学奖。1970 年,乔治·阿克尔洛夫发表了《柠檬市场:质量不确定和市场机制》的论文,成为研究信息不对称理论的最经典文献之一,开创了逆向选择理论的先河。Akerlof G,"The Maket for Lemons:Quality Uncertainty and The Market Mechanism", *Quarterly Journal of Economics*,1970,Vol. 84,pp. 488 - 500。

　　②　柠檬一词在美国俚语中意思为"次品"或不中用的东西。

产地、生产者、用途、性能、规格等级、主要成分、生产日期、有效期限、检验合格证明、使用方法说明书、售后服务，或者服务的内容、规格、费用等有关情况。"第 18 条规定："经营者应当保证其提供的商品或者服务符合保障人身、财产安全的要求。对可能危及人身、财产安全的商品和服务，应当向消费者做出真实的说明和明确的警示，并说明和标明正确使用产品或者接受服务的方法以及防止危害发生的方法。"

消费者的这些知情权的实施，是与传统购物方式中的看货、了解情况、试用、讨价还价、进行交易、送货等一系列环节相配套的。而在电子商务中，除送货外，其他的统统变成了虚拟化的方式，数字化商品甚至还可以在线下载，消费者与供应者并不见面，只是通过网上的宣传了解商品信息，通过网络远距离订货，通过电子银行结算，由配送机构送货上门等等。消费者看不到商家，摸不到商品。[①] 经营者所发布的信息是否真实和充分，令消费者更难以确认。有的表现为信息与实物不对称，因而不易识别商品质量，致使实物与网上宣传或消费者需求存在差异。还有的未给消费者提供足够信息，如不写明食品保质期，某些食品临近保质期，消费者在网上购物时对商品没有挑选的余地。"《世界互联网项目报告 2009 年摘要》显示，关于在线信息的可信程度，在世界互联网项目涉及的 10 个国家和地区中，有超过 40% 的互联网用户认为网上信息中只有一半甚至不到一半是可信的，这其中名列榜首的是中国。换言之，70% 的中国城市网民觉得在线信息大半都不可信"。[②] 可以说，网络市场上的柠檬问题更加严重，首先，社会分工

---

① 参见李传水：《网上购物顾客仍难亲近》，《经济参考报》2003 年 2 月 12 日。

② 《"世界互联网项目"报告 2009 年摘要》，http://ohmymedia.com/2008/12/14/1032/，2009 年 3 月 15 日浏览。

依然存在,而且呈现日益专业化的趋势,尤其是互联网络和信息技术的飞速发展,使国际贸易平台突破了时间和地域的局限,比较优势的竞争更加激烈,进而加剧了信息不对称。其次,信息不对称的经济激励更趋显著。"网络经营的进入和退出障碍较低,网络经营的法律尚不健全,从而导致网络经营者良莠不齐。由于网络交易的虚拟性和短时性,生产者没有激励投资于声誉,声誉机制难以发挥作用。对于纯数字公司来说,几乎没有任何实体抵押。在线产品的物理性质、经验品性质以及多变性等特性造成消费者效用评价的主观性。这些因素大大加重了网络厂商的机会主义行为"。① 最后,消费者知识的有限性遭遇新的挑战。互联网作为一种双向沟通机制,在拓宽厂商营销渠道的同时,也大大便利了消费者搜寻信息,尤其是搜索引擎的快速发展,成为消费者获取信息的重要手段,为消费者挑选商品提供了前所未有的选择空间,消费者会利用在网上得到的信息对商品进行反复比较,有利于理性消费。"截至 2009 年 7 月,搜索引擎在全国网民中的使用率为 69.4%,较 2008 年末增长 1.4 个百分点"。② 与此同时,我们也应当看到,消费者面临的问题已由传统经济时期的信息短缺转为网络经济时期的信息处理能力短缺,"Marable 的实证研究证实消费者高度重视搜索引擎的结果排名,他们认为排名靠前的网站更能迎合他们的利益",③实际上,"消费者并不了解付费搜索引擎广告和普通的

151

---

① 张辉:《柠檬问题与网络消费者行为》,《南京审计学院学报》2009 年第 6 卷第 2 期,第 15 页。

② 参见《第二十四次中国互联网络发展状况统计报告》(2009 年 7 月),http://www.cnnic.cn/html/Dir/2009/07/15/5637.htm,2009 年 7 月 25 日浏览。

③ Marable L. , "Consumer Reaction to Learning the Truth about how Search Engines Work", http://www. Consumer web watch. org/pdfs/false-ora-cles. pdf July 20,2006,2009 年 7 月 16 日浏览。

'有机'列表之间的区别"。① 这在一定程度上可能增加他们的搜寻成本和打击他们的消费信心。可见，由于信息不对称所造成的信誉危机，已经成为电子商务发展面临的瓶颈，清除市场交易中的"柠檬"，削减信息不对称，要求生产经营者对交易信息做适当和合理的披露，不仅是充分实现消费者知情权的需要，而且是消费者行使自主选择权等相关权益的基础，是维护经济秩序的必然要求。

二、消费者隐私权与经营者知情权

信用是现代经济的重要基础，社会信用体系的本质要求信用信息开放，征信业已经逐渐发展成为市场经济中不可或缺的一环，并在实现交易的公开、公正、公平和效率方面发挥着重要的作用。个人信用是构成社会信用体系的基础，个人信用征信体系的建立，必然以信息主体信用信息在一定范围内的公开为基本前提，显然，信用交易中需要获取验证个人信用信息的要求与个人信息的保密需求是互相冲突的。1973年，联合国秘书长在题为《尊重个人隐私》的报告中写道："大量的侵犯隐私的行为妨碍了人们的自由，而且经常是有意的……这些行为使人们产生了一种普遍的不安全感，它压抑着人们，使人们丧失责任心，迫使人们由于恐惧而趋于同一。"如果个人信息合理流通并且依法运用，对于社会秩序的维持、市场经济的发展、政务公开的推进和公民权利的实现都会大有裨益，但若缺乏有效的法律规制，必然会发生个人信息被误用、滥用的情形，以至于侵害个人合法权益。可见，这种冲突是客观存在，且不容忽视的。

消费者信息的公开和保密，从表面上看，是经营者的知情权与

---

① Consumer Reports Web Watch," A Matter of Trust: what Users Want from Web Sites", http://www. Consume rweb watch. org/ pdf s/a-matter-of-trust. Pdf, 2009年7月16日浏览。

消费者的隐私权产生冲突,似乎是私法主体个人利益与个人利益产生冲突,然而,这种冲突背后却是个人利益与社会利益的冲突,而且,存在着平衡协调的基础。一方面,普遍化的个人利益会形成社会利益。个人利益与社会利益之间有着天然的联系,"社会作为一个不同个体融合的组织体,有相对独立于个体的利益需求,但社会作为一个抽象的实体,与社会中其他组织体一样,其利益欲求的表达有赖于个体的利益需求,社会利益并非超脱于个人利益之外,乃是绝大多数社会主体的共同利益。"①"作为一般的、普遍的和具有共性特点的社会利益,寓于作为个别的、特殊的和具有个性特点的个人利益之中,而个人利益则体现着社会利益的要求,是社会利益在各个个别人身上的利益表现,并且受到社会利益的制约。社会利益是反映在个人利益之中的一般的、相对稳定的、不断重复的东西,是人的最强大的利益基础。社会利益不是简单地存在于个人利益之中,而是借助于个人利益的不同形式和不同的强度表现出来的。"②可见,个体利益的普遍化,形成了社会整体利益的基础。当个体利益最大化与个体利益普遍化出现对立时,法律的作用就在于协调两者的利益。对个人信用信息在法律许可的范围内进行征集,然后进行加工处理,将其提供给信用信息的使用者,是对交易对方的信用进行了解,以便理性地选择交易者和确定交易的结果,是在交易过程中交易一方主体的普遍要求,因此,这种利益诉求进而也就上升为一种社会利益,而不仅仅是一方主体的个人利益了。另一方面,社会利益的维护保障个人利益的实现。征信制度的建立,是交易双方在交易过程中对交易安全的需求。交

153

① 蒋安:《经济法理论研究新视点》,中国检察出版社 2002 年版,第 8~9 页。

② 公丕祥:《马克思法哲学思想论述》,河南人民出版社 1992 年版,第 283~284 页。

易安全本身就体现着一种主导性价值取向,交易安全价值如果无法得到体现,那么,交易预期的利益就将化为乌有,而且现有的利益也将沦为陪葬品。安全对于个体,以及整个社会都是至关重要的,保护交易安全正是当今民商事法律乃至经济法律所致力追求的目标。因此,"个人信用(尤其是消费者个人信息)由封闭走向公开的过程,实际上正是私法主体个体利益逐步让位于社会利益,由单纯的自然人向社会人演进的过程,也可以说是为更好的实现自我而超越自我的痛苦裂变过程。当然,个体利益向社会利益的让位,绝不意味着个人人格尊严的丧失,私人生活空间的沦丧,对私人领地的恣意侵犯绝非信用公开的目的和初衷"。① 所以,规范个人信用信息使用的立法,既要满足个人提供个人信用信息的有效保护,保证隐私权不受侵犯,又不能使保护隐私成为信息自由流通的障碍,确保合法的商业利益的实现,还要契合中国征信业务发展总体战略,即个人利益、行业利益和社会利益的共赢。

从 1830 年英国在伦敦创立了世界上第一家征信公司,揭开了人类建设征信系统的序幕起,时至今日,西方发达国家的征信服务业已经发育成熟,形成了比较完备的运作体系和法律法规支撑体系。考虑到个人信息收集和利用的泛滥可能威胁到个人自由,随着经济全球化趋势的日益发展和个人权利保护的国际共识的逐步形成,国际性的个人数据保护公约已成为国际法体系中不可缺少的、重要的组成部分。目前,关于个人信息保护的国际性公约有:经济合作与发展组织(以下简称 OECD)于 1980 年制定的《个人数据的隐私保护和跨国界流动的指导原则》、欧洲委员会于 1981 年签署和发布的《个人自动文档保护公约》、1990 年联合国签署的

---

① 冯果:《由封闭走向公开——关于商事信用的若干理论思考》,《吉林大学社会科学学报》2003 年第 1 期,第 51 页。

《个人数据自动化档案指导原则》，上述三个国际性公约的基本目的和基本内容大致相同，旨在保护个人隐私权和人权自由。许多国家也专门制定了保护个人隐私的法律规范。如，美国《公平信用报告法》对征信活动进行专门规制，还颁布了《隐私权法》、《家庭教育权与隐私法》、《金融隐私权法》等；再如，德国的《个人信息保护法》和《联邦信息保护法》；英国的《数据保护法》；澳大利亚的《联邦隐私权法》等。随着社会经济体制的转型和对外开放的深化，中国于 20 世纪 80 年代后期启动了社会信用体系建设工程。地方立法相对活跃，如 2002 年 1 月 1 日实施的《深圳市个人信用征信及信用评级管理办法》，2004 年 2 月 1 日实施的《上海市个人信用征信管理试行办法》，2005 年 7 月 1 日起实施的《长沙市信用征信管理办法（试行）》，2006 年 1 月 1 日起实施的《湖南省信用信息管理办法》，2006 年 3 月 1 日起施行《海南省征信和信用评估管理暂行规定》，2006 年 9 月 1 日起实施的《内蒙古自治区信用信息管理办法》等。但由于是各地方的法规或规章，效力层次较低，而且，在体系上、内容上存在不统一甚至不协调之处，因此，无论在法律地位上，还是在具体内容上，都无法对现实业务形成强有力的指导作用。除了地方立法之外，也草拟或出台了一些中国人民银行牵头的规范性文件，2002 年 3 月，由中国人民银行牵头，16 个部委参加，成立了建立个人和企业信用征信体系专题工作小组，该小组承担了代国务院起草征信管理行政法规的工作任务，形成了《征信管理条例》（代拟稿），并于同年 11 月上报国务院，对信息保护的总体原则、信用信息的范围、采集利用程序等分别做出了规定，但还未颁布。2005 年，中国征信体系建设取得一定的进展，2005 年 10 月 1 日实施的《个人信用信息基础数据库管理暂行办法》（中国人民银行令〔2005〕第 3 号），保障了 2006 年 1 月 1 日正式运行的个人信用信息基础数据库的正常运行，也为国家制定征信

155

法规提供了立法实践。中国人民银行、中华人民共和国信息产业部于 2006 年 4 月 7 日发布《中国人民银行信息产业部关于商业银行与电信企业共享企业和个人信用信息有关问题的指导意见》（银发〔2006〕112 号），进一步推动了部门间信息资源共享与整合。然而，中国至今尚无全国性和综合性的法律法规，对政府、企业和个人信用信息的开放和使用进行支持与规范，这严重制约了中国征信业的健康发展，而且，征信立法中仍有许多重大的问题还没有形成统一的认识，尤其是在个人信用信息开放过程中如何对个人信用信息进行立法保护的问题，还存在着很大的争议。

三、建立与完善经营者在线信息披露制度

约瑟夫·斯蒂格利茨（Joseph E. Stiglitz）认为"市场经济的特征具有高度的非理性和不完整性。旧的模型假定信息是完美和理想的，但即使轻微的不均衡信息变化都将引起经济后果的彻底改变。而且，不仅个体搜集、吸收和处理信息的能力是有限的，同时信息的传递也是有噪音的"。[①] 由于信息不完整和信息不对称，人与人之间需要沟通对话，以取得信息。而且，因为不知道对方提供的信息是真是假，只好借着"对方是否诚实"来间接地解读对方提供的信息。因此，建立在诚信基础上的充分有效的沟通，成为削减信息不对称的有力手段。针对我国市场发展现状，信息披露制度的建设工程是长期的、艰巨的。市场自律是重要的，但是，为了避免信息不对称给社会带来的无效率，自由市场机制无法解决所有问题，有效的监管是必须的，这样，才能真正贯彻信息披露制度，削减信息不对称，更正自由市场机制所产生的某些不利影响，实现消

---

① 斯蒂格利茨 1943 年生于美国的印第安纳州，1967 年获美国麻省理工学院博士学位，曾担任世界银行的首席经济学家，现任美国哥伦比亚大学（Columbia University）经济学教授。此为斯蒂格利茨在获得诺贝尔奖后在哥伦比亚大学举行的新闻发布会上发言。

费者的知情权,提高资源的有效配置。

(一)获取信息的原则和性质

根据OCED《指南》规定,商家所提供的有关信息"要足以使消费者就是否参与交易而做出有依据的决定及使消费者有可能保存这些信息的足够纪录:清楚、准确、易获知的,并使消费者有充分的机会在缔结交易前加以审查;在交易可采用多种语言的情况下,应使每一种语言包含所有信息,以使消费者在充分信息的基础上做出决定"。[①]台湾的《电子商务消费者保护纲领》规定:企业经营者应提供充分、正确、清楚且易于了解之信息。企业经营者提供信息时应遵守下列原则:使用浅显文句,避免艰涩专业术语及法律用语。提供之信息应能让消费者保存及利用。提供消费者于进行交易时依法应告知之信息。信息之提供应明显且易于取得。[②]

在中国,一方面,要明确经营信息以公开为原则,不公开为例外的原则,除了涉及国家机密、个人隐私、商业秘密、正在讨论不宜公开的内容和法律法规、禁止公开的其他信息以外,有责任公开其他的任何信息。根据现行立法,"消费者知情权的实现途径主要有两个方面:一是经营者依法尽一定说明或告知义务;二是消费者主动咨询和了解商品或服务的真实情况。也就是说,很多情况下,消费者的知情权对于经营者而言属于被动义务,只有在消费者要求经营者提供信息时,经营者才有义务提供。这在传统交易中完全是可行的,但电子商务有别于传统面对面交易,其交易双方是在非面对面的情况下进行交易的,这就使消费者在从事电子商务时无法身临其境,同时由于电子商务可以随时进行,而大多数经营者并不可能24小时随时在线,所以,使消费者与经营者之间的交流

---

① See Article 3 of the Online Disclosures.
② 台湾《电子商务消费者保护纲领》,三、线上信息披露。

不可能像传统交易那样具有即时性。也就是说,经营者被动提供信息的做法已无法很好地满足电子商务中消费者对于知悉内容易获得性的要求"。[①] 而且,消费者也常常处于被动的接收信息状态,缺乏主动获取信息的权益观念,因此,在电子商务中,明确经营者是信息公开的义务人,消费者是信息公开的权利人,将经营者的被动义务强制转化为主动义务是十分必要的,如果经营者没有履行主动公开义务,消费者有权要求其公开信息,并要求其承担相应责任。另一方面,明确消费者享有便捷获取易理解的真实充分信息的权利。首先,消费者享有获取准确充分信息的权利,这是消费者知情权的出发点和最终落脚点,应当至少包括交易对象的知情、交易标的的知情、交易条件的知情和救济途径及程序的知情(详见本书第五章第三节"在线信息知情权")。"准确"是指经营者在披露时,要保证信息的完整,不得故意隐瞒,也要保证信息准确,忠实于事实,不得夸大或提供虚假信息,如对即将过期的商品不说明保质期等。"充分"是指经营者对信息的说明必须足以使消费者对是否进行交易做出准确的判断。北京工商局《电子商务监督管理暂行办法》第11条第1款规定:消费者在网上交易中享有知悉其购买、使用商品或接受服务的真实情况的权利。如果履行合同时,经营者提供的商品或服务与其披露不符,消费者可据此要求承担法律责任。因此造成消费者损失的,还可要求赔偿,如达成这笔交易消费者须支付的费用(如上网通信费)、货款、相应的利息损失等。其次,消费者享有获取易理解信息的权利。只有消费者充分理解经营者提供的信息,才能做出理性的购物决策,因此,经营者提供的信息应当是浅显易懂的,不得使用一些文义晦涩的词语,

---

① 韩洪今:《电子商务交易前消费者权益的法律保护》,《广西政法管理干部学院学报》2009年第2期,第85页。

让消费者难以理解,或使用一些引人误解的表示,让消费者产生误解。根据欧盟《不公平合同条款指令》(*Directive on Unfair Contract Terms*)规定,合同的起草必须使用简单、易懂的语言,消费者能够理解商家使用的各国语言;合同应当使用消费者住所地国或国籍国的语言。在各欧盟成员国国内销售商品时,则由各成员国自行决定将使用何种欧盟官方语言来订立担保。① 再次,消费者享有便捷获取信息的权利。信息时代的到来促使人们必须掌握足够的信息来源,拥有大量的信息资料,以便于消费者进行购物决策,经营者要满足消费者获取信息手段多样化的要求,还要满足不同消费者由于不同身份、地理位置、消费动机等方面的差异导致的对信息各自不同的需求,为消费者提供更便捷、更专业、更个性化的信息。"便捷"主要是便于消费者随时查阅,如通过网站、媒体、设立固定的信息公开栏,设立服务热线等便于公众知晓的形式。如果经营者滥用链接(Linking)、元标记(Meta tags)、加框(Framing)等等方式,使消费者访问信息的途径受到阻塞和偏移,或者不当运用超链接(Hyperlinks)会被不正当竞争法和知识产权法律所禁止。例如,北京东方网景数据通讯公司在网上发布消息称:凡到该网站购物中心购物的都可买到"跳楼价"商品。其商品标价远远低于一般市场售价,且广告中没有明确附加任何限制条件。因而,消费者认为无条件上网购物就可买到"跳楼价"商品。实际上,该公司预先编制设置的"跳楼价"商品出现的概率是 1/10000,"跳楼价"商品的出现取决于访问量的大小,访问量越大,"跳楼价"商品的出现的频率就越多,每次只闪动滞留 10 秒钟。其广告信息的虚假性和误导性是不言而喻的。北京市海淀工商分局认定该公司的行为违反了《北京市反不正当竞争条例》第 15 条第 1 款规定,依据

159

---

① See article 5 of the *Directive on Unfair Contract Terms*.

该条例第 38 条第 1 款的规定进行了处罚。再次，是拒绝非需求（Unsolicited）信息和强行闯入（Obstrusive）的信息的权利（详见本书第五章第四节"自主选择权"）。最后，为确保信息披露制度对经营者的约束力，立法时，对经营者不履行或不完全履行信息披露义务时应承担的法律责任，要做出明确规定。

（二）在线信息披露的内容

基于网上交易的虚拟性和开放性，应当规定经营者以合理的方式全面、充分、及时地向消费者提供消费者权益的重要信息，在线信息披露的内容应当至少包括交易对象、交易标的、交易条件，从而来保障网络消费者的知情权。

1. 交易对象的知情

消费者无论以什么方式购物，明确交易对象是十分重要的，它直接关系到责任承担的主体问题。OECD《指南》规定，从事面对消费者的电子商务企业提供足够多的关于自身准确的、清晰的、易于接受的信息，最低限度包括以下信息：a. 企业的身份，包括企业的法定名称，即用于交易的名称，主要的商业地址；b. 电子信箱地址及其他电子联系的方法或电话号码、有效的注册地址及任何相关的政府注册号或许可证号；c. 与企业进行迅速、简便和有效的交流方式；d. 能适当和有效地解决争议、法律程序的服务、经营场所和法律实施的负责人及执行规章的官员；e. 企业是任何有关自律性组织、商业协会、解决争议的组织或其他认证机构中的成员，企业应提供给消费者适当的联系方式和核实组织成员简便的方法，以及获知认证机构的有关法规和规则。① 欧盟《2000/31/EC指令（即电子商务指令）》有关供应商身份的信息主要包括：a. 供应商的名称；b. 供应商的设立地地址；c. 与供应商迅速、直接、有

---

① 参见 OECD《指南》，三、在线披露 1. 商业信息。

效地沟通的联络方式,包括其电子邮件地址;d. 如果某项服务内容须经当局许可,则须注明有关主管当局的联络方式;e. 涉及规范性管理的行业,须注明供应商所在的专业协会或类似组织的名称,并注明其所获得的专业资格以及授予该资格的成员国的名称;f. 如供应商所从事的营业活动须缴纳增值税,则须注明其注册的增值税号。① 此外,日本《ECOM 虚拟商店与消费者交易准则》规定经营者应提供的自身信息包括:网络经营者公司名称、商店名称、地址、电话、传真、E-mail 以及依据商业法规所要求的经营资格的内容等。中国台湾"行政院消费者保护委员会"公布的《电子商务消费者保护纲领》中对于企业经营者在线披露的自身信息主要包括以下几点:登记名称、负责人姓名及公司简介;公司或商号所在地及营业处所所在地;电子邮件、电话、传真等联络方式及联络人;经营之形态及核准之证照号码;加入自律机构或计划相关规定与措施,及其会员资格之确认方式。中国《公司登记管理条例》第 53 条第 2 款规定,"企业法人营业执照"正本应当置于公司住所或者分公司营业场所的醒目位置。此规定显然对网上经营者不适用。《消费者权益保护法》第 20 条规定:"经营者应当标明其真实名称和标记。租赁他人柜台或者场地的经营者,应当标明其真实名称和标记。"此规定可以适用于网上经营者,但是过于笼统,不便于具体操作。根据《关于在网络经济活动中保护消费者合法权益的通告》第 8 条的规定,经营者不得在互联网站上采用假冒他人的注册商标,擅自使用他人的商品名称、企业名称、企业地址,伪造或冒用认证标志、名优标志等不正当竞争手段误导消费者。第 9 条规定,在互联网站上销售产品或提供服务的经营者应当将其真实注册地点、联系方式或交易地点告知消费者,不得提供虚假地

---

① See Article 3 of the *Online Disclosures*.

址。可以说,对于经营者名称、地址等规定较为具体,但是毕竟其效力层次较低,适用范围有限①,而且缺乏规范性管理的信息。从国际立法和其他国内立法中可以看出,要求披露的内容比较广泛,包括经营者的身份信息、联系信息和规范性管理信息等,而且采用了列举式,便于实践操作。基于此,笔者认为,在我国,经营者应当从以下3个方面披露自身信息。

（1）经营者的名称、资质等身份信息

名称是指"法人及特殊的自然人组合等主体在社会活动中,用以确定和代表自身,并区别于他人的文字符号和标记"。② 其目的之一在于区分不同之主体,是主体资格的外在表现,经营者特定化,经营者应当明示法定名称。网上购物或服务网站,大致可分为两种经营形态③:一种是电子商店,即提供网上购物或网上服务的业者,在网络上设立自己的网站,直接对网络使用者出售商品或者提供服务,如搜狐网。另一种是电子商场,它是由许多提供不同商品或者服务的业者集中在一个网站中,使用者可以在同一个网站购买不同公司所提供的商品或者服务,如新浪网。在第一种情况下,确定交易对象问题不大,但第二种情况就比较复杂,因为有的仅提供网站空间,有的则是统一接受消费者填单购买,消费者一时难以搞清谁是真正的交易对象,而且,工商部门很难监管,消费者投诉,解决起来就比较困难。此时,明确经营者的名称就更为重要,而且,用于交易的名称,应当就是企业的法定名称。登记注册地和登记号或许可证号,是核对生产经营者身份的法律途径,这有利于社会监督,通过社会监督,向生产经营者施加压力,要求其使

---

① 适用于北京市辖区内的互联网站从事以营利为目的的销售商品或提供服务的活动,经营者从事网上竞价销售活动的不在其调整范围内。

② 杨立新:《人身权法论》,中国检察出版社1996年版,第441页。

③ 参见逸然:《卖东西的人是谁?》,《经济参考报》2003年2月12日。

用真实的身份。当然,生产经营者同时还应说明登记注册资料的查询方法,为消费者和社会监督提供便利。经营者还应当明示其注册号、广告经营许可号、专项经营许可号等身份标识,并保证身份的可识别。传统经济条件下,经营者一般通过挂在墙上的那份执照向消费者明示。在网络上识别经营者的法律主体一般通过经营网站首页右下角的红盾标志,这个标志还必须是可点击的,点击后连接到工商局的红盾315网站,马上就能得到这个经营主体的详细信息,即从地址、法定代表人到经营范围等信息。此外,还包括广告经营许可号、专项经营许可号等身份标识。

(2)经营者应当提供其营业地地址和其他包括电话、传真及电子邮件地址在内的联络方式,并保证真实有效

瑞士民法典第23条规定,"以有永久居住意思的居所地为其住所"。德国民法典第7条规定:久住于一定地域者即设定其住所于该地。一般而言,住所是法人的注册地或主要经营中心,许多国家主张以法人的住所地法作为法人的属人法来确定其权利能力和行为能力。为了消费者能够及时有效地与经营者联络,解决购买、售后服务、投诉等相关问题,经营者应当提供详细、确实、便利的联络方法。消费者通常在"联系我们"处查找相关信息。很多蓄意欺诈的经营者,一般只用一部手机或一个网站作为对外联络方式,以逃避监管。

(3)规范性管理的行业或机关信息

OECD《指南》和欧盟《2000/31/EC指令(即电子商务指令)》中均明确提出了经营者应当注明经营者所在的专业协会、直接管理机关等,值得借鉴。这不仅是消费者知情权的一部分,也有利于消费者实现自主选择权,以及解决消费者争议。

2. 交易标的的知情

(1)禁止虚假广告

目前,网络已经成为继电视广播、报刊杂志和户外广告以外的

第四大广告媒体。有些经营者利用网络广告传播快、发布易，而监管难度大、隐蔽性强的特点，大行虚假广告和欺诈之道，侵犯消费者的权益。因此，为保障消费者对标的的知情，首先就要规范广告宣传行为。欧盟立法中，明令禁止误导性广告，并对药品和烟草网络广告予以禁止，同时，规制了比较广告。在欧盟法中，误导性广告就其定义来说，是指任何广告以任何方式欺骗或意欲欺骗其受众或传播对象，并且由于其欺骗的性质可能影响这些人的经济行为，进而损害或可能损害其竞争对手的任何行为。由此可见，欧盟法律关于误导性广告的定义非常广泛，甚至是销售商做出的与缔结合同有关的个人的不公开声明也包括在内。这种广义性解释可以充分打击误导性广告，保护消费者获知正确的信息。① 根据《关于在网络经济活动中保护消费者合法权益的通告》第 12 条规定，经营者不得在互联网站上利用广告或者其他方法对商品的品种、规格、质量、制作成分、价格、性能、用途、生产者、有效期限、产地等做引人误解的虚假宣传。网络广告经营者不得代理、设计、制作、发布虚假广告。当然，虚假广告的规制还有待于《广告法》和《反不正当竞争法》等法律法规的协同规制。

（2）以披露价格为核心的产品和服务信息

根据欧盟远程销售指令（Directive 97/7/EC），在任何远程合同订立之前，必须及时向消费者提供以下信息：a. 产品或服务的主要特点；b. 产品或服务的价格，包括所有税款；c. 产品或服务的送货或交付费用；d. 使用远程通信方式、提供产品或服务的额外费用；e. 报价或价格的有效期。在中国立法中，与商品或服务信

① 张学锋：《欧盟电子商务合同中消费者权益保护制度述评之二——合同订立过程中的消费者权益保护》，参见张平主编：《网络法律评论》第 4 卷，法律出版社 2004 年版，第 234 页。

息有关的法律法规除曾提到的《消费者权益保护法》第 8 条第 1
款外,还包括第 8 条第 2 款:"消费者有权根据商品或者服务的不
同情况,要求经营者提供商品的价格、产地、生产者、用途、性能、规
格、等级、主要成分、生产日期、有效期限、检验合格证明、使用方法
说明书、售后服务,或者服务的内容、规格、费用等有关情况。"第
18 条:"经营者应当保证其提供的商品或者服务符合保障人身、财
产安全的要求。对可能危及人身、财产安全的商品和服务,应当向
消费者做出真实的说明和明确的警示,并说明和标明正确使用产
品或者接受服务的方法以及防止危害发生的方法。"以及《产品质
量法》第 9 条:产品或者其包装上的标识应符合下列要求:有产品
质量检验合格证明;有中文标明的产品名称、生产厂厂名和厂址;
根据产品的特点和使用要求,需要标明产品规格、等级、所含主要
成分的名称和含量的,相应予以标明;限期使用的产品,标明生产
日期和安全使用期或者无效日期;使用不当,容易造成产品本身损
坏或者可能危及人身、财产安全的产品,有警示标志或者中文警示
说明。《反不正当竞争法》第 9 条规定,经营者不得利用广告或者
其他方法,对商品的质量、制作成分、性能、用途、生产者、有效期
限、产地等做引人误解的虚假宣传。广告的经营者不得在明知或
者应知的情况下,代理、设计、制作、发布虚假广告。《广告法》第 9
条规定,广告中对商品的性能、产地、用途、质量、价格、生产者、有
效期限、允诺或者对服务的内容、形式、质量、价格、允诺有表示的,
应当清楚、明白。广告中表明推销商品、提供服务附带赠送礼品
的,应当标明赠送的品种和数量。根据《关于在网络经济活动中
保护消费者合法权益的通告》第 10 条规定,在互联网站上销售商
品或提供服务的经营者必须明示所售商品或提供服务的价格,不
得对商品或服务的价格做出虚假表示。第 11 条规定,在互联网站
上销售商品的经营者必须明示所售商品的产地、生产者、规格、等

级、质量状况。当消费者提出对有关商品的质量、性能、主要成分、生产日期、有效期限、检验合格证明、使用方法说明书、售后服务等项内容的疑问时，经营者应当如实答复；对一时无法答复的要说明理由。经营者在发布上述各项信息时，不得做出虚假表示，误导消费者。根据北京市工商行政管理局《电子商务监督管理暂行办法》第11条第2款的规定，消费者有权要求经营者提供商品与服务的名称、种类、规格、成分、性能、用途、生产者、产地、等级、价格、生产日期、有效期限、配送范围、配送方式、运费标准等有关情况。可见，我国对披露产品和服务信息的要求较为全面，但是，对于产品和服务信息中价格和价格构成方面的披露尚存在差距。在产品和服务的网上销售中，价格优势是吸引消费者的主要信息，有些经营者明目张胆地利用虚假价格信息进行诈骗。"你是否会相信下面的事情呢？一台全新的东芝 Satellite A10 笔记本仅卖 2898 元；SONY-F717 数码相机卖 2500 元；如果它们还在同时卖轿车：本田雅阁 2.0/2 万元；宝马 318/20 万元；奔驰 S320/25 万元；桑塔纳 2000/1 万元；丰田威驰/2 万元；马自达 M6/3 万元……要求购买者只需要付出货款总额的 10%，就保证把购买者所需的东西通过邮寄的方式给他"。① 实际上，这是诈骗的诱饵。欧盟立法关于价格的披露②值得借鉴：所有的商品都应标明销售价格和单价；标价必须明确、易辨认且清晰易读，不得包含任何误导性的信息；必须标明价格中是否包含税款、运费和相关的远程通讯费用；必须标明提供价格的有效期；在对外贸易中，经营者还应向消费者提供用来汇兑的参考汇率。因此，经营者不仅有义务提供真实的价格，还应

---

① 参见《揭开网上销售商品诈骗黑幕》，http://www. enet. com. cn/enews/inforcenter/A20040302290370. html，2004 年 9 月 30 日浏览。

② See article 3 - 4 of the *Directive on Indication of Prices*, See article 5 of the *Electronic Commerce Directive*.

当明确其价格的具体构成,这是消费者知情权实现中的重要问题。

(3)其他信息

OCED 的《指南》规定:可使用的和合适的交易信息应包括:分别列出企业收取和/或征收的总成本;非由企业收取和/或征收的针对消费者的成本提示;交付或履行期限;付款的期限、条件和方法;购买的限制、限度或条件,如父母/监护人许可条款,地域或时间的限制;正确使用的说明,包括注意安全和健康警示;有关有效售后服务的信息;有关撤回、终止、返还、调换、取消和/或退款政策信息的细节和条件,有效的担保和保证。① 美国《BZC 网络交易指导原则》对交易信息透明的规定:交易过程的相关信息必须充分揭露,包括:交易条件、交易流程;并告知消费者在何种状况下可以取消交易;以适当的语言表达所有相关信息,亦即,销往台湾地区的商品劳务必须以繁体中文描述,销往日本者,则必须以日文描述;交易信息必须妥适保存,并使消费者可以随时查询;价格信息透明,包括定价、运费、货币别、附加税款等;物流处理信息透明,包括运送方式、运送时间等;退换货处理信息透明,包括退货、换货、退款等的相关规定,如鉴赏期长短、退换货流程等;若厂商不接受退换货,则必须在交易尚未完成时就明白告知消费者。中国台湾的《电子商务消费者保护纲领》中交易信息的内容包括:企业经营者所收取之全部价款明细,包括安装、处理、递送及相关费用,并明确告知使用之货币种类;其他非企业经营者收取但可能发生之费用,如货物税、关税、保险、安装、处理、递送及相关费用;货物递送之安排;付款方式及是否开立交易收据;购买限制,如销售地区、销售期限或交易需取得监护人之同意等其他限制情况;犹豫期间、终止或解除契约、退货或换货、退款之条件;品质保证、保固服务及相

① See Article 3 of Online Disclosures.

167

关之售后服务；消费争议处理方式，包括企业经营者内部申诉处理及外部公正第三者之争议处理机制及程序；解决合约争议之管辖法院及适用之准据法。①

3. 交易条件的信息

（1）合同一般性条款和合同订立程序

经营者应当在合同订立前就向消费者提供一般性条款（详见本书第五章第五节"公平交易权"），并写明合同订立的技术性步骤。

（2）隐私权保护、网络安全等各项相关政策

经营者应当提供规范的隐私权保护（详见本书第五章第二节"网络隐私安全权"）和网络安全（详见本书第五章第二节"网络隐私安全权"和本书第五章第四节"自主选择权"）等各项相关政策。

（3）救济途径及程序

如果经营者拒不履行或不完全信息披露的义务，致使消费者的切身利益受到损害，当事人可以就经营者"不作为"，通过法律途径寻求救济。经营者应当告知消费者投诉的程序、方式，以及如何查阅相关行业准则。

第四节　自主选择权

关于什么是消费者的自主选择权，学界的表述并不统一。有学者主张"自主选择权是消费者根据自己的意愿自主地选择其购买的商品及接受的服务的权利"。② 也有学者界定："自主选择权

---

① 台湾《电子商务消费者保护纲领》，三、线上信息披露 3. 交易信息。
② 李昌麒、许明月：《消费者保护法》，法律出版社 1997 年版，第 83 页。

是消费者享有的自主选择商品和服务的权利"。① 还有学者认为：
"自主选择权是指消费者有依不同标准自由地对商品和服务做出
选择,并自主地决定是否购买商品或服务的权利"。② 虽然上述表
述不同,但体现了共同的特征,即消费者在意思表示自主真实条件
下行使消费自主决策权。中国《消费者权益保护法》第9条规定,
消费者享有自主选择商品或者服务的权利。消费者有权自主选择
提供商品或者服务的经营者,自主选择商品品种或者服务方式,自
主决定购买或者不购买任何一种商品、接受或者不接受任何一项
服务。消费者在自主选择商品或者服务时,有权进行比较、鉴别和
挑选。据此,自主选择权内容上应当至少包括买不买、向谁买、怎
么买、买什么以及在哪里买等权益。买不买体现了消费者选择的
自愿性,是指消费者自主决定购买或者不购买任何一种商品、接受
或者不接受任何一项服务,经营者的介绍、推荐和帮助不能代替消
费者的意志,也不能违背消费者的意愿,更不得进行禁止、剥夺、限
制或者干涉;向谁买,是消费者有权自主选择提供商品或者服务的
经营者,对提供"网上商城"等类似租赁柜台式,而由其他企业入
驻进去的电子商务平台,消费者进行购买活动时,平台经营者应当
向消费者明示入驻企业的真实姓名和标记,既便于消费者自主选
择经营者,也便于经营者之间区分责任。同时,禁止强制链接和浏
览。怎么买是消费者有权根据自己的需求、意向和兴趣,对商品或
服务进行比较、鉴别和挑选。买什么是自主选择商品品种或者服
务方式,有权根据商品或者服务的不同情况,选择商品的商标、产
地、价格等事项。此外,消费者还有权选择购买商品或者接受服务

---

① 杨紫烜:《经济法(第二版)》,北京大学出版社、高等教育出版社2006年
版,第249~250页。

② 漆多俊:《经济法学》,武汉大学出版社1998年版,第229页。

的场所等。当然，自主选择权是相对的，消费者自主选择商品和服务的行为应当依照法律，遵守社会公德，不得侵害国家、集体和他人的合法权益。基于网上消费的特点，笔者主要围绕综合治理垃圾邮件，实现消费者自主选择权进行探讨。

一、垃圾邮件与自主选择权

随着互联网应用的深入，电子邮件已经成为人们日常工作和生活的交流工具，正在发挥越来越重要的作用。与此同时，垃圾邮件的出现破坏了和谐的网络文明，引起社会各界的高度关注。垃圾邮件的概念起源于美国，1975 年，Jon Postal 提出了垃圾邮件（Junk Mail）的概念，他在其文章《关于垃圾邮件问题》（On the Junk Problem）中指出："选择性拒绝机制"的缺乏将成为网络上信息传播的一种安全隐患。① 欧盟的《关于远距离合同订立过程中对消费者保护的指令》明确表示，通过电子邮件擅自发送商业性宣传，这类似于擅自向别人的邮箱里塞广告宣传品，此类邮件危害很大，因为信息接受者在下载这些无用信息时还要支付网络费用和通讯费用，而且还可能干扰交互性网络的正常运行，造成网络阻塞或者通讯速度缓慢。所以，在任何情况下，私自发送的商业性宣传材料都必须被明确标明，并且不应该导致消费者（接受者）通讯费用的增加。在 OECD《指南》第二部分规定："如果消费者已表明不愿接受未经请求的电子商业邮件，这种选择应受到尊重。"2002 年 5 月 20 日，中国教育和科研计算机网公布了《关于制止垃圾邮件的管理规定》，其中对垃圾邮件的定义为：凡是未经用户请求强行发到用户信箱中的任何广告、宣传资料、病毒等内容的电子邮件，一般具有批量发送的特征。2002 年 11 月，中国互联网协会联

① 郭懿美、蔡庆辉：《电子商务法经典案例研究》，中信出版社 2006 年版，第 118 页。

合国内网络运营商、邮件服务提供商,在北京成立了"中国互联网协会反垃圾邮件协调小组",并提出了《中国互联网协会反垃圾邮件规范》,定义如下:"本规范所称垃圾邮件,包括下述属性的电子邮件:收件人事先没有提出要求或者同意接收的广告、电子刊物、各种形式的宣传品等宣传性的电子邮件;收件人无法拒收的电子邮件;隐藏发件人身份、地址、标题等信息的电子邮件;含有虚假的信息源、发件人、路由等信息的电子邮件。"2006 年 3 月 30 日起施行的《互联网电子邮件服务管理办法》第 13 条第 2 款规定,不得未经互联网电子邮件接收者明确同意,向其发送或者委托发送包含商业广告内容的互联网电子邮件;第 3 款规定,发送包含商业广告内容的互联网电子邮件时,应当在互联网电子邮件标题信息前部注明"广告"或者"AD"字样。以上定义中均强调了"未主动请求",有的还列举了"无法拒收"、"批量"、"内容非法"、"可能导致诉讼"等特征。

从对垃圾邮件与权益保护的研究来看,多从网络隐私权角度入手,如有的学者认为"各种垃圾邮件充斥网络空间,影响用户的私生活安宁,侵犯用户的网络隐私权,成为互联网的公害",[1]还有学者呼吁"垃圾电子邮件问题表明网络隐私权已受到严重侵害,强化对网络隐私权的保护已成为当务之急"。[2] 笔者认为,垃圾邮件不仅侵犯了消费者的网络隐私权,也侵犯了消费者的自主选择权。

首先,自主选择权的行使和保护应当贯穿合同成立和履行的整个环节。垃圾邮件大量散发的原因多种多样,有基于政治目的

171

---

[1] 温晓芸:《对垃圾邮件侵犯网络隐私权的法律规制》,《西部法学评论》2008 年第 5 期,第 108 页。

[2] 何蕾:《由垃圾电子邮件论我国网络隐私权的法律保护》,《甘肃科技纵横》2006 年(第 35 卷)第 3 期,第 90 页。

的,也有出于打击报复的,更多的是为了商业赢利。目前,垃圾邮件侵犯消费者自主选择权的主流是商业性垃圾邮件的泛滥。从合同的成立角度,商业性垃圾邮件可以视为一种要约邀请,中国《合同法》第15条规定,要约邀请是希望他人向自己发出要约的意思表示。寄送的价目表、拍卖公告、招标公告、招股说明书、商业广告等为要约邀请。商业广告的内容符合要约规定的,视为要约。要约邀请是希望他人向自己发出要约的意思表示,它不因相对人的承诺而成立合同,也不能因自己做出某种承诺而约束要约人。但不容忽视的是,要约邀请与合同成立密切相关,它"是当事人订立合同的预备行为,在发出要约邀请时,当事人处于订约的准备阶段"。①

172

其次,从权利的受侵害角度上看,"不请自来"的垃圾邮件造成消费者的物质和精神损失,侵犯了其财产权和名誉权等,无异于违背消费者意愿,进行强卖强买。"在传统的广告行为当中,无论是电子媒体的电视、广播,平面媒体的报纸、杂志,立体的户外广告,最后乃至与网络邮件广告极为相似的商业信函。对广告商来说,他需要付出较大的物质成本来吸引消费者的注意力。而在技术层面,消费者既可选择接收,也可选择不接收。接收的话,消费者只需付出一定的注意力,即时间成本;不接收的话,消费者只需转换遥控器、翻过广告或把商业信函扔进垃圾桶,其拒收成本几乎为零。在这样一种广告传播方式中,通过较高成本的广告发布和较低成本的广告接收/拒收,在广告商与消费者之间形成了一种动态的利益平衡。但这种传统的广告传播利益平衡机制被网络邮件广告营销所破坏。基于互联网的低成本、高扩散的信息传播特性,

---

① 苏惠祥主编:《中国当代合同法论》,吉林大学出版社1992年版,第72页。

广告发布者的信息发布成本陡然降低,边际成本趋近于零。但对消费者来说,这种强迫接收的邮件,给其带来了浪费时间、损耗电脑、减损带宽、妨碍通信等实质性损害,使其接收广告的成本急剧上升"。[①] 此外,垃圾邮件进入收件人信箱,非法侵入其私人空间,不仅侵犯了网络隐私权,而且占用网络带宽,耗费网络公共资源,降低电子邮件使用效率,干扰了大多数用户正常使用电子邮件功能,给用户带来了时间、精力和金钱的浪费,甚至可能成为病毒、木马程序的载体或者被黑客利用进行网站攻击等,给现实社会造成危害。中国互联网协会、中国互联网协会反垃圾邮件中心和12321网络不良与垃圾信息举报受理中心共同调研的2009年第一季度中国反垃圾邮件状况调查报告显示,中国电子邮箱用户的规模为17875万。中国垃圾邮件的总量依然在继续攀升,其总量达到2724亿封,与去年同期的1926亿封相比增加了798亿封,增幅为41.43%。中国网民平均每周收到垃圾邮件数量为17.68封,与去年同比增加了0.13封,中国网民平均每周收到垃圾邮件的比例为57.52%,与去年同比上升了0.82个百分点。垃圾邮件给用户造成多方面的影响,仅以浪费时间作为评估标准计算,2009年给中国造成的经济损失达339.59亿元人民币,与2007年的188.4亿相比两年间增长了151.19亿元人民币,增幅为80.25%。[②] 再次,从垃圾邮件危害的预防角度来看,维护消费者自主选择权是其他类别权益保护的前提和关键环节。垃圾邮件对收件人的权利侵犯主要包括隐私权、自主选择权、通讯自由权、财产权等,其中最重要的是自主选择权,这是垃圾邮件所引发法律问

173

---

① 徐剑:《试论网络垃圾邮件的法律监管》,《国际新闻界》2007年第4期,第49页。

② 《2009年第一季度中国反垃圾邮件状况调查报告》,http://www.anti-spam.cn/pdf/2009_01_mail_survey.pdf,2009年6月10日浏览。

题的核心。在各国立法中多把"未经许可"作为界定垃圾邮件的重要特征，并要求邮件发送应当事先"获得许可"，或者在寄发"不请自来"的邮件上，附有"拒绝权"（Opt-out）或是"同意权"（Consent lists）的点选项目，表示不愿再收到相关类似的邮件，这正是自主选择权行使的具体表现。最后，从垃圾邮件的惩治角度来看，许多国家都对传播垃圾邮件行为设定了包括刑事责任、行政责任和民事责任的法律责任体系，以维护消费者权益。以 2003 年美国《反垃圾邮件法》（*Controlling the Assault of Non-Solicited Pornography and Marketing Act of* 2003）为例，关于民事责任，该法规定，受垃圾邮件侵扰之苦的居民可以依据法律规定的程序向加害人提出民事赔偿之诉。法院可依违者的情节轻重判决其向受害居民赔偿一定数额的赔偿金。该法第 7 条第（f）（3）项规定，法院在确定赔偿额时应通过违法行为的乘积计算；对于恶意违法行为，法院可要求违法者"加重赔偿"，但最高不超过最高赔偿额的 3 倍，即 600 万美元。关于行政责任，该法规定，美国联邦贸易委员会和联邦通信委员会等法律授权的机构为电子邮件服务和使用等管理事务的执法主体。上述执法机构有权依照法律的规定，对违法传播垃圾邮件的行为据其情节轻重处以不同数额的罚款。关于刑事责任，该法规定，对于某些严重违反法律规定传播电子邮件的行为，法院可以判高达 5 年的监禁。①

二、商业垃圾邮件与电子邮件营销

"随着互联网的迅速普及和电子商务的迅猛发展，网络营销成为重要的营销方式。而电子邮件营销可称得上是网络营销最初的手段。自从 1994 年 4 月 12 日，美国两位移民咨询签证律师把一封'绿卡抽奖'的广告发到他们可以发现的每个新闻组，并仅以

---

① See Section 4 of Prohibition against predatory and abusive commercial E-mail.

20 美元的代价就吸引了 25000 个客户并赚取了 10 万美元开始,电子邮件营销就正式诞生了"。① 自理论营销专家 Seth Godin 在1999 年出版的《许可营销》(Permission Marketing : Turning Strangers into Friends , and Friends into Customers)一书中提出了"许可营销"这一概念后,电子邮件营销获得广泛认可,其有效性也被许多企业的实践所证实。笔者认为,科学定义商业垃圾邮件,首先应当划清其与正常商业邮件之间的界限,在有力打击商业垃圾邮件的同时,给以电子邮件为手段进行合法的营销活动提供充分的发展空间,这是垃圾邮件治理的前提和基础性工作。

　　"电子邮件营销"术语中有两个关键点:电子邮件和营销。其中电子邮件指的是"以网络协议为基础,从终端机输入信件、便条、文件、图片或声音等,最后通过邮件服务器将其传递到另一端的终端机上的信息"。简言之,就是用电子手段提供信息交换的通信方式。而营销最为通常的概念是"辨识未被满足的需要,定义、量度目标市场的规模和利润潜力,找到最适合企业进入的市场细分和适合该细分的市场供给品"。也就是发现、创造和交付价值以满足一定目标市场的需求,同时获取利润的过程。两个概念的简单融合,既通过电子邮件这一手段传达信息以达到营销的目的,却并非是电子邮件营销的概念。"电子邮件营销,是指企业事先征得用户的许可后通过电子邮件方式向顾客发送产品、服务信息。因此,电子邮件营销即许可营销,是在用户事先许可的前提下,通过电子邮件的方式向目标用户传递有价值信息的一种网络营销手段"。② 可见,满足 E-mail 营销的三个基本因素是:基于用

---

　　①　参见郭兵:《让营销远离"垃圾"邮件》,《企业研究》2008 年第 12 期,第 23 页。

　　②　冯英健:《Email 营销》,机械工业出版社 2003 年版,第 1 页。

户许可,通过电子邮件形式传递,有价值信息的营销活动。许可是最为关键的,它是电子邮件营销的第一要素,也是与"垃圾邮件"最为根本的区别。许可营销的原理其实很简单,也就是企业在推广其产品或服务的时候,事先征得顾客的"许可"。得到潜在顾客许可之后,再通过电子邮件的方式向顾客发送产品或服务信息。因此,电子邮件营销常常被称为许可营销。电子邮件营销的手段在很大程度上决定了电子邮件营销的优越性。电子邮件是消费者沟通、传递信息的最佳工具,它具有低成本、快速响应以及较高点击率等优点,而且它较容易管理和追踪。因此,电子邮件营销拥有较强的针对性、双向沟通、成本较低、高效率等优势。"营销活动"界定了邮件营销应具有过程性、互动性和共赢性的特征,过程性是指电子邮件营销可以或应该为营销的整个过程提供服务,而不是仅仅服务于其中的一个环节。互动性是指电子邮件营销是一个互动的过程,是一个沟通的过程。营销双方只有充分进行信息的沟通才能达到最终的交换过程。共赢性是指营销的目标是为了达成符合个人和组织目标的一种交换。

电子邮件营销并不是传统的直邮广告在网络上的延伸,也不是简单的电子邮件发送,更不能等同于垃圾邮件。商业垃圾邮件与合法邮件营销有共性也有差异。首先,通过电子邮件形式传递,是二者的共性,不具有区分意义。其次,电子邮件营销的目的是向客户传递有价值的信息,不只是企业的重要宣传信息,还必须是对消费者有较高价值的信息。只有维持并提高信息的价值度,才不会让消费者产生厌烦和拒绝,才能增加信息的阅读度,达到营销的目的。然而,信息是否对客户有价值,是一种主观取向,要经过客户的自身判断,个体需求和偏好存在差异,不能一概而论,而且,有用性的判断与许可密切相关。有学者从实证角度研究,"经过对132名学生1个月来收到的总共739封商业邮件进行的统计发现,符合权威定义的垃圾邮件有 326 封,占收到邮件总数的 44.11%,其中,291 封在开信前就被认为是无用的邮件,占垃圾邮件的 89.26%,而经过许可的邮件有 413 封,只有 135 封(32.69%)被认为是无用的邮件,而经过许可的邮件中经过双重选择性加入的邮件有 93 封,占邮件总数的 12.58%,其中,有 3 封(2.23%)被认为无用"。① 再次,大批量、低成本属于一般性特征,并非垃圾邮件独有特征,即使仅发送一次而且成本较高,也不能就认为不是垃圾邮件。最后,未经许可是商业垃圾邮件的首要特征、独有特征,即是否征得了用户的同意,成为二者最重要的区别。所以,电子邮件营销又称"许可营销",而商业垃圾邮件则属于"未许可营销"的一种。那么,如何界定"经过许可"呢?有学者运用"主动提供"来界定,如,"目前对垃圾邮件较为科学的定义是:任何主动提供的大批量电子邮件,并且在收到这种大批量的邮件时,接收者要么不能确定与发信人之间的关系,要么不能将自己从发送者的邮件列表中删除"。② 笔者认为,主动提供实际上是未经许可的同义语,不具有判断意义。也有学者运用"寄信人与收信人存在关系"来界定,如,"收信人能够获取自己与发信人之间存在关系信息,是信件合法性的另一个关键因素。这种关系可以是直接的也可是间接的,但是,收信人必须拥有判断这种联系的信息"。③

177

---

① 李佳、魏玄:《对垃圾邮件的实证研究》,《重庆邮电大学学报(社会科学版)》2008 年 6 月增刊,第 90 页。

② 参见杨端奎:《对付垃圾邮件定义是阻止的第一步》,《网络世界》2006 年第 43 期,第 47 页。

③ 直接关系的例子有,向同意接收信函的顾客寄送财务文件或特别报价,或者给订阅时事通信服务的读者寄送信件。间接关系的例子有,公司与合作伙伴分享顾客的电子邮件列表,合作伙伴寄送请求顾客关照自己业务的商业信件。参见高雁:《从垃圾邮件看网络隐私权的法律保护(上)》,http://www.51lawyer.com/news1/Html/200522004638 – 1.html,2004 年 6 月 21 日浏览。

笔者认为,直接关系和间接关系的含义本身就不清晰,还需要进一步界定,所以,也就难以成为信件合法性判断的依据。笔者主张经过许可的方式应当包括事前许可（Option-in）、事后同意（Option-out）和确认同意（Double-Option-in）。事前许可的情况非常普遍,也非常容易判断和区分,即客户的主动要求,如经营者获得"同意定期或不定期收到（项目的多项选择,如旅游、餐饮、娱乐等）等信息"。事后同意,即通常所说的"选择性退出"（Opt-Out）特性,指发信人必须在信件中包含一种能够让收信人停止接收此类信件的方式,或者通过电子邮件回信,或者通过提供 Web 链接。如果消费者放弃拒绝权利,被视为经营者获得了事后同意,即在向用户发送营销邮件之前事先并不获得用户同意,而是允许用户选择退出。确认同意是指向用户发送营销邮件之前事先获得用户同意,向用户发出确认邮件,并且要求用户回信确认后才向用户进行邮件营销。

消费者如何便捷地判断商业广告,从而决定"是否许可"呢？规定商业广告信件主题中必须有相关的主题词,是比较通行的规范手段,如日本"关于特定商业行为的法律施行规则",要求商业电子邮件在主题栏中必须注明"广告！"的字样。在美国国会的《未经请求电子商业广告信筛选法案草案》中也规定了发信者必须经消费者的请求后,方可以发出商业性电子广告信,并应于信的主题部分写明为"广告"。这样,就会在用户不愿意收取广告信件时,方便设置过滤词。法律的制定应该考虑科技的适应性,有利于技术上防范垃圾邮件。

三、综合治理垃圾邮件中维护自主选择权

垃圾邮件的治理是一项浩大的工程,学者们纷纷提出消费者自助解决方案、倡导行业自律和用户监督举报机制、加强法律监管、呼吁国际合作等综合治理的思路,各国和地区也从技术控制、

法律规范和行政监管等方面进行着探索和实践。笔者认为,依靠技术创新,电子商务才可能进入更高的阶段。然而,"单纯的技术规范只反映自然科学的成就,一旦技术规范被规定在法律成为法律技术规范,这种规范也要服从一定法律系统的整体目的、使命",审视及评价世界各国和各地区的反垃圾邮件立法,不难看出技术因素在其中的重要性,所以,反垃圾邮件立法作为技术规范与法律规范相融合的产物,应当将维护消费者自主选择权理念贯彻始终,解决好三个主要的矛盾:"治理垃圾邮件与维护正常发送的商业电子邮件广告的矛盾、过滤及处理垃圾邮件与保护用户通信秘密的矛盾、鼓励电子邮件服务产业发展、繁荣网络服务与对电子邮件服务商施以相对严格的责任的矛盾"。①

179

"消费者要提高警惕,主动避免和封杀垃圾邮件,学会自我防范,互联网协会专家介绍几种防止垃圾邮件的常用方法:给自己的信箱起个'好名字',如果你的用户名过于简单或者过于常见,则很容易被当做攻击目标;避免泄露你的邮件地址,在浏览页面时,千万不要到处登记你的邮件地址,也不要轻易告诉别人,朋友之间互相留信箱地址时可采取变通的方式,比如你的地址是 abc@ ×××. net,你可改写为 abc#×××. net,这样朋友一看便知,而 E-mail 收集软件则不能识别,防止被垃圾邮件攻击;不要随便回应垃圾邮件,当你收到垃圾邮件时,不论你多么愤怒,千万不要回应,在这里'沉默是金',因为你一回复,就等于告诉垃圾邮件发送者,你的地址是有效的,这样会招来更多的垃圾邮件;借助反垃圾邮件的专门软件,如 Bounce Spam Mail 和 McAfee Spam Killer,给垃圾邮件制造者回信,告之所发送的信箱地址是无效的,免受垃圾邮件的重

---

① 阿拉木斯:《反垃圾邮件的法律困惑》,《软件世界》2006 年第 5 期,第 73 页。

复骚扰；使用好邮件管理、过滤功能，Outlook Express 和 Foxmail 都有很不错的邮件管理功能，用户可通过设置过滤器中的邮件主题、来源、长度等规则对邮件进行过滤，垃圾邮件一般都有相对统一的主题，如'促销''sex'等，若你不想收到这一类邮件，可以试着将过滤主题设置为包含这些关键字的字符，而现在的 web 邮箱一般也具有这种功能；学会使用远程邮箱管理功能，一些远程邮箱监视软件，能够定时检查远程邮箱，显示主题、发件人、邮件大小等信息，根据这些信息判断哪些是正常邮件，哪些是垃圾邮件；选择服务好的网站申请电子邮箱地址，中国没有针对垃圾邮件的立法，也没有主导开发反垃圾邮件的新技术，垃圾邮件的监测主要是靠互联网使用者的信用和服务提供商对垃圾邮件进行过滤，好的服务提供商更有实力发展自己的垃圾邮件过滤系统；使用有服务保证的收费邮箱，收费邮箱的稳定性要好于免费邮箱"。[①]

美国、加拿大、澳大利亚、欧盟、印度均成立了"反垃圾邮件联盟"，这些组织推行行业自律，建立专门网站，设立举报邮箱，并在网页上提供其他反垃圾邮件网站的链接。几乎每一个邮件服务商都提供了"垃圾邮件过滤系统"，运用高智能分析技术，进行多级反垃圾过滤，共建绿色邮件家园。2002 年 11 月 1 日，由中国互联网协会、263 网络集团和新浪网共同发起，联合国内网络运营商、邮件服务提供商，中国互联网协会反垃圾邮件协调小组即日在北京正式成立，建立了反垃圾邮件举报平台，这一协调机构接受用户有关垃圾邮件的投诉，并通过分析垃圾邮件 IP 地址，查找"垃圾"制造者，将他们打入"黑名单"。据称，上了"黑名单"者，其发送的垃圾邮件将在网站服务器端就被拦截。并提出了《中国互联网协

---

① 参见王骏勇、岳崴、孟昭丽：《预防垃圾邮件：专家教你几招》，http://www.china.org.cn/chinese/EC-c/407323.htm，2004 年 9 月 18 日浏览。

会反垃圾邮件规范》,誓以行业自律、一致行动的方式,坚持公平、公正、公开的原则开展反垃圾邮件工作。2003 年 6 月,国内 20 多家邮件服务商首批参加了反垃圾邮件协调小组,媒体称此举是向垃圾邮件打响了第一枪。反垃圾邮件协调小组组织各成员单位开展了关闭开放转发(Open Relay)功能和清除网站上的群发软件及垃圾邮件发送软件自查工作。2003 年 8 月,中国互联网协会反垃圾邮件协调小组发布第一期"垃圾邮件服务器名单",并接受全社会的监督。公布的邮件服务器 IP 地址共 225 个,其中中国大陆地区 23 个,中国台湾 97 个,中国香港 4 个,国外的 101 个。2005 年 12 月 9 日,互联网协会又在反垃圾邮件协调小组的基础上成立了中国第一个在行业内最具代表性的反垃圾邮件组织——"中国互联网协会反垃圾邮件工作委员会"(Anti-Spam of Internet Society of China,简称"ASISC")。ASISC 为反垃圾邮件做出了很多贡献,在几年的工作中,它制定了《中国互联网协会反垃圾邮件规范》,并组织国内主要的电子邮件服务商、网络服务提供者起草制订了《中国互联网协会公共电子邮件服务规范》,这些规范的出台,得到了国内很多邮件提供商的支持。ASISC 拥有其自己的反垃圾邮件综合处理平台,①在该网站可以对邮件服务器进行查询,可以对垃圾邮件进行举报,或对邮件进行解封。另外,在网络上,还有一个自发的民间非营利组织叫做中国反垃圾邮件联盟(http://www.anti-spam.org.cn/),在该网站可以对垃圾邮件邮箱进行举报并查询,其黑名单、白名单都是对所有用户查询开放的。《互联网电子邮件服务管理办法》还规定了垃圾邮件的举报机制,其第 15 条规定了互联网电子邮件服务提供者、为互联网电子邮件服务提供接入服务的电信业务提供者应当受理用户对互联网电子邮件的举

---

① http://iscbl.anti-spam.cn/login.php.

报,并为用户提供便捷的举报方式。第16条规定了接到举报后的处理程序。

垃圾邮件危害严重,使相关的立法在全球范围内很快展开。美国是世界上最早试图通过立法解决垃圾邮件泛滥问题的国家之一。1997年7月,美国内华达州第一个对电子邮件进行了立法,对滥发电子邮件进行监管。1997年春,康涅狄格州通过了消费者隐私权法案,其中对采用电子邮件形式散发的广告进行了限制。1997年美国通过《电子邮箱保护法案》(*Electronic Mailbox Protection Act of* 1997),禁止从未注明或虚拟的互联网域名或地址发送垃圾邮件;禁止利用计算机程序或别的技术机制隐蔽垃圾邮件的来源;禁止不顾收件人停止发送邮件的要求,仍然向其传输垃圾邮件;禁止向有意发送垃圾邮件者发送一些电子邮件地址;明知违反计算机互联服务关于垃圾邮件的规则,仍然通过计算机互联服务器指令收集该互联服务的订阅人的电子邮件地址或将垃圾邮件发送至该互联服务的一个或多个订阅人;禁止为了规避法案中关于大批量垃圾邮件的规定,将大批量垃圾邮件分成较小的邮件发送等行为。1998年美国制定了《电子邮件使用者保护法案》,与1997年的规定基本相似。2000年7月18日美国众议院通过了《反垃圾邮件法案》,要求任何未经允许的商业邮件必须注明有效的回邮地址,以便于用户决定是否从邮件目录中接收该邮件。对于违反这条规定的发件人,联邦贸易委员会将有权采取行动。网络服务商也可以向联邦法庭提出诉讼,要求违反《反垃圾邮件法案》的人每封邮件赔偿500美元到50000美元。《2001年反垃圾邮件法》(*Anti-Spamming Act of* 2001)、《2001年未经请求淫秽作品的攻击及销售控制法》、《2001年反未经请求商业电子邮件法》等多项法案,以期对垃圾邮件进行控制,保护电子邮件用户的正当权益,促进电子邮件服务业的健康发展。2004年1月1日,《2003年美国反垃圾邮件法》即《2003 年未经请求的色情与行销消息攻击控制法》的颁布实施,标志着美国反垃圾邮件立法工作取得新突破。这份法案更多的选择是设定技术性限制,通过对发送和接收垃圾邮件的操作细节进行详细规定来限制垃圾邮件,既保护了网民不受匿名垃圾邮件的侵扰,又不禁止有利于经济发展的营销行为。美国在对传播垃圾邮件行为设定的法律责任主要有刑事责任、行政责任和民事责任,随着垃圾邮件对社会造成的危害日趋严重,许多国家将传播垃圾邮件视为一种极其严重的危害社会行为,并在立法中设置以刑事责任对违法行为予以处罚和警戒。美国《2003 年反垃圾邮件法》规定,对于某些严重违反法律规定传播电子邮件的行为,法院可以判高达 5 年的监禁。行政责任是各国追究违法传播垃圾邮件行为的"常规性"责任追究形式。由于垃圾邮件的传播者往往是一些企业法人或其员工,各国立法往往以"行政处罚"的方式追究违法行为。作为违法传播垃圾邮件的组织或个人,须以缴纳一定数额的罚款的方式承担违法责任。美国《2003 年反垃圾邮件法》规定,美国联邦贸易委员会(FTC)、联邦通信委员会(FCC)等法律授权的机构为电子邮件服务和使用等管理事务的执法主体。上述执法机构有权依照法律的规定,对违法传播垃圾邮件的行为据其情节轻重处以不同数额的罚款。根据公平的原则,要求违法者对垃圾邮件受害人承担相应的民事责任,也是某些国家的电子邮件立法中明确的法律责任承担形式之一。美国《2003 年反垃圾邮件法》规定,受垃圾邮件侵扰之苦的居民可以依据法律规定的程序向加害人提出民事赔偿之诉。法院可依违法者的情节轻重判决其向受害居民赔偿一定数额的赔偿金。该法第 7 条第(f)(3)项规定,法院在确定赔偿额时,应通过违法行为的乘积计算;对于恶意违法行为,法院可要求违法者"加重赔偿",但最高不超过最高赔偿额的 3 倍,即 600 万美元。

欧盟也是反垃圾邮件的积极推动者，先后出台了一些指令（Directive），就电子商务、电子通信、数据保护等问题做出规范和指引，其中很多规定与电子邮件服务与使用行为有着密切，甚至是直接的联系。如《欧洲个人数据保护指令》、《电子通信和数据隐私指令》等。2002年7月12日，欧盟议会通过了《欧盟隐私与电子通信指令》。《指令》提出，自2003年10月31日起，未经收件人事先同意不得在欧盟范围内向个人发送商业、宣传性的电子邮件。继欧盟对电子邮件服务与使用做出规定后，意大利、英国、丹麦、西班牙等欧盟成员国纷纷响应，通过国内立法规范电子邮件的服务与使用行为，遏制垃圾邮件的泛滥。当然，欧盟各国执行情况不尽相同，各国罚款金额也大不相同，反垃圾邮件效果也有所差距。比较具有代表意义的是欧盟的《关于在电子通信部门处理个人数据和隐私保护的指令》，该《指令》规定，为直接行销而使用电子邮件是非法的，除非客户给予明确的外在允诺，或者公司向现有客户发出有关产品和服务的邮件。为直接市场行销目的的无人操作的自动传呼系统、传真机或电子邮件，只能在用户事先给予同意的情况下，方受法律允许。从与其有电子联络的用户处获得电子邮件详细资料的自然人和法人，为出售产品或服务，可以使用这些详细资料，进行直接市场行销，但该用户应当被给予明确和清楚的机会、免费地并且容易地做出拒绝表示。当这些详细资料被搜集时，以及每次详细资料被使用时，该用户应没有明确表示反对。当为直接行销目的的电子邮件，隐藏了发送者姓名或者没有有效地址时，应当被禁止。对于客户邮件地址的保护，指令规定，当交易数据不再需要通信传输时，由公共通信网络或公用电子通信服务者处理或存储的，有关订户或使用者的交易数据，必须删除或进行匿名处理。为市场行销电子通信服务或提供增值服务的目的，如果订户或使用者给予同意，在这一服务或市场行销必需的范围和期限内,公用电子通信服务的提供者可以处理不再需要的交易数据。使用者或订户应当被给予在任何时候撤销这一同意的可能。服务提供者在获得同意之前,必须告知订户或使用者,进行处理的交易数据的类型和期间。[①]

　　英国1998年提出的《资料保护法》在2000年3月正式成为法律,除了适用于英国与英国境外滥发信件到英国的公司以外,往后在没有得到邮件使用人同意的情况下,公司企业或私自购买消费者的电子信箱地址,并滥发电子邮件,都将一律视为非法的行为;此外,每一个ISP商都将按照合同条款而向互联网提供地址,这一合同条款明确禁止发送主动提供的邮件,因此发送行为是违约的,并且将冒着中止合同的风险(个人可以中止与ISP商的合同)。这项法律使得"个人资料"的项目中,多了一个新分类:个人电子信箱地址,其必须依法得到保护。一旦资料保护委员会对滥发邮件的公司提出告诉,这家公司将会被罚款,金额多少则"没有限制"。除了处罚之外,委员会还要求这些寄发"不请自来"的邮件,必须附有"拒绝权"(Opt-out)或是"同意权"(Consent lists)的点选项目,表示不愿再收到相关类似的邮件,这项办法日后也将强制执行。

　　英国1998年通过的《资料保护法》中规定,广告邮件发送人必须提供收信人拒绝再收到广告电子邮件的功能。其他诸如利用假地址掩盖广告邮件的来源、向已声明不想再收到此类邮件的用户发送垃圾邮件、在电子邮件的主题项提供误导讯息等非法行为,也为一些国家的法律所禁止。

　　日本在反垃圾邮件立法方面,主要是为解决广告、宣传等商业性电子邮件泛滥的问题,而从电子邮件营销的角度进行规定。日

185

----

　　① 参见郑淑荣:《关注反垃圾邮件立法——从国外反垃圾邮件立法现状看我国应注意的问题》,《计算机安全》2006年第6期,第52页。

本于 2002 年 4 月 17 日公布了《特定电子邮件法》，该法于 2002 年 7 月起生效，2004 年 5 月进行了修订。特定电子邮件是指为了自己和他人营利的目的，向没有事先同意的用户发送的电子邮件。该法规定，特定电子邮件必须在标题上标明用意，发送邮件者要注明姓名、住址和收发邮件网址；如果邮件遭到用户拒绝，禁止再次发送。违背上述规定将被视为妨碍电子邮件通信，有关部门可采取必要的措施；进行电子邮件服务的通信机构为了防止特定电子邮件造成通信上的妨碍，有义务开发和引进新技术，对用虚假网址向众多用户发送的邮件拒绝提供服务；通信服务机构有义务接受总务大臣的命令和劝告等。2002 年 7 月，日本又实施了《反垃圾邮件法》，该法不仅适用于网络上的 Email，而且适用于手机收发的 Email。该法采用"除外（Opt-out）"原则，规定滥发广告邮件的人必须尊重收件人表示不愿再收信的除外要求，必须在每封广告邮件中注明是广告邮件，并说明其未经收件人同意，而主题栏应直接写明主题，"未经允许广告"字样，不愿接受广告信息用户可立即删掉，并提供有效回信地址，同时规定，不得使用随机产生的 Email 地址滥发广告邮件。违法的公司可能被判处高达 256 万美元的罚款，而违法的个人则可能被判处两年有期徒刑。该法同时亦要求电讯业者采取积极的方法减少滥发垃圾邮件的现象。①

　　韩国是世界上垃圾邮件问题最为严重的国家之一，解决垃圾邮件泛滥问题，成为韩国立法机关的一项重要任务。2001 年，韩国制定出台了《信息与通信的传播、通信网络的应用以及信息保护法》，对电子邮件服务行为和使用行为进行了规范。此后，2002 年 11 月 8 日，韩国国会在对上述立法进行修正的基础上，发布了

---

　　① 参见郑淑荣：《关注反垃圾邮件立法——从国外反垃圾邮件立法现状看我国应注意的问题》，《计算机安全》2006 年第 6 期，第 52～53 页。

《促进信息通信网络利用及信息保护等修正法》,该法自 2003 年 1 月 19 日起实施,其在 2001 年的立法基础上,对某些制作和发送垃圾邮件的行为做了补充规定,并进一步加大了对垃圾邮件的处罚力度。例如,该法规定:未经请求商业性电子邮件的发送者应当公开收件人电子邮件的收集渠道,禁止通过电子邮件向未成年人发送成人广告。该法还规定,垃圾邮件发送者应该公开在何处收集了电子邮件地址,在国内发送的所有垃圾邮件有义务在标题上注明"@"标记。对青少年发送成人广告性电子邮件者,将被判处最高 2 年徒刑或者 1000 万韩元罚款。

中国香港地区对于垃圾邮件的定义更多为"滥发电子信息",它的相关立法也都围绕着"滥发电子信息"展开。比较著名的立法是《反滥发电子信息法例草案》。在这个草案中,对于垃圾信息进行定义"未经收件人许可的电子信息",这个定义十分宽泛,不光包括了垃圾邮件,还包括了其他未经许可的信息。香港地区采用的是选择退出方式(Opt-out),即未经收件人许可的电子信息必须包含有效的回复邮件地址,以便收件人可以发送"选择不接受"的要求;未经收件人许可的电子信息,必须在主题栏中标识为"ADV";必须在特定时限内遵照"选择不接受"的要求行事。该立法不光对于垃圾信息定义十分宽泛,对其惩罚也是相当严厉的,它对于滥发信息行为进行分类"无心不良、非合法手段、具有犯罪意图",不同行为有不同的制裁方式,罚款最高 10 万元港币,最高可判 10 年监禁。由此可见,香港地区对于垃圾邮件的制裁是十分严厉的。

中国台湾地区最新出台的相关立法是 2005 年出台的《滥发商业电子邮件管理条例》(草案),在此法案中,没有垃圾邮件的更多说法,而是如何发商业电子邮件,它对商业电子邮件进行定义,并指出采用选择退出方式,并指出广告字样。该草案对个人和团体收信人给予很大保护,它提到精神损害可以赔偿,并鼓励相关申诉与团体诉讼。

2000 年 5 月 15 日，北京市工商行政管理局已经率先出台了《关于对利用电子邮件发送商业信息行为进行规范的通告》，其中明确规定，互联网使用者利用电子邮件发送商业信息应本着诚实信用的原则，不得违反有关法律法规，不得侵害消费者和其他经营者的合法权益。同时，应当遵守以下规范：(1)未经收件人同意不得擅自发送；(2)不得利用电子邮件进行虚假宣传；(3)不得利用电子邮件诋毁他人商业信誉；(4)利用电子邮件发送商业广告的，广告内容不得违反《广告法》的有关规定。这是我国第一部关于邮件广告的法律法规，对以后制定保护消费者自由选择权的相关立法具有重要的参考意义。在实践中，此通告起到了一定的规范作用，而且也试图区分使用者利用电子邮件发送商业信息合法与非法的界限，但是，没有对何为垃圾邮件做出明确的规定。2000 年 12 月 28 日，全国人民代表大会常务委员会通过了《全国人民代表大会常务委员会关于维护互联网安全的决定》(以下简称《决定》)，根据《决定》的规定，对于出于政治目的和打击报复等在互联网上大量发送的垃圾邮件，其行为的性质是很清楚的，情节严重者会触犯刑法，构成相关犯罪；打击报复情节不严重的，也违反了相关民事法律，受害者可以直接依据相关法律解决问题。《决定》规定，有下列行为之一的，构成犯罪的，可以按照刑法有关规定来追究刑事责任：利用互联网造谣、诽谤或者发表、传播其他有害信息，煽动颠覆国家政权、推翻社会主义制度，或者煽动分裂国家、破坏国家统一；利用互联网销售伪劣产品或者对商品、服务做虚假宣传；利用互联网损害他人商业信誉和商品声誉；利用互联网编造并传播影响证券、期货交易或者其他扰乱金融秩序的虚假信息；利用互联网侮辱他人，或者捏造事实诽谤他人等。如果不构成犯罪的违法行为，可以由有关部门依法追究行政责任；构成民事侵权的，依法应承担民事责任。电子邮件作为互联网的一个重要应用，这里讲的"利用互联网"包括利用电子邮件,但是,侧重于对有害信息、虚假宣传等的规范,没有对内容真实的垃圾邮件如何承担责任做出规定。信息产业部于 2004 年 3 月发布了一个相关的行业标准《互联网广告电子邮件格式要求》(YD/T1310 – 2004),主要规定了广告电子邮件的词法、头部字段和消息体的格式以及头部字段的语法。2005 年 11 月 7 日,信息产业部第十五次部务会议审议通过了《互联网电子邮件服务管理办法》,并于 2006 年 2 月 20 日以信息产业部第 38 号令公布,于 3 月 30 日起施行。该条例的意义:这标志着我国反垃圾邮件立法迈出关键一步。虽然我国《电信条例》、《互联网信息服务管理办法》中涉及电子邮件,但只是把它作为增值电信业务的一个很小的部分来进行管理,是粗线条的管理。《互联网电子邮件服务管理办法》是我国反垃圾邮件立法进程中的关键一步,虽然它在法律效力上仅仅是一部行政规章,但是,它是今后制定法律层次的反垃圾邮件法的基石。可以说,《互联网电子邮件服务管理办法》的出台,标志着我国反垃圾邮件立法迈出了坚实的一步、关键的一步。

综合治理垃圾邮件,维护消费者自主选择权,需要立法者、执法者、行业组织、服务商、消费者的共识和积极行动。而且,由于互联网自身的特点,打击垃圾邮件不可能由一个国家或一个组织独立完成,必须加强行业联合行动,依赖国际上各国政府、管理组织与机构的共同努力。

第五节 公平交易权

一、网上格式合同与公平交易权

"随着现代工商业的迅猛发展,格式条款被大量地运用于交

易活动中,成为'契约死亡'的重要佐证".① 格式条款,又称一般
交易条款、标准条款,依我国《合同法》第 39 条的规定,格式条款
是当事人为了重复使用而预先拟定,并在订立合同时未与对方协
商的条款。欧盟《不公平合同条款指令》第 3 条界定不公平条款:
(1)没有经过双方逐一协商的合同条款如果违背诚实信用原则要
求,导致双方的合同权利义务不平衡,而且不利于消费者,将被视
为不公平的。(2)如果一个合同条款合同是事先起草的,而且消
费者不能影响该条款的实质内容,则总是被视为没有经过逐一协
商,特别是对于事先拟定的标准合同(Pre-formulated Standard
Contract)。尽管某个合同条款的部分内容或者某个条款经过了具
体的协商,但如果该合同从总体上看仍然属于事先拟订的标准合
同,则不能排除本条规定的适用。若经营者主张一个标准合同的
条款经过了协商,则由经营者对此承担证明责任。(3)本指令附
件没有穷尽地列举了可能被视为不公平的条款。根据现行《德国
民法典》第 305 条第 1 款的规定,"一般交易条件是指为一系列的
多次交易而预先制定的,由契约一方当事人(一般交易条件使用
方)在缔约之际向相对人提出的合同条款。不论该条款在形式上
是否独立于合同之外或是合同的组成部分,也不论其篇幅、字体或
者合同的形式如何"。

"网络环境中,面对人数众多且身份不明的客户以及随时可
能提交的商品订单,经营者只有事先拟定好合同的主要内容,才能
应对庞杂的购买需求",②"能否通过网络的电子数据交换成立一
个在法律上有效的合同,这是互联网上电子商务得以发展的最关

---

① 张邦铺:《论网络消费者合同中的格式条款及规制》,《特区经济》2007 年
第 3 期,第 261 页。
② 张楚、郭斯伦编著:《网络与电子商务法教程》,首都经济贸易大学出版社
2005 年版,第 174 页。

键问题"。① 一般情形是经营者将格式条款公布在商店的网页上，供不特定的消费者浏览，由消费者通过点击页面上相关按钮表示同意而缔结合同，实现交易。"互联网消费合同，也就是消费者与商品经营者或服务提供者之间通过互联网订立的合同"。② 网上格式合同的采用，无疑简化了交易谈判的手续，节省了交易成本与费用，加快了交易流转，从而提高了交易效率，但同时，采取格式化契约条款，经营者往往凭借其经济优势，在格式条款中单方订立许多不利于消费者的交易条件，违背诚实信用的原则，致使双方的权利义务不平衡，导致消费者的利益受到损害。首先，体现为一定程度上丧失了契约自由。消费者只能点击"同意"或"不同意"按钮，即"要么接受，要么走开"，被迫放弃了就合同有关内容与经营者进行磋商、讨价还价的自由，"接受"则为日后的纠纷留下隐患，"走开"则无法实现网上交易。其次，体现为理性判断机会缺失，"与离线世界相比，消费者制作、阅读、签署电子文件所需的时间会更少，同时也更草率，甚至可能出现因消费者不正确点击而错误签订合同的情形"。③《消费者权益保护法》第24条规定："经营者不得以格式合同、通知、声明、店堂告示等方式做出对消费者不公平、不合理的规定，或者减轻、免除其损害消费者合法权益应当承担的民事责任。"这是针对格式条款的认定所做的立法规制，笔者认为，通过电脑网络在网页上显示的格式条款，毫无疑

191

① 梅绍祖、范小华、黎希宁编著：《电子商务法律规范》，清华大学出版社2000年版，第15页。
② 夏晓红：《互联网消费者合同的管辖权问题——消费者原地管辖规则》，参见张平主编：《网络法律评论》第4卷，法律出版社2004年版，第33页。
③ 张学锋：《欧盟电子商务合同中消费者权益保护制度述评之二——合同订立过程中的消费者权益保护》，参见张平主编：《网络法律评论》第4卷，法律出版社2004年版，第244页。

问,也应该纳入《消费者权益保护法》的规定之内,以保护网上购物消费者的利益。那么,如何针对网上格式条款的特殊性进行规制,以弥补消费者在网络经济生活中事实上的弱势地位,保证电子商务中消费者公平交易权顺利实现,成为亟待探讨的新问题。

对格式条款的规制一般分为法律规制、行政规制以及民间团体规制,这对网上购物合同格式条款的规制均可适用。基于网上购物交易形态的特殊性,笔者认为,行政规制可以作为前置手段,法律规制应当作为最重要和最终解决手段,民间团体规制为辅助手段。

二、格式合同的行政规制

行政规制,是指政府部门主要是政府工商行政管理部门对格式条款事先予以审查,监督更正不公平的格式条款的规制方法。

纵观世界各国采取的通行做法,目前对网上格式合同的行政规制主要包括六种方式:(1)条款使用人在使用格式条款之前,先提交相关行政机关进行审核,经核准之后,才能允许作为缔约的基础,否则,不得根据该条款出售商品或者提供服务。(2)行政机关自行拟定或者指导公正中立的第三方拟定合同范本,供企业在制定格式合同时借鉴参考,并通过市场竞争法则以及舆论压力,促使企业采用。(3)由主管机关直接制定格式条款的主要内容,强制企业使用。(4)由行政机关公告各种格式合同中的应记载事项或者禁止记载事项,作为企业制定格式合同条款时应当遵守的准则。(5)行政机关监督经营者与消费者之间的交易行为,并对格式合同内容进行检查,发现有不符合诚信原则的情况时,责令经营者改正,或要求消费者保护机构提起不作为诉讼,请求法院禁止该条款的使用。(6)要求企业将其格式合同条款呈报行政机关进行登记备案①。

与其他规制形式相比,行政规制确实具有其效率性、事前性和主动性的特点,"立法总会有空隙,司法规制属于事后补救,……;行政机关可以依自己的职权直接介入格式合同的制定和使用过程,把不公平条款遏制于初始,实为有效的控制方法"。② 这是其他规制方法不可比拟的优势,因此,笔者赞同行政规制。但是,不容忽视的是,行政规制的启动要付出大量的规制成本,德国民法学者梅迪库斯认为,德国立法者的决定③是正确的,因为如果采用这种方法,会因此建立一个机构庞大的机关,如果这一机关广泛地对一般交易条件享有裁量权,那么私法自治的原则会受到严重的侵害。尤其是第 1 种(事前审查)、第 3 种(强制使用范本)和第 5 种(事后主动检查)方式。因此,笔者认为,行政规制可以采用,关键在于规范行政机关权力行使的方式和控制进行制约的代价与成本,从而形成一个张弛有度的行政规制步骤:由政府工商行政管理部门制订网上购物格式合同示范文本,目的在于指引各网上经营者格式条款的制订,促使企业采用。由行政机关公告各种格式合同中的应记载事项或者禁止记载事项,作为企业制定格式合同条款时应当遵守的准则。如网上要约与承诺的方式、消费者的权利、经营者的义务等重要事项。如德国的"黑名单"和"灰名单"制度④,以及法国根

───────

① 参见朱家贤、苏号朋:《e 法治网——法上纠纷·立法·司法》,中国经济出版社 2000 年版,第 257~258 页。

② 参见杜军:《格式合同研究》,群众出版社 2001 年版,第 367 页。

③ 德国在 1976 年《一般交易条件法》制定之际,也有人提出运用行政方法对一般交易条件进行预防性的控制,使用一般交易条件时应当征得有关主管部门的同意,但最终立法者没有采纳这些建议。

④ 德国通过法律建立一个"黑名单",将必然构成滥用权利的条款列入其中;另外建立一个"灰名单",列出那些可能被推定为滥用权利的条款。这些名单都在滥用权利条款委员会工作的基础上确定。

据"有损消费者利益的'显失公平'的标准"，制定的参考性的、不完全的列举名单①。要求企业将其格式合同条款呈报行政机关进行登记备案。对于消费者投诉的格式条款，应当进行审查，存在不公平条款的，应当勒令限期更正，或要求消费者协会提起不作为诉讼，请求法院禁止该条款的使用。

三、格式合同的法律规制

（一）国际上关于网上格式合同的立法

为规制格式合同，各国纷纷出台法律法规，如：以色列1964年的《标准合同法》、瑞典1971年的《不当契约禁止法》、德国1976年制定的《一般交易条款规制法》、英国的《1977年不公平条款法》、欧盟1993年颁布的《关于不公平合同条款的指导原则》等。除了专门立法以外，各国还在民法典、合同法、消费者保护法等法律中对格式条款进行规制。例如，德国新修订的《民法典》第312e条"电子交易中的义务"第1款中规定，经营者应当为顾客"创造在订立合同时下载包括纳入合同范围的一般交易条件在内的合同条款及以可重复的方式存储该合同条款的机会。"鉴于网络环境的无国界性、虚拟性、高技术性特征及其对消费者保护的影响，很多国家和地区已经开始对网络合同中的格式条款进行规制，以防止经营者利用格式条款侵犯消费者的正当权益。

美国的《统一计算机信息交易法》（UCITA）中针对网络消费者信息许可格式合同（Shrink-wraplicenses 和 Click-wrap licenses）做出了相应的规范。经营者应在显著位置以显著的方式向消费者展示格式条款，为消费者提供对合同条款进行审查的机会，如消费

---

① 法国1995年2月1日依据欧共体1993年4月5日指令颁布的法律采纳了"有损消费者利益的'显失公平'"的标准。目前这一标准规定在法国消费法典的L132—1条中，而且该法典的附录中还有一个参考性的、不完全的列举名单，列出了在欧共体各成员国的法律中均可被视为滥用权利的条款。

者要求时,应提供格式条款的复制件;当格式合同中的某一条款只有在消费者付款后或开始履行时才可以审查的,如消费者拒绝该条款时,视为没有提供合理审查的机会;如果经营者没有履行上述为消费者提供审查机会的义务,即使消费者已经订立了合同,如其在获得审查机会后对该合同不同意时,则可行使返还请求权,并可要求赔偿相应的损失;如果合同或合同条款有失公平,则法院可以拒绝执行该条款或限制该条款的适用,以避免出现不公平的结果。①

欧盟 1993 年颁布的《关于消费者合同中的不公平条款的指令》,用于协调消费者合同中的不公平条款。指令不仅适用于传统的消费者交易,还适用于在线交易环境下的消费者交易。指令主要包括:a. 关于不公平条款的定义,指令强调没有经过双方逐一协商的合同条款,如果违背诚实信用原则的要求,导致双方的合同权利义务不平衡而且不利于消费者,将被视为不公平;b. 关于书面合同的形式,指令对书面合同提出了语言要求,即如果向消费者发出要约的所有或部分合同是书面的,则必须总是使用明白易懂的语言。如果对条款的含义存在疑问,应当采用对消费者最有利的解释。在线经营者如果是主动向消费者发出要约,则应当使用该消费者所属国的语言。c. 关于不公平条款的后果,指令规定成员国应当采取必要措施,确保消费者与经营者签订的合同中的不公平条款对消费者不产生约束力,但指令强调如果合同没有该不公平条款仍然能继续成立,则该合同对双方当事人继续有效。②欧盟 1997 年通过的《关于远程销售合同中的消费者权益保护的指

---

① 参见阿拉木斯、高富平主编:《电子商务与网络法规汇编》,法律出版社 2002 年版,第 491~617 页。

② 参见阐凯力、张楚主编:《外国电子商务法》,北京邮电大学出版社 2000 年版,第 56~58 页。

令》(*EC Directive on the Protection of Consumers in Respect of Distance Contracts*)对通过包括互联网络在内的电子通信方式订立的远程消费者合同中的格式条款做出了相应的规制。该指令要求经营者负有对诸如经营者的名称、住所、商品或服务的特性、交付或提供的安排、含税价格、运费和通讯费用的承担、付款的方式、合同撤销权行使的条件、期限及程序等信息的事先告知义务。① 经营者应向消费者交付包括行使撤销权的条件、期限、程序、投诉的地址、售后服务及瑕疵担保等内容的书面交易条件确认书。② 2000 年通过的《欧盟电子商务指令》虽然没有直接针对格式合同或条款的效力做出规定，但它通过对网络合同的内容、服务提供者和电子商家的信息披露义务进行规范，从而起到间接对网络消费者合同的格式条款问题的规制作用。③

OECD《指南》中规定，电子商家应对消费者的利益予以应有的关注，并应根据公平的商业原则进行交易；不应有虚假陈述、欺骗、误导等欺诈消费者的行为和其他导致消费者利益损害的不合理风险分配行为；不论何时，电子商家均应以清晰、明显、准确及易于获知的方式向消费者提供自己的名称、地址、电子信箱及其他电子联系的方法或电话号码、注册号或许可证号，与企业进行迅速、简便、有效的交流方式，有关争议解决的方式、途径、法律等重要信息，而不应利用电子商务的特质隐瞒其真实身份、或地址、或不提供前述信息；电子商家应提供充分的有关交易的条款、条件、成本、交付或履行期限、正确使用的说明、有效的售后服务，有关担保、撤回、终止、返还、调换、退款及使用的货币等事关消费者决定是否交

---

① See *EC Directive* 97/7 , Article 4.

② See *EC Directive* 97/7 , Article 5.

③ See Article 2 of Information about the business.

易的重要信息;应遵循消费者保护的法律机制,不应使用不公平的合同条款。① 网上格式合同的法律规制的一般做法是,在立法政策上(立法规制)倾向于对消费者等格式合同相对人的保护,确定滥用权利条款的标准,再由执法者(主要是司法规制)对这种合同条款加以禁止、限制和调整。

中国规制格式条款的主要依据是《合同法》的第 39 ~ 41 条以及散见于《消费者权益保护法》、《保险法》、《海商法》中的一些条款。我国在这方面的立法操作性不强,而且没有针对网上格式合同的规制,不利于维护公平正义以及保护网上消费者的权益。对网上格式条款的研究大多集中在电子格式合同的法律效力和立法规制这个层面上。② 笔者建议,应当既有立法规制,又有司法规制,既有实体规制,又有程序规制,形成对合同的形式、内容、解释和效力等全面规制的法律体系。

(二)网上格式合同的形式和内容规制

格式合同提供方应当对合同做出明确指示,还必须为相对方提供知悉一般交易条件的可能性,保证消费者在知悉的基础上进行确认,这样,格式条款才能有效纳入合同。

一是形式问题。根据功能性平等原则,电子合同是书面形式。网上购物合同作为一种新型的格式合同,是通过网络在电脑屏幕上显示出来,并由消费者通过点击页面上相关按钮表示同意而缔结的,它是一种特殊的书面形式。我国《合同法》第 11 条规定:

---

① See Lan F. Fletcher,"Centrepoint of the Distance Selling Directive",1998 J. B. L. ,Nov. Issue. p. 616.

② 杨端、朱宇航在《广西社会科学》2004 年第 9 期上发表的《电子格式合同问题及其立法规制》,谢波发表在《中国科技成果》2005 年第 12 期上的《电子格式合同的法律效力》,以及廖勇发表在《法学杂志》2006 年第 1 期上的《对电子格式合同的法律规制》,等等。

"书面形式是指合同书、信件和数据电文（包括电报、电传、传真、电子数据交换和电子邮件）等可以有形地表现所载内容的形式。"网上购物合同就属于此处的"电子数据交换"，又称电子合同，是一种由电脑及其通讯网络处理业务文件的技术，是一种新的电子化贸易工具。一旦发生争议和纠纷，应当被视为书面证据。同时，电子签名也具有手写签名的法律效果。事前提供给消费者的格式条款应当是消费者能够以某种方式得到复制或者储存，既便于消费者是否缔约的考察，又便于消费者发生纠纷的举证。网上购物格式条款会出现"发生争议时，以网站所记录的电子资料为准，消费者不得提出异议"的条文。由于电子交易资料通常都由经营者单方记录和保存，资料是否真实准确，是否被篡改，消费者无法防范。当双方就网上购物格式条款发生争议时，以网站提供的资料为证据，对消费者举证非常不利，这样的条款应不具有效力。对此，我们可以考虑借鉴德国的做法。德国新修订的《民法典》第312e条"电子交易中的义务"第1款中规定，经营者应当为顾客"创造在订立合同时下载包括纳入合同范围的一般交易条件在内的合同条款及以可重复的方式存储该合同条款的机会"。① 这样，有利于消费者保存证据，在发生争议时，有利于确立消费者在证据中的优势地位，从而维护消费者的利益。

二是时间问题。不向消费者明示契约内容，或在合同缔结之后做出的指示是无效的，经营者不应匆忙地催促相对方签订合同，而应为相对方提供足够的时间阅读一般交易条件，包括可以设计在一定时限之内消费者不能点击确认跳过。现在存在的主要问题是有些电子格式合同只出现一次，比如注册时相对人看到的合同，

---

① 参见朱岩编译：《德国新债法条文及官方解释》，法律出版社2003年版，第137页。

如果注册后还想再浏览,相对人可能很难找到,或者经营者根本就没有提供相关渠道让消费者重新查阅。如果相对人能轻松便利地查阅到这些相关的电子格式合同,可能就会发现其中不平等条款而拒绝交易。

三是格式顺序问题。实践中,安排不合理的电子格式合同出现顺序成为消费者公平交易权实现的障碍之一。以注册账户为例,电子格式合同提供方通常是在消费者进行了一系列的注册活动之后,才将格式合同用很隐蔽的方式呈现出来。很显然,网络服务提供商混淆了主次。消费者首先需要知道的是这个服务提供商是不是值得与其合作。消费者感性地了解了一个网站然后注册,提供商应该先向消费者出示他们的电子格式合同,明确地向消费者阐明其中所涉及的权责关系。如果消费者认为其中的权利与义务严重不对等,那么,他们就不用再继续填写相关注册信息而浪费自己的时间。但现在的情况则是在填写了一系列的注册信息之后,消费者已经迫不及待地想成为会员。即使这个时候服务提供商明确地将电子格式合同中的权责关系摆在消费者面前,即使它是不平等的,但是消费者会觉得既然已经什么都填写好了,索性就直接同意确认了合同。正是抓住了消费者的这种心态,经营者可以成功地将不平等条款加在消费者身上。可行的做法是,将注册的电子格式合同设置成注册过程的第一个界面。首先我们要保证的是消费者第一眼看到的内容是这份合同,而不是复杂的注册表格。要保证在进行其他活动之前消费者能够有足够的精力和时间来阅读这样一份重要的合同,这是消费者后面在这个网站上进行一切活动的必要前提。将购物协议设为消费者购物必经环节。这需要将该协议设置出现在消费者选择物品确认购物之后的第一个环节。相对于第一点的注册电子格式合同,购物协议显得更为重要,因为它涉及了具体的利益,尤其是关于货币方面,这一部分出

199

现问题对消费者造成的损失最大。

四是通俗和长短问题。通俗问题，是指表达应当真实准确、清楚明白、通俗易懂，避免使用含有大量专业术语、晦涩难懂、模棱两可、语意含糊的条文，要使用消费者易于理解条款的内容，否则，可能使消费者丧失了解合同条款的真正机会。而且，网上购物的格式条款在写明消费者的权利义务事项时，应当在表达清晰的前提下尽量简短。笔者研究了很多网站的电子格式合同，将它们的内容复制粘贴到 Word 里，5 号宋体字体，内容容量至少都是在 6 页 4000 字以上。从常理来看，一般人长时间面对电脑显示器阅读，其注意力会下降，消费者并不清楚冗长的合同中的全部详细内容，经营者将其中重要的涉及权责关系的条款内容隐藏于其间，尤其是那些损害性条款很可能会隐藏于这些条款之中，很容易使消费者在不在意的情况下做出了非真实的意思表示。如果消费者选择了"同意"按钮，则表示其完全接受了网页上所约定的全部条款，而实际上这里的许多条款对消费者是不公平的。因此，应当精简电子格式合同内容，在较少的页面长度显示完毕，并且字体要足够大，字间距要足够宽，保证消费者不会出现视觉疲累而放弃阅读。

五是醒目问题。网上的格式条款应该醒目，从外观上易于辨认阅读。如果字体过小、在网页上的位置不显著、因技术故障导致出现部分乱码等情形，不注意就会错看或漏看一些关键文字，这样，就应不将相关条款作为合同内容的。因此，经营者应该在网页上以醒目的篇幅显示格式条款，字体应该较大、清晰、易于辨认；关键文字应做鲜明的标记，以方便消费者理解格式条款的内容。当前普遍的情况是对电子格式合同的出现设置障碍，这里所说的障碍不是指消费者不能看到，而是不能很容易地看到。经营者在其中设置了不必要的步骤，比如链接，需要消费者点击切换到其他页面才能浏览。现在的各个网站几乎都不约而同地选择了链接这样一种方式来给消费者对电子格式合同的浏览设置障碍。表面上是为了将页面设计得简单好看(保持页面的长度),实际上是利用消费者的害怕繁琐的心理而使经营者的电子格式合同不被浏览。无形中增加消费者了解契约内容的难度。比如,有的网站明确规定不承担商品瑕疵担保责任,或只负担部分的瑕疵担保责任,但将契约条款放置在网页上非常难以察觉的角落,消费者只有使用多次链接才能进入。消费者选择"同意"后,若果真出现商品瑕疵问题而发生纠纷,网站则推出原格式条款进行推脱,此时,消费者完全可以以格式条款未订入合同进行主张。依台湾《消费者保护法施行细则》第12条:"契约之一般条款不论是否记载于定型化契约,如因字体或印刷或其他情事,致难以注意其存在或辨识者,该条款不构成契约之内容……"。美国《BtoC网络交易指导原则》亦规定:凡此指导原则要求揭露之信息,除了必须正确之外,尚需满足"易获得"之条件,即必须清楚列示在首页或是提供交易信息的网页上明显可见之处。假如因超链接的点选指示不清楚或无法使消费者阅读契约内容,或无法引起消费者注意,从条文意旨来看,等于未向消费者告知或明示,应不构成契约内容。因此,可以要求对重要的条款利用字体、颜色、大小来特别标明,只要做到与一般条款构成明显区别就足够了。这样,消费者就能够更加轻松快速地阅读电子格式合同,从而提高网站的效率,节约消费者的时间。而且,可以在首页设置"法律声明"等导航,这一操作是为了帮助消费者能够方便查阅相关的电子格式合同,以使他们在网站上活动的过程中遇见问题能够及时地找到解决的途径和相关的法律依据。同时,在条件允许的情况下,网络服务提供商还应该提供与消费者的互动,意思就是消费者在查阅合同时遇见模糊的不清楚的地方,可以与网站进行交流询问而得到解答。

201

六是确认问题。目前,电子格式合同的一般设计模式是填写完所有的注册信息之后,会在页面最下方确认按钮旁边出现电子格式合同的链接,并在链接前面有个复选框。只有消费者阅读合同并确定要签订这份合同后,在该复选框打钩才能进行确认。可是,部分网站在消费者注册的过程中,已经事先"帮助"消费者在复选框中打钩。那么消费者习惯性地直接点击确认,不会出现说"请确认您已经同意了××条款"之类的话。而事实上,他们甚至不知道注册一个账号还需要签订这样一份合同,更不用说了解这些合同的内容了。如果没有事先"帮助"消费者确定,消费者还有可能会注意到并且了解合同的内容。则他们有可能选择不同意而拒绝缔约,这是经营者所不希望看到的。于是,出现了这样看似便利,消费者实则在对他们进行诱导的手段,将相关的电子格式合同发送到消费者注册邮箱的消费合同之中。为了避免这种情况的发生,应该要求生产经营者通过其他途径,如电子邮件等,向消费者提供一份确认书。确认书应当写明合同的主要条款,并应该在合同缔结之前提供。通过确认书,消除消费者在交易细节上的模糊,给予消费者修正错误或修改订单的机会。北京工商局的《电子商务监督管理暂行办法》第 13 条就规定,网上交易实行交易条件确认书(以下简称"确认书")制度,经营者应当于消费者在网上确认交易条件后的约定时间内,以电子邮件方式将确认书发送至消费者指定的邮箱。确认书包括下列主要内容:商品经营者的名称、所在地点、商品名称、规格、编号、完税后的价格、交易数量和单位、付款方式、配送费用、配送方法、商品交付时间、售后服务、承诺撤销权行使的条件和程序等内容。

(三)格式合同效力规制

即使已经订立合同,也不是当然发生法律效力。例如《德国民法典》规定,如果"一般交易条件中的条款违反了诚实信用原则而给一般交易条件的相对方造成不公平的不利益,该条款无效"。① 鉴于各国确认无效的基本原则与具体情况大体相当,也鉴于在线世界与离线世界进行效力规制的一致性,笔者仅做简要论述。对网上购物合同中的格式条款效力的评价应当从宏观法律环境和微观合同环境共同考察。即"对某个合同条款的不公平性评价,要根据合同标的属性并参考缔结合同当时的一切情势以及该合同或者与该合同相关的其他合同的所有其他条款进行评价"。② 各国确认效力的具体规则差别并不大,根据《合同法》规定,格式条款效力的确认主要依据为第 40 条③、第 52 条④和第 53 条⑤。当前网上格式合同效力方面的主要问题表现为:

一是合同条款赋予经营者单方变更标的的权利。例如,有的网站在格式条款中声明"注:因为存在各种电脑显示上的偏差,如

203

---

① 《德国民法典》第 307 条第 1 款规定:"如果一般交易条件中的条款违反了诚实信用原则而给一般交易条件的相对方造成不公平的不利益,该条款无效。如果一般交易条件的表述不是清晰且令人理解,就对相对方构成不公平的不利益。"即一般交易条件的使用方不可借助一般交易条件给相对方造成不公平的不利益。上述条文第 2 句是通过 2002 年 1 月 1 日生效的《德国债法现代化法》新增的,其中包含的"透明性原则"是在司法实践中发展起来,并在欧盟指令 93/12/EWG 有相应规定。参见《德国债法现代化法立法说明总则部分》(BT-Drucks. 14/6040,S. 153.)。

② 参见欧盟 1994 年《消费合同不公平条件指令》,第 4 条不公平条款的裁量第 1 款。

③ 《合同法》第 40 条,格式条款具有本法第 52 条和第 53 条规定情形的,或者提供格式条款一方免除其责任、加重对方责任、排除对方主要权利的,该条款无效。

④ 《合同法》第 52 条:有下列情形之一的,合同无效:一方以欺诈、胁迫的手段订立合同,损害国家利益;恶意串通,损害国家、集体或者第三人利益;以合法形式掩盖非法目的;损害社会公共利益;违反法律、行政法规的强制性规定。

⑤ 《合同法》第 53 条:合同中的下列免责条款无效:造成对方人身伤害的;因故意或者重大过失造成对方财产损失的。

显示器偏色等，所以图片仅供参考，请以实物为准"。① 这样的条款对消费者非常不合理，消费者就是因为看中了图片所示的某种商品才决定购买。如果实际送货却为另一商品，将根本违反消费者的意图。笔者认为，网上商店提供商品图片，类似于凭样品买卖，经营者应保证其提供的商品与图片、文字说明一致。如果消费者明确选中了某一图片所示商品，经营者就应该按该图片提供商品。因此，以上的格式条款应为无效。

二是合同条款赋予经营者单方变更合同条款的权利。网上购物格式条款中也会出现"本公司有权随时对用户协议及服务条款进行修改"的条文，这种保留变更合同内容的格式条款对消费者显失公平。例如，有网站视频上传用户协议中声明：本公司有权随时修改本协议的任何条款，一旦本协议的内容发生变动，本公司将会通过适当方式向用户提示修改内容。② 笔者认为，必须要求经营者以电子邮件或信函正式通知消费者，提请消费者注意。经营者疏于通知的，新的格式条款对原来的消费者不生效力。变更后的格式条款仅适用于变更日后的网上交易，对变更之前已经缔结，但尚未履行完毕的合同，应依原格式条款执行。

三是剥夺消费者的主要或全部权利。有的网上商店以格式条款"强制"消费者授权其对个人资料几乎不受限制的收集、使用的权利，以免除自己侵犯消费者的个人信息隐私权的法律责任。如，让消费者接受"本网站有权对客户资料进行合理使用"，或者在"隐私保护规则"中写进"我们会对您在网上的行为做一定的自动追踪，包括您先前访问的 URL 地址以及您接着访问的 URL 地址，

---

① http：//www. koowind. com/？ controller ＝ Default&action ＝ product&id ＝ 1044.

② http：//www. baidu. com/search/shipin_contract. htm.

以及您的 IP 地址"，"我们会在部分网页使用 Cookies 以帮助我们
分析网页的流动情况，统计各项活动的数据。我们也允许在网页
上发布广告的公司在部分网页使用 Cookies，但我们并不对这类
Cookies 进行监控，也不承担使用此类 Cookies 所产生的任何责任"
的格式条款。根据《合同法》第 40 条，格式条款具有本法第 52 条
和第 53 条规定情形的，或者提供格式条款一方免除其责任、加重
对方责任、排除对方主要权利的，该条款无效。

　　四是限制或免除经营者主要法定责任。网上购物合同中关于
售后服务的格式条款中，一般会有"收到商品后 7 日内可以退换，
但商品已经拆封的，不得退换"的条文，例如，有的网站规定，"以
下情况不属于可退换：买家在退换货之前未与本站联系并得到认
可，不退换"。① 这限制了消费者退换货的权利，单方面免除了经
营者本应承担的义务，违反了《消费者权益保护法》第 23 条"经营
者提供商品或者服务，按照国家规定或者与消费者的约定，承担包
修、包换、包退或者其他责任的，应当按照国家规定或者约定履行，
不得故意拖延或者无理拒绝"，以及第 24 条："经营者不得以格式
合同、通知、声明、店堂告示等方式做出对消费者不公平、不合理的
规定，或者减轻、免除其损害消费者合法权益应当承担的民事责
任。格式合同、通知、声明、店堂告示等含有前款所列内容的，其内
容无效"的规定，应该无效。

　　此外，对格式合同有关内容的理解发生分歧，一般而言，主要
应把握三条规则，首先采用非格式条款优先解释，也称为个别约定
优于格式约定解释②；其次，如果此条款仅有格式条款存在，则采

---

① 　http://www.5myy.com/helper.asp? id=22.
② 　《德国民法典》第 305b 条规定：如果双方当事人达成了不同于一般交易
条件的个别约定，个别约定优先于一般交易条件。可以由相对人主张，相对人在
合同缔结之时是否悉知该一般交易条件不影响其主张的权利。

用客观解释,也称为一般解释;最后,如果在适用了一般解释之后,仍然有两种或两种以上的含义,为了防止提供格式条款的一方利用其优势地位损害另一方当事人利益的情况发生,应当采用不利提供方的解释。① 此外,还有目的解释②等。目前,比较普遍的是网上购物格式条款中出现"本公司保留对用户协议及服务条款进行解释的权利"的条文,例如,还有的网站赋予经营者单方面解释合同的权利,例如,"在线销售系统会员加盟协议十七条规定,以上条款的最终解释权归本公司所有"。③ 这种赋予经营者单方面格式条款解释权的条文应为无效。因为按照这一条文,经营者必然对格式条款做有利于自己的解释,违背了不利于格式条款提供人的解释原则,甚至随意进行解释,构成对合同的变相修改。

　　确认无效的处理包括两个方面,一是网上购物合同中的格式条款无效的,其他部分的效力如何? 二是无效之后如何处理,是否应当赋予消费者变更、撤销权? 网上购物合同中的格式条款无效

---

　　① 《合同法》采纳了这一原则,第 41 条中规定:"对格式条款有两种以上解释的,应当做出不利于提供格式条款一方的解释。"

　　《德国民法典》第 305c 条第 2 款的规定,应做出有利于一般交易条件相对方的解释,即一般交易条件含义不确定的风险应由其使用方承担。如果向消费者发出邀约的所有或部分合同条款是书面的,则必须总是使用明白易懂的语言。

　　《欧盟 93/13 号指令》消费者合同中的不公平条款:如果对条款的含义存在疑问,应当采用对消费者最有利的解释。

　　② 再如某网上商店规定:"从本网站购买的电脑软件,仅限于个人使用。"对这一条款应做目的解释,应认为所购电脑软件可以供其个人及其家庭成员使用,该软件也不限于在一台电脑上装机运行,若一个家庭有几台电脑,也应该允许多次装机使用。否则,要求消费者所购软件,其家人不能使用或一套软件只能在一台电脑上使用,与消费者的购买目的不合。此处"限于个人使用"应解释为不得以非法复制、传播、出租等手段让他人得以使用。

　　③ http://www.hegame.com.cn/register1.asp.

的,其他部分的效力如何? 根据《民法通则》第60条的规定①以及《合同法》第56条的规定②,合同部分无效,不影响其他部分效力的,其他部分仍然有效。笔者认为,该条文对网上购物合同也适用。《合同法》第40条对格式条款的无效做出规定,但无效之后如何处理? 有学者认为,《合同法》第40条规定的目的在于充分保障相对人,特别是消费者的利益,该条并没有绝对排斥相对人请求变更和撤销格式条款的权利,因此,如果格式条款是不公平、不合理的,消费者不愿意宣告该条款无效,而愿意变更该条款的内容,从保护消费者利益出发,应当允许消费者的请求。③ 笔者赞同此观点,但是,变更的内容应当具备合法性,例如在德国法令中,格式条款无效而合同仍然有效,格式条款中的相应内容代之以法律上的规定,是一种较为合理的处理方法④。

207

(四)程序上的规制

消费者面对不公正的格式条款时,有权主张此格式条款不能有效纳入合同,也可以主张该格式条款无效,或者进行特殊解释,但是,许多消费者常常碍于诉讼所带来的繁琐与费用,不得不采取"沉默是金"的做法。因此,如何设置便捷的法律救济程序,的确是实现格式合同规制的重要问题。笔者认为,代表诉讼机制值得借鉴,如欧盟的团体诉讼和德国的协会诉权[详见本书第六章第

---

① 《民法通则》第60条规定:民事行为部分无效,不影响其他部分的效力的,其他部分仍然有效。

② 《合同法》第56条规定,无效的合同或者被撤销的合同自始没有法律约束力。合同部分无效,不影响其他部分效力的,其他部分仍然有效。

③ 参见杜军:《格式合同研究》,群众出版社2001年版,第337页。

④ 《德国民法典》第306条规定:(1)如果一般交易条件部分或者全部不能纳入合同或一般交易条件无效,合同的其他部分仍然有效;(2)不能纳入合同或无效的一般交易条件的内容,诉诸于法律的相关规定;(3)根据上述第2款规定对合同内容进行调整之后,遵守合同对于一方当事人而言仍然非常困难,合同无效。

一节"网上消费的争议解决机制"〕。

（五）司法规制

立法规制的实现有赖于司法规制的进一步保障，基于"最高法院认为自己负有弥补法律空白或者说克服立法者惰性的使命，也享有这种权力"①，基于这种认识，很多国家赋予法院和法官享有这种认定格式条款及其效力评价的裁量权力。笔者认为中国也应当探讨并发挥司法规制在格式条款中的作用。

四、格式合同的民间规制

格式条款的规制不仅是一个简单的立法和司法层面的问题，必须调动社会和民间的力量协同监督规制，才能更有效地发挥作用。民间团体的规制是指由商业行会组织及消费者协会等民间组织对格式条款进行审查或受理投诉，从而取消或限制不公平条款的规制方法。中国消费者协会当前还缺乏实体权力，难以树立其权威性，保障消费者权利之路还需上下求索。例如，2004年4月27日，中国消费者协会在北京启动了2004年"不平等格式条款点评"活动，在全国范围内开展"霸王条款"的有奖征集，起到了很好的示范效应，但是，由于其缺乏执行力和强制力，很难取得更深入的效果。笔者认为，法国滥用权利条款委员会代表构成的广泛性和使命明确性②，以及德国 UKlaG 中规定的协会诉权（详见本节（四）"程序上的规制"），都十分值得借鉴。

实践证明，对于格式条款的规制，既没有影响经济效率，也没有使诉讼无限增多而削弱合同关系的安全性，因此，对于格式合同条款的规制是实现消费者公平交易权的有效途径。

---

① 参见王全弟、陈倩：《德国法上对格式条款的规制——"一般交易条件法"及其变迁》，《比较法研究》2004年第1期，第62页。

② 参见罗歇·布特：《法国合同法上的滥用权利条款》，陈鹏译，《法学家》1999年6月，第43页。

第六节　无因退货权

一、冷却期制度与无因退货权

"冷却期制度(Cooling-Off Period),是指在合同成立后,消费者可以在一定期限内无条件地解除合同,而不必承担违约责任的制度"。① 冷却期制度是直接赋予消费者单方以反悔权(无因退货权),对消费者提供特别保护的一种途径和方法,在很多国家和地区以及国际组织的立法中都有规定。

冷却期制度源于英国1964年《租赁买卖法》"冷却期"条款,该法第4条规定,买受人在一定期限内可以随时以书面文书通知解除合同,而将物品返还。② 1974年英国《消费信用法》在继承冷却期理念基础上进一步完善,将适用范围从租赁买卖和分期付款买卖扩大到除土地抵押外的消费信用合同。美国1974年修正的《消费信用保护法》规定,信用接受者有取消合同的权利,该法第125条规定,在交易成立之日,债权者即信用供给人要明确告知消费者拥有可以取消交易的权利,期限是从交付记载着这一事项的书面文件之日开始,到第3个交易日的午夜为止;消费者行使解除权时,没有交付费用的义务,债权者在受领解除通知书后10日内必须返还从债务者处接受的头金,债务者则要全部返还接受的商品。③ 德国1974年修订的《分期付款买卖法》规定,买方有撤销合

① 董新凯、夏瑜:《冷却期制度与消费者权益保护》,《河北法学》2005年第5期,第53页。

② R. M. Goode, *Consumer Credit Law*, Lon-don Botterworths, 1989, p. 427.

③ 参见周显志、陈小龙:《英美日消费信用合同"冷却期"制度及其借鉴》,《世界经济》2002年第8期,第35~36页。

同的权利,该法第 1 条 d 款规定,分期付款买卖的买受人于缔约后一个星期内,得以书面撤销契约之权利。① 日本在分期付款销售和访问买卖中规定,作为买方的消费者有权取消合同,根据 1976 年的《访问贩卖法》(1988 年修订,2001 年改名为《特定商业交易法》)第 6 条规定,贩卖人在营业所等地以外的场所,对特定商品接受买卖合同条款的购买人,或贩卖人在营业所等地以外的场所,就该特定商品签订买卖合同时的购买人,可以书面申请该买卖合同的撤回,或解除该买卖合同,在此情形下,贩卖者不能请求购买者赔偿因撤回合同而受的损害或支付违约金;但自贩卖者告知日起已过 4 天的,不能撤回或解除。法国赋予远程买受人、上门储蓄的存款人、集资合同的投资人、人身保险的投保人和某些贷款合同的借款人等当事人反悔权,根据 1988 年 7 月 6 日法律第 1 条规定,远程买受人有权在收到其订货后 7 天内,将其购买的商品退还给出卖人并要求退还货款。我国台湾 1994 年《消费者保护法》第 19 条规定,"消费者在邮购买卖交易形态下购买的商品,不论是否已经付款,对所收受商品不愿买受时,得于收受商品后 7 天内,退回商品或以书面形式通知企业经营者解除买卖契约,无需说明理由及负担任何费用或价款",且"邮购或访问买卖违反前款规定所为之约定无效"。② 欧盟于 1997 年颁布的《关于远距离合同中消费者权益保护指令》第 6 条第 3 款规定,消费者有权自收到经营者商品之日起或者与经营者缔结服务合同之日起 7 日内,解除合同。合同解除后,经营者必须在收到通知 30 日内返还消费者已经支付的全部价款。如果供应商没有以适当方式提供必要信息,犹豫期

---

① 刘德宽:《民法诸问题与新展望》,三民书局股份有限公司 1980 年版,第 182 页。

② 刘益灯:《法国消费者权益保护的立法原则及其演变》,参见漆多俊:《经济法论丛·第六卷》,中国方正出版社 2002 年版,第 320 页。

将延长为 3 个月。韩国 2001 年《电子商务交易法》第 17 条中规定了消费者在下列情形中可以取消合同:在收到有关合同内容的文件之日起 7 天内;在收到有关合同内容的文件之日,而送货延迟时,从送货之日起 7 天内;即使收到了文件,但由于通信销售业者住所变更而无法申请取消合同时;商品的内容与公示和广告不同时,自送货之日起 3 个月以内,或者自知晓事实之日起 30 天以内。

　　考察国际上关于冷却期制度的规定,显著特点之一是各国并未将其作为消费者的一般性权利,适用于所有涉及消费者的合同,而仅在有关消费者权益的少数领域专门立法,如分期付款买卖、消费信用、直销买卖、远程买卖等。根据中国互联网络信息中心(CNNIC)2008 年 1 月 17 日发布的《第 21 次中国互联网络发展状况统计报告》显示,截至 2007 年 12 月 31 日,我国网民总人数达到 2.1 亿人,以 500 万人之差仅次于美国,居世界第二。中国网民网络购物比例是 22.1%,购物人数规模达 4640 万。而美国 2006 年 8 月网上购物的比例则已经达到了 71%。影响网络购物规模的因素是多方面的,然而不可否认,售后服务制度的不完善已经成为制约电子商务发展的瓶颈之一。因此,我国 B2C 电子商务中是否需要建立冷却期制度,以及如何构建冷却期制度,成为电子商务立法的重要问题。

二、冷却期制度的依据和价值

　　B2C 电子商务中建立冷却期制度,既有利于消费者权益的保障,也是经营者逆向物流管理的客观需要,有利于促进社会全面发展,构建和谐社会。

　　从消费者权益保障的角度,网络经济是购买力经济,消费者是现实购买力的主体,是电子商务的基础。只有提供消费者权益的充分保障,才能建立消费者对网络交易的信心,并显现网络经济的生命力,促进电子商务的大发展。知情权是消费者的一项基础性权利,是行使其他权利的前提,因为消费者只有在对有关消费资讯充分把握的基础上,才能判断自己的权益是否得到保障,从而做出正确的消费决策。冷却期制度赋予消费者在一定期限内检验信息准确性的机会,从而起到了削减信息不对称,保障知情权的作用。冷却期制度赋予消费者在一定期限内取消合同的权利,有利于消费者理性决策,实现公平交易。《消费者权益保护法》第34条赋予了消费者采取和解、调解、申诉、仲裁和诉讼方式解决纠纷的权利。然而在实践中,消费者依法维权的途径是坎坷的。冷却期制度较好地克服了传统法律制度在保护消费者权益方面的局限性,直接赋予消费者单方以反悔权,为消费者权益的保护提供了迅捷而低成本的途径。

从经营者逆向物流管理的客观需要角度,根据美国逆向物流协会的定义,逆向物流是为恢复价值或合理处置而对原材料、中间库存、最终商品及相关信息,从消费地到起始地的高效、低成本流动所进行的计划、管理和控制过程。简言之,逆向物流是与顺向物流相对的物流过程以及管理,目的是对回流的物品进行适当的处理并获取价值和利润。逆向物流主要包括退货、产品召回和包装回收三种形式,在B2C电子商务应用中,产品召回和包装回收一般是经营者主动实施的可控管理,经营者主要面对的是来自于最终消费者的退货问题。① 表面上看,冷却期制度会带来退货量的增加,伴随而来的是在线商家运作成本的增加,这种退货成本必然冲减电子商务的利润。然而,实际上,退货政策的"自主多样性",不仅给消费者带来选择困惑和维权艰难,也需要经营者付出较大的规则制定成本和潜在消费争议解决成本。建立冷却期制度,明

---

① 参见林波、孙晓梅:《B2C电子商务模式中逆向物流的管理》,《物流科技》2006年第1期,第103～105页。

确规定取消合同的法定期限和无理由退货标准,为优化逆向物流的管理规则和完善企业质量管理体系提供了重要的统一依据。由此,良好和高效的逆向物流管理不仅可以维护消费者利益,增强他们对电子商务的信心,而且还可以提高顾客对产品或服务的满意度,赢得顾客的信任,为经营者带来正面效应。

三、构建科学的冷却期制度

首先,要明确冷却期制度的法定性。从国际立法来看,绝大多数国家是以通行全国的立法确立冷却期制度的。我国《消费者权益保护法》和《产品质量法》都没有就"冷却期"制度做出专门规定。最早制定类似"冷却期"条款的是 1996 年辽宁省实施的《关于消费者权益保护法的规定》(以下简称《规定》),根据该《规定》第 12 条,消费者对购买的整件商品(不含食品、药品、化妆品)保持原样的,可以在 7 日内提出退货,经营者应当退回全部货款,不得收取任何费用。遗憾的是,该《规定》作为地方法规效力层次较低,实践中执行的效果甚微,而且在 2004 年修订该《规定》时删除了这一条款。2000 年北京市工商行政管理局《电子商务监督管理暂行办法》(以下简称《办法》)第 26 条规定,非因质量问题且尚未使用过的商品,消费者可在收到商品之日起七日内更换或退货,更换或退货中发生的运输、包装、邮寄等有关费用由消费者承担。这是建立冷却期制度的有益尝试,但是,该《办法》的适用范围十分有限,仅规范北京市行政区域内的经营者与消费者(B2C)、经营者与经营者(B2B)之间进行的网上交易活动。2005 年国务院《直销管理条例》第 25 条规定,直销企业应当建立并实行完善的换货和退货制度。消费者自购买直销产品之日起 30 日内,产品未开封的,可以凭直销企业开具的发票或者售货凭证向直销企业及其分支机构、所在地的服务网点或者推销产品的直销员办理换货和退货;直销企业及其分支机构、所在地的服务网点和直销员应当自消费者提出换货或者退货要求之日起7日内,按照发票或者售货凭证标明的价款办理换货和退货。2007年浙江省工商行政管理局《流通领域食品销售者经营行为规范指引》第11条规定:"实施无理由退(换)货,在合理期限内,消费者能够提交购货发票或消费凭证,并且所退(换)的商品不影响第二次销售的质量要求的,应予全额退款或者予以更换。"由此可见,冷却期制度在不同的领域已经开始构建。一般而言,只有当法律关系的主体、客体、内容都发生根本变化时,才有单独立法的必要,否则,现有的法律体系都应适用于网络世界,并不会因其虚拟化而有所不同。但是,这些办法或条例毕竟效力层次较低,发生效力的范围有限,且内容尚缺乏系统性和具体操作性,难以真正维护消费者的合法权益。因此,明确冷却期制度的法定性,主要包括两方面内容,一是从立法效力角度讲,冷却期制度应当以法律的形式规定。在我国,比较可行的方案是,充分利用已有的法律体系,做好既有规则的衔接和协调,保持现有法律体系的完整性与稳定性。修改《消费者权益保护法》,增设"电子商务中消费者权益的保护"专章,明确纳入冷却期制度,相应地,修改《合同法》,在第54条中增加"法律和行政法规规定可以撤销的其他情形"。二是指"冷却期"的规定属于最短期限的强制性规范,为防止经营者优势地位下的权利滥用,导致消费者弱势地位下的利益受损,不允许当事人之间作排除约定,仅允许另行约定长于法定"冷却期"的期限。同时,应当明确经营者的告知义务,即在订约时明确告知消费者享有取消合同的权利及行使该权利的期限,否则,不作为冷却期间的起算,或相应的延长冷却期。

其次,要明确冷却期制度的无因性。为降低网上购物的风险,不论是将网上购物视做通讯交易的欧盟模式,还是将网上购物视做邮购买卖特殊形式的美国模式和中国台湾模式,都不约而同地贯彻了冷却期制度的无因性,或者写明"无需说明理由"取消合同,或者写明取消合同的条件就是"不愿买受"、"不满意"等。从中国立法上看,大致有以下情形:一是"按照约定提供"的条件。根据《消费者保护法》第46条的规定,经营者以邮购方式提供商品的,应当按照约定提供。未按照约定提供的,应当按照消费者的要求履行约定或者退回货款,并应当承担消费者必须支付的合理费用。二是"损害发生"的条件。根据《消费者权益保护法》第44条,经营者提供商品或者服务,造成消费者财产损害的,应当按照消费者的要求,以修理、重做、更换、退货、补足商品数量、退还货款和服务费用或者赔偿损失等方式承担民事责任。消费者与经营者另有约定的,按照约定履行。三是"不合格商品"的条件。根据《消费者权益保护法》第48条,依法经有关行政部门认定为不合格的商品,消费者要求退货的,经营者应当负责退货。四是"尚未使用过"且"承担相关费用"的条件。根据北京市工商行政管理局《电子商务监督管理暂行办法》第26条规定,非因质量问题且尚未使用过的商品,消费者可在收到商品之日起七日内更换或退货,更换或退货中发生的运输、包装、邮寄等有关费用由消费者承担。此地方性法规已经取得了明显的进步,取消了诸多限制条件,即使经营者和消费者没有约定,即使经营者提供的是合格商品,即使没有损害发生,消费者仍然可以主张退货。但是,这仍然与冷却期制度的无因性存在距离,一是无法明确界定"尚未使用过"。是商品未投入实际使用?还是商品未经拆封,包装完好?二是"尚未使用过"是由经营者举证,还是由消费者举证?三是承担的运输、包装、邮寄等有关费用作为更换或退货的成本,是否得不偿失?可见,明确冷却期制度的无因性是其适用的核心条件,否则,将因附加各种条件而名存实亡。

最后,规制滥用冷却期制度。为平衡经营者的利益,防止消费者的权利滥用,在全社会创造更加成熟、更加净化的消费环境,倡导更加规范的维权意识,国际上相关立法均规定了防止权利滥用的限制,这是冷却期制度的有机组成部分。一是行使权利时间的限制,即除斥期间。从国际立法来看,无一例外都规定了行使权利时间的限制,较短的是3个工作日,一般是7个工作日左右,要求消费者必须在一定的期限内行使取消合同的权利,超过此期限则不能行使反悔权。此期限不宜太长,一般以保证消费者在该期限内足以发现交易是否为其需要及交易是否损害其权益为必要。二是行使权利书面形式的限制,一般都要求行使该权利应当采用书面形式。三是行使权利的禁止规定,即除外规定。欧盟《关于远距离合同中消费者权益保护的指令》第6条第2款规定了冷却期制度适用的除外情况:经消费者拆封的视听产品或电脑软件;服务的合同基于消费者同意,服务在7个工作日的"冷却期"届满前已经开始提供;有关提供商品或服务的合同的价款基于金融市场而浮动,并不为经营者所能控制的;商品是应消费者所定的规定;报纸或定期期刊与杂志;有关游戏与彩票的服务。这样,借鉴除外规定,应考虑的因素可以包括:商品或者服务自身特性是否适于取消合同;商品能否再行销售;经营者能否举证消费者撤销合同有较大过错,并造成经营者重大损失而显失公平。

216

第六章　网上消费的争议解决

第一节　网上消费的争议解决机制

一、争议解决方式的最优选择

互联网技术的飞速发展和国际经济贸易交往日趋频繁,不仅进一步促进了经济的繁荣发展,而且造成了消费者问题的日益增加和多样化。旧的消费者问题解决了,又有新的问题以新的形式出现,如果纠纷无法得到及时和妥善的解决,消费者就会对电子商务的可靠性和安全性产生怀疑,没有消费者的信任和支持,电子商务也将随之失去生命力。这就要求进一步发展纠纷解决机制,以适应这种变化。

（一）国际上关于争议解决的主要做法

在国际上,通过非诉讼争议解决机制解决消费者同电子商务服务提供商之间的争议得到了国际组织的高度重视。经济合作与发展组织(OECD)于1999年公布了"关于在电子商务中对消费者保护的指导建议"。该指导建议鼓励"商业机构、消费者代表和政府部门共同努力,为消费者提供各种不同的替代性争议解决机制。以通过这种机制公正有效及时地解决争议,且不给消费者增加任何不适当的费用负担。"①

欧盟对非诉讼争议解决机制在跨境消费者合同争议解决中的作用也给予高度的重视。一方面,欧盟积极鼓励并参与了一些国际组织和国际性论坛机构,如全球商业对话(Global Business Dialogue)论坛②和全球消费者对话(Global Consumer Dialogue)论坛等开展的有关非诉讼争议解决机制的研究和尝试工作。2000年,欧盟委员会还委托专门的研究机构就电子商务环境下在线使用非诉讼争议解决机制解决消费者合同争议的有关问题及其在法律、技术方面面临的挑战展开了专题研究。1998年,欧盟委员会还专门就消费者合同争议非诉讼解决机构所适用的最低原则要求公布了指导性意见。1998年,欧盟委员会通过了关于《消费者合同争议非诉讼解决的法案》,该法案旨在鼓励和推动在早期阶段对消费者合同争议的非诉讼解决。法案正式提出了有关"消费者争议非诉讼解决机构适用的若干原则",强调这些原则仅作为最低保障原则,适用于规范非诉讼争议解决机构向其用户在线或离线提供争议解决服务。这些原则的适用限于争议解决程序,即由第三方介入并做出决定或提出正式方案以解决有关争议的过程。此后欧盟委员会又在1999年4月正式发表的一份文件中对此七项原则做了进一步的阐释,这些最低保障原则包括下列七项:(1)独立性(independence)。在消费者争议非诉讼解决过程中,决定机构或决定人应确保其独立性以保证其行为的公正。(2)透明度(transparency)。非诉讼争议解决机构应确保其受理程序公开透

---

① Recommendation of the OECD Council Concerning Guidelines for Consumer Protection in the Context of Electronic Commerce.

② http://www.gbde.org/, 2007 - 10 - 21/2007 - 11 - 1 [5] Commission Recommendation on the "Principles Applicable to the Bodies Responsible Forout-of-court Settlement of Consumer Disputes"(98/257/EC).

明。应公开的信息包括受理的争议类型、有关争议标的金额和争议属地管辖方面的限制性规定、对消费者一方的条件要求及其他程序性规定、受理费用、决定所依据和适用的规则(包括相关法律规定、行业自律准则等),以及该机构的决定产生程序和其决定的法律效力等。(3)抗辩原则(respect of adversarial principle)。非诉讼争议解决机构的决定程序应确保全体当事各方有权向争议解决机构陈述他们的观点、听取对方关于事实和主张的陈述以及专家意见。(4)高效性(effectiveness)。非诉讼争议解决机构应制定具体措施以保障其受理程序高效便捷。这些措施应包括:消费者无需委托法律顾问便可以启动争议解决程序;争议解决费用低廉或实行免费;争议受理时限短、决定快;争议解决机构拥有充分的权限,以便于其在充分考虑任何有价值的因素的基础上迅速做出决定。(5)合法性(legality)。非诉讼争议解决机构所做出的决定,不应导致剥夺该机构设立地国法律的强制性规定给予消费者的保护。① 在跨境争议情况下,根据1980年6月19日《罗马公约》第5条关于合同义务适用法律的规定,消费者受其惯常居住地成员国法律的强制性规定给予的保护,任何争议解决机构做出的决定均不能导致剥夺上述规定给予该消费者的此种保护。(6)意思自治(liberty)。只有当事各方事先知晓并特别接受争议解决机构决定的约束力,该项决定才能对双方均具有约束力。任何在争议出现前由消费者所做出的关于将争议诉诸非诉讼争议解决程序的承诺,都不能剥夺消费者在争议实际发生后,诉诸法院解决的权利。(7)代理原则(representation)。非诉讼争议解决程序不应剥夺当

---

① Comment of 21/04/99 to the US Perspectives on Consumer Protection in the Global Electronic Marketplace, Federal Trade Commission Notice requesting academic papers andpublic comments, concerning the settlement of disputes and redress, under letter "F" the issue of consumer disputes.

事方在争议解决的任何阶段委托第三方代理或协助的权利。

2000年11月6日至7日，在瑞士日内瓦召开的世界知识产权组织电子商务争议解决国际研讨会，围绕争议解决探讨了八个专题，即：(1)数字化经济中的商务；(2)电子商务时代争议解决机制所面临的机遇和挑战；(3)法律适用及无国界间"裁决"的执行问题；(4)在线拍卖制度及其争议解决专题讨论会；(5)数字化经济中消费争议解决专题讨论会；(6)域名争议解决机制——未来的发展模式；(7)法院与新技术专题讨论会；(8)展望与对策。

可见，如何及时、有效地解决电子商务争议，增强人们对电子商务的信心，促进电子商务的健康发展，已经引起了各国的高度重视，建立灵活、便捷、费用低廉而高效的争议解决机制，成为消费者权益保护中的重要问题。

(二)传统维权途径面临的难题

根据《消费者权益保护法》第34条规定，消费者和经营者发生消费者权益争议的，解决的途径有五种：(1)与经营者协商和解；(2)请求消费者协会调解；(3)向有关行政部门申诉；(4)根据与经营者达成的仲裁协议提请仲裁机构仲裁；(5)向人民法院提起诉讼。在实践中，针对网上消费争议的标的较小、发生频繁、身份虚拟等特点，如何实现争议解决的最优选择呢？

首先，在市场秩序比较混乱、信用缺失问题突出、政府管理滞后的转轨时期，经营者的自律意识尚待逐步提高，通过"与经营者和解"的方式解决消费纠纷，尚难成为一条主要的途径。而且，经营者与消费者是通过缔结互联网消费合同而建立法律关系的，那么，这种协商和解如何实现，能否通过网络协商和解，双方的非面对面协商能否取得预期和解效果，是否会增加消费成本？其次，消费者协会调解的优势是通过第三方介入实现和解，但是，消费者协会的调解毕竟缺乏法律强制执行力，无论怎样加大调解力度，靠消费者协会自身的力量也只能解决不断出现的消费争议的极少部分,无法满足消费者与日俱增的维权要求,无法实现充分的法律保护。而且,从我国现实情况出发,消费者协会在法律地位上虽是社会团体,但在编制和业务方面隶属于工商行政管理部门,往往热衷于投诉量和投诉热点的公布,还不能真正成为对地方保护、腐败有强大压力和监督能力的社会团体。再次,由于《消费者权益保护法》没有赋予行政机关对消费纠纷进行行政裁决的手段,行政机关也只能通过行政调解的办法解决消费纠纷,而且即使在双方当事人达成行政调解协议的情况下,若一方当事人不履行协议,行政机关也无法强制执行,还会受到行政效率的影响,因此,行政机关也难以成为消费者依法维权的有效途径。最后,具有法律强制执行力的仲裁和诉讼呢? 基于消费者的弱势地位,各国消费者权益保护法均为此做出了很多向消费者利益倾斜的规定,但当争议发生时,消费者却很难提起仲裁或诉讼来维护自身的利益,其根本原因在于诉讼成本和仲裁成本过高,消费者对索赔望而却步。此外,虽然有的仲裁和审判机关已经在积极探索、尝试灵活便捷的仲裁和诉讼方式,但就全国来说,还没有建立真正适合消费纠纷特点的仲裁制度和诉讼制度。如何弥补消费者在诉讼上的弱势,使他们公平地享受仲裁或诉讼资源,成为各国努力探讨的主题。

可见,现行《消费者权益保护法》为消费者提供了五种维权途径,但是这五种途径都不能有效地发挥作用,严重地影响了消费者权益的落实。

(三)替代性争议解决(Alternative Dispute Resolution,简称ADR)与网上争议解决(Online Dispute Resolution,简称ODR)的发展

根据当前的趋势,各国日益认识到,仅仅依靠司法程序解决消费者争议不仅是不经济的,而且是不彻底的,甚至是不可能的。很

多国家和国际组织都鼓励采用替代性争议解决方式——非诉讼争端解决，即ADR。在互联网环境下利用互联网提供的各种手段进行争议解决时，就被称为在线争议解决机制，即ODR，主要包括在线和解（Online Negotiation）、在线调解（Online Mediation）和在线仲裁（Online Arbitration）等方式。

首先，电子商务本身的特性表明传统的诉讼以及ADR不能很好地解决其纠纷。诉讼的本质是国家强制解决纠纷的一种方式，是权利主体凭借国家力量而非争议主体自身的力量解决争议，它较少体现当事人的自治性，并且缺乏实体、程序法律适用上的灵活性。在此背景下，由诉讼解决电子商务的纠纷便存在着规范缺失的问题。不仅如此，电子商务又是一种真正的全球性经济，不但仅靠某一个国家的力量无法保障范围极广的权利主体的权利，而且，诉讼解决电子商务纠纷本身就存在着管辖权、法律适用、判决的承认与执行等一系列难以解决的问题。与诉讼相比，传统的ADR因为本身的特点虽然在管辖权、法律适用以及判决的承认与执行等方面不会遇到太多的麻烦，但是，它仍然难以适应这种全球性的、快捷高效的电子商务的需要。其次，ODR的出现不是要代替司法解决纠纷的机制，而是弥补司法机制的不足。鉴于国际上ODR的发展已经成为一种不可阻挡的趋势，ODR行业已经开始形成，联合国贸易和发展委员会在2003年《电子商务与发展报告》中将其视为"注重扩大新兴电子商务活动的国家应当特别重视的一个程序"。最后，ODR是高效的和可以与电子商务实现对接的争议解决方式，它充分利用全球的人力资源、电脑处理程序以及实现信息交流传播的电子速率传输，这就使ODR可以在任何国家聘用任何国籍的仲裁员或者调解员，通过任何语言解决争议，具有快速、费用低廉、便利等网络空间争议解决所必需的各类重要价值因素。这些优势不但契合了电子商务中无论是经营者还是消费者对于纠纷解决低成本、快速方便、公平透明、易于执行等多方面的需要,而且能够极大地增进消费者和电子商务企业间的信任和信心,从而成为发展电子商务和网络经济必不可少的法律辅助措施之一,越来越受到国际组织和世界各国的重视,美国、欧盟、经济合作与发展组织(OECD)以及亚太经合组织(APEC)都通过发布指令或者召开论坛等各种方式促进 ODR 的发展。

笔者以建立高效便捷的争议解决机制为目标,探讨了网上和解与调解平台、在线快速仲裁、群体诉讼与小额诉讼制度并行的三项机制,以期发动社会各界力量共同维权,为消费者切实解决问题,同时促使经营者自觉遵纪守法,规范自己的产品和服务,成为有责任心、为消费者服务的企业,做诚实守信的经营者。

二、网上和解与网上调解平台

223

当事人和解与第三方调解①均以消除双方当事人之间的对立和对抗为目的,其解决结果的正当性源于当事人自愿性,因而在治疗或补救被纠纷所破坏的社会关系方面,具有沟通性和保密性等不可比拟的优势。从各国的实践来看,一般是建立在线争议解决中心,致力于构建网上和解(Online Conciliation)与网上调解(Online Mediation)平台,中国如 http://www.china.odr.com/,国外如:http://www.squaretrade.com/,http://www.smartsettle.com/,http://www.adr.org/,http://www.odr.info/,http://www.wipo.int/,http://www.themediationroom.com/,http://www.e-adr.org.sg/,http://www.gama.com/等。2004 年 2 月 21 日,中国消费者协会依托"在线 315"网站(http://www.cca.org.cn)推出了"消

---

① 调解分为诉讼调解和非诉讼调解,最高人民法院的司法解释中所说的调解是指前者。后者包括人民调解委员会或仲裁机构的调解,以及行政机关对某些民事纠纷在自愿基础上进行的无强制拘束力的调解。本书此处指非诉讼调解。

费者与经营者网上和解平台"，以疏通消费者与经营者的联系为主要方式，为双方建立直接联系、协商解决争议、回答咨询，充分发挥网络信息量大、共享、互动、及时的优势。依托中国电子商务法律网、中国电子商务政策法律委员会，我国第一个专门的在线争议解决机构"中国在线争议解决中心（简称 China ODR）"已于2004年6月成立，并开通了网站 http://www.odr.com.cn。发生纠纷的任何一方当事人可以通过互联网在该网站登记案件，申请在线和解或在线调解。该网站将通过电子邮件等方式通知对方当事人，在对方当事人也认可这种纠纷解决模式的情况下，启动在线和解或者在线调解程序。如果当事人选择和解，China ODR 只负责提供平台，无调解员介入，网上和解平台强调的是发挥当事人双方的作用，和解过程由双方积极参与完成。如果当事人选择调解①，China ODR 则不仅要提供平台，而且还要为用户提供解决争议所需要的具有相应专业知识和经验的调解员和仲裁员供其选择，并对其公正性和行为负责。

在线和解，是发生争议的消费者和经营者，通过计算机和网络技术达成解决争议的协议的一种非诉讼纠纷解决方式。它从程序的发起到争议解决，再到协议达成，全部在线发生。在线和解，顾名思义即为和解的在线形式。与传统的和解相比，它具有以下优越性：首先，能较快地解决争议，节省时间。电子商务消费者争议主体身份匿名，且很有可能身处异地甚至是不同的国家，借用传统的和解方式，通过离线协商解决在线交易所产生的纠纷，不仅确认对方身份不易，而且路途往来耗费时日，消费者往往难以及时得到

---

① 2004年12月8日立案的 Yingtao 和 Wujianguo 关于英语工具书货物不符的纠纷和2004年11月15日立案的乔丹和永强关于交易 MP3 的纠纷均已免费调解成功。参见《China ODR 典型案例列表》，http://www.odr.com.cn/Cases/Case_typical_list.aspx，2005年4月5日浏览。

救济。而借助在线和解,既避免了确认对方身份的困难,又可以通过电子邮件、聊天室、视频聊天等网络技术即时谈判,大大节省了传统文件传输方式所需的时间。其次,具有保密性、易于被双方接受。由于在线和解涉及的人员只有发生争议的消费者和经营者双方,没有第三方参与,不公开过程也不公开结果,经营者不必担心其产品和商誉受到影响,消费者也不必担心旁人知晓他的个人购物信息,尤其是涉及个人隐私和特别嗜好的商品。因此,相对其他解决方式,易于受到争议双方的接受。最后,费用低廉,节约成本。由于和解是双方通过在线方式自愿达成的协议,除了不用支付第三方费用外,也可以免除传统文件传输、人员往来和证据采集所需要支付的大量费用,因此可以大大节约成本。在线和解的平台提供者最初在美欧一般都是私人或组织基于商业目的或者大学等研究机构、政府相关部门以及地区间组织基于实践和调研等公益目的而开设的网站。①

　　和解与调解平台不仅是争议解决的途径,也是建立企业诚信机制的探索,通过此项活动促进企业树立诚信意识,塑造诚信企业的形象。经营者是否愿意把自己的真实信息如实告诉消费者,将消费者咨询、索偿的通道明示给消费者,并保证该渠道时时畅通,是衡量经营者是否真有为消费者服务的愿望,是否真心维护消费者权益和判断经营者是否诚信的标准之一。在这个和解平台上,只要企业依照程序注册,就能够及时接收消费者的咨询和问题,企业的解答让消费者满意,就是诚信的表现。但是,网上和解与调解平台不论从功能还是网络技术上都还存在局限性,尤其是一些不知名企业或者规模比较小的企业,可能没有注册,在互联网上也找

---

　　① 参见王宇:《我国电子商务消费者争端解决机制研究》,重庆大学硕士学位论文 2008 年。

不到它们，网民的信件就不可能转到这些企业手中，这时，就需要消费者选择其他方式解决问题。即使在网上和解平台注册的企业，一旦双方不能够实现和解，消费者仍然要使用其他法定渠道解决争议。为此，还应该提供其他便利的解决争议的渠道，以充分实现消费者正当权益。

三、在线快速仲裁

在线仲裁，就是指仲裁程序的全部或主要环节，均在Internet上进行。这意味着向仲裁庭提出仲裁申请（包括仲裁协议的订立），以及其他仲裁程序（如仲裁案件的立案、答辩或者反请求、仲裁员的指定和仲裁庭的组成、仲裁审理和仲裁裁决的做出）等在网上进行。其中，主要环节在 Internet 上进行，不排除有的程序在某时间段暂时结合使用一些非虚拟的书面文本文件，这可视为反映网上仲裁目前实用内涵的界定。由于传统仲裁在 ADR 中的重要地位，在线仲裁也成为 ODR 诸形式中备受关注的一种。因互联网合同而引发的消费者争议有关的各种文件、证据材料都是以电子方式存在的，如果能够在线将争议解决，那么，将会减少很多资源的浪费。国际上一些仲裁机构，如开罗国际商事仲裁中心和伦敦国际仲裁院都在开发网上仲裁，伦敦国际仲裁院已在其 1998 年仲裁规则中规定，当事人可以通过电子邮件向仲裁院提交材料或发送信息。再如美国仲裁协会就已在其网站主页上设置了在线仲裁专栏（http://www.adr.org/index2.1.jsp）。在线仲裁在仲裁过程中运用了电子邮件（E-mail）、聊天室（Chat Room），以及网上电子会议（Teleconference by Network）等先进的通讯方式，但其程序与传统仲裁并无实质区别。1995 年美国环球仲裁调解协会（GAMA）率先于网上提供国际商事仲裁服务（http://ww.gama.com）。① 1996 年 3

---

① http://www.gama.com/.

月 4 日,美国三个 ODR(Online Dispute Resolution)试验项目之一的 Virtual Magist rate 网站也正式成立。① 此后,一系列解决在线商事纠纷的网站相继诞生。2001 年 7 月 1 日起,《美国仲裁协会网上仲裁补充程序规则》(以下简称《美国网上仲裁规则》)生效,这是全球第一部以国家为主体实施的网上仲裁规则。中国国际经济贸易仲裁委员会审议通过《中国国际经济贸易仲裁委员会网上仲裁规则》(以下简称《中国网上仲裁规则》),并自 2009 年 5 月 1 日起正式实施。该规则是继美国仲裁协会之后全球第二个《网上仲裁规则》,它的实施意味着今后我国解决电子商务纠纷争议将有法可依。

一方面,《美国网上仲裁规则》与《中国网上仲裁规则》的不同之处体现在文件提交对象和文件提交方式等方面,《中国仲裁规则》第二章"文件的提交、发送与传输"第 10 条规定:向仲裁委员会提交的有关仲裁申请、答辩、书面陈述、证据及其他与仲裁相关的文件和材料,当事人应当采用电子邮件、电子数据交换、传真等方式。根据案件的具体情况,仲裁委员会秘书局或者仲裁庭有权要求当事人,当事人也可以在征得仲裁委员会秘书局或者仲裁庭的同意后采用或者辅助采用常规邮寄和特快专递等其他方式提交文件。《美国网上仲裁规则》规定,必要的文件是提交给专门的受案网站(指为保存案件档案和材料而开通的网站),而非仲裁委员会。仲裁员可以授权采用受案网站之外的通讯方法。美国仲裁协会应向当事各方和仲裁员提供一个电子信箱地址,用于当事各方与美国仲裁协会或仲裁员与美国仲裁协会之间的通讯,但不适用于当事各方和仲裁员向受案网站提交材料。

另一方面,中美在网上仲裁程序上也存在着仲裁申请、答辩与

---

① 　http://www.vmag.org.

反请求、仲裁裁决的差异。首先，关于仲裁申请，根据《中国网上仲裁规则》第三章"仲裁程序"第一节"仲裁申请、答辩、反请求"第18条规定，向仲裁委员会提交仲裁申请书应写明：申请人和被申请人的名称、住所及其通讯方式，包括邮政编码、电话、传真号码、电子邮件或其他电子通讯方式；申请人首选的通讯方式；申请仲裁所依据的仲裁协议；仲裁请求；案情和争议要点；仲裁请求所依据的事实和理由。在提交仲裁申请书时，附具申请人请求所依据事实的证明文件，按照仲裁委员会制定的《网上仲裁案件仲裁费用表》的规定预缴仲裁费。《美国网上仲裁规则》则要求，申请人开始应向美国仲裁协会管理网站提交仲裁申请，5日内缴纳适当的立案费。其次，在受理条件与时间上，《中国网上仲裁规则》第三章"仲裁程序"第一节"仲裁申请、答辩、反请求"第19条规定：仲裁委员会秘书局收到仲裁申请书之日起5日内，认为符合受理条件的，应当受理，并书面通知当事人；认为不符合受理条件的，应当书面通知当事人不予受理，并说明理由。《美国网上仲裁规则》则要求：收到立案费后，美国仲裁协会应申请进行审查，以确定申请内容是否符合规定。认为申请符合规定，应在5个工作日内开通受案网站，使其立即可用。并通过电子邮件将受案网站的网址通知当事各方。受案网站开通的日期应被视为仲裁开始的日期，该日期将在美国仲裁协会发送给当事各方的确认电子邮件中注明。美国仲裁协会如果认定通过电子邮件通知被申请人是不可能的，可以决定本规则不予适用。美国仲裁协会如果认定申请存在管理上的缺陷，将不开通受案网站，并立即将所认定的缺陷通知申请人。再次，关于答辩与反请求。根据《中国国际经济贸易仲裁委员会网上仲裁规则》第三章"仲裁程序"第一节"仲裁申请、答辩、反请求"第21条有关规定：除非当事人另有约定，被申请人应当在收到仲裁通知之日起30日内，按照仲裁委员会设定并在仲裁委员会网上争议解决中心网站上公布的"仲裁答辩书格式"及"仲裁答辩书提交指南"的要求,向仲裁委员会秘书局提交答辩书和有关证据。除非当事人另有约定,被申请人提出反请求的,也应当在上述期限内按照仲裁委员会设定并在仲裁委员会网上争议解决中心网站上公布的"仲裁反请求书格式"书面提出。当然,仲裁庭认为有正当理由的,可以适当延长规定的期限。美国网上仲裁规则也有类似的规定。主要不同体现在处理时间上的区别:《中国网上仲裁规则》第三章"仲裁程序"第一节"仲裁申请、答辩、反请求"第 22 条规定,除非当事人另有约定,申请人应当在收到被申请人反请求书之日起 20 日内,按照仲裁委员会设定并在仲裁委员会网上争议解决中心网站上公布的"反请求答辩书格式"向仲裁委员会秘书局提交书面答辩。仲裁庭认为有正当理由的,可以适当延长规定的期限。《美国网上仲裁规则》规定:如被申请人提交反请求,则申请人应自被申请人的反请求提交受案网站之日起 30 日内做出答辩,在时间上有所放宽。最后,对于仲裁裁决,《中国网上仲裁规则》第三章"仲裁程序"第四节"裁决"第 38 条规定:除非当事人另有约定,仲裁庭应当在组庭之日起 4 个月内做出仲裁裁决。根据仲裁庭的要求,仲裁委员会主任如认为确有必要和确有正当理由的,可以延长该期限。主要区别在于:一是美国网上仲裁程序在裁决阶段之前还可以举行聆讯。根据《美国网上仲裁规则》的规定,除非经任一方当事人要求且仲裁员同意举行聆讯(是指仲裁员主持的当事人之间的会议,可以当面晤谈或通过电话、视频会议或其他方式进行),仲裁员将依据材料做出裁决。在聆讯中,可以接受证人证言,可以对证人进行交叉询问,经仲裁员准许,还可以接受补充书面证据。二是在未提出聆讯要求的情况下,仲裁员将在程序终结 30 日内做出裁决。此外,与中国网上仲裁裁决之后直接书面发布裁决书有所不同:在美国,仲裁员应将裁决提交受案网站。一经提交,则裁决被视为已经做出,自裁决提交之日起30日内,受案网站仍对当事各方开放。

与《美国网上仲裁规则》相区别的还有中国网上仲裁程序具有的特别内容简易程序和快速程序。《中国网上仲裁规则》第四章"简易程序"第41条规定:除非当事人另有约定,凡争议金额在人民币10万元以上但不超过人民币100万元的,或者争议金额超过人民币100万元,经一方当事人书面申请并征得另一方当事人书面同意的,适用简易程序。没有争议金额或者争议金额不明确的,由仲裁委员会根据案件的复杂程度、涉及利益的大小以及其他有关因素综合考虑决定是否适用简易程序。根据第43条规定:被申请人应当在收到仲裁通知之日起15日内向仲裁委员会秘书局提交答辩书及有关证明文件;如有反请求,也应当在此期限内提交反请求书及有关证明文件。申请人应当在收到反请求书及其附件后10日内针对被申请人的反请求向仲裁委员会秘书局提交答辩书。根据第44条规定:仲裁庭应当在成立之日起2个月内做出裁决。根据仲裁庭的要求,仲裁委员会主任如认为确有必要和确有正当理由的,可以延长该期限。由此可以看出,使用简易程序缩短了网上仲裁程序运行的时间,提高了网上仲裁案件办理的效率。《中国网上仲裁规则》第五章"快速程序"第47条规定:除非当事人另有约定,凡争议金额不超过人民币10万元的,或者争议金额超过人民币10万元,经一方当事人书面申请并征得另一方当事人书面同意的,适用快速程序。没有争议金额或者争议金额不明确的,由仲裁委员会根据案件的复杂程度、涉及利益的大小以及其他有关因素综合考虑决定是否适用快速程序。第49条规定,被申请人应当在收到仲裁通知之日起10日内向仲裁委员会秘书局提交答辩书及有关证明文件;如有反请求,也应当在此期限内提交反请求书及有关证明文件。申请人应当在收到反请求书及其附件后5

日内针对被申请人的反请求向仲裁委员会秘书局提交答辩书。仲裁庭认为有正当理由的,可以适当延长上述期限。第 50 条规定,仲裁庭应当在成立之日起 15 日内做出裁决书。根据仲裁庭的要求,仲裁委员会主任如认为确有必要和确有正当理由的,可以延长该期限。

　　仲裁的一个主要优点就在于它能够比法院诉讼更加迅速地解决当事人之间的纠纷,但是,现实中许多仲裁程序持续的时间都远长于当事人希望的时间,仲裁程序的推进总是过分迟延,致使仲裁的效率性价值的优势不能充分发挥,这与当前经济的发展所需要的高效率背道而驰。国际上各主要仲裁机构正因为认识到了这一弊端,才开始引入快速仲裁程序。快速仲裁是一种适用于争议标的较小、事实清楚的简单民商事纠纷的一种特殊仲裁程序,是将仲裁本该具有的追求效率这一价值最大程度的发挥出来的一种制度。首先,快速仲裁具有“快”的特点。如英国在 1996 年《仲裁法》第 33 条中规定“根据特定案件的具体情况采用适当的程序,避免不必要的延迟和花费”。2003 年 3 月 15 日我国上海市仲裁委员会成立了“上海仲裁委员会小额消费争议仲裁中心”①,凡是没有合同或者有合同而没有约定仲裁条款,但在争议发生后达成书面仲裁协议且争议金额在 5 万元以下的小额消费争议均可申请仲裁,而且,可以适用简易仲裁程序,快速解决。其次,快速仲裁具有“灵活高效”的特点,如 1998 年《斯德哥尔摩商会加速仲裁规则》规定,“仲裁员应准备并向当事人提供一份程序时间表”②,并

---

　　①　上海仲裁委员会根据国家有关规定和小额消费争议的特点设立较低的仲裁收费标准。其出具的裁决书与法院的判决书同样具有法律效力,可解决以往消费者协会调解时“调”而不“解”的难题。

　　②　参见 1998 年《斯德哥尔摩商会加速仲裁规则》第 12 条第 4 款。

且"仅在一方当事人提出请求且仲裁员认为有必要时才安排开庭"①,《伦敦海事仲裁员协会小额索赔程序》也规定,"一般不举行听审,除非在例外情况下,仲裁员要求举行"。最后,快速仲裁还具有"费用低廉"的特点,这有效地降低了消费者的救济成本。世界知识产权组织(WIPO)制定了《世界知识产权组织网上加速仲裁规则》,这种将快速仲裁与网上仲裁结合在一起的新式仲裁方式,越来越发挥出它在解决商事争议,特别是电子商务领域中的争议的优势,即"快速仲裁程序一旦与互联网技术完美结合,必将产生前所未有的仲裁效率"。② 当然,还应当建立与快速仲裁相适应的撤销、承认和执行裁决的特殊程序,也应当以简便、快捷为目标,否则,快速仲裁的价值将被削弱。

四、公益诉讼和小额诉讼制度

由于 ODR 是由 ADR 演化而来的,ODR 也会产生若干与 ADR 相同的问题,与此同时,由于网络自身的一些特性,ODR 也会产生一些新的法律问题,归纳起来主要有管辖权问题、实体法律适用问题、在线仲裁裁决的承认与执行问题、效果问题、安全性和保密性问题等。而且,在现代法治社会,任何纠纷解决方式都不能彻底排除司法的最终审查权,因此,在鼓励自治的同时,应给当事人保留一个最终寻求司法审查的权利和机会,使 ADR 和 ODR 处于司法制约之下。特别是在中国,目前非诉讼纠纷解决机制质量比较低,如果没有司法审查,不公正的处理得不到纠正,当事人的顾虑会更多。司法审查对于保证 ADR 和 ODR 的正当性、给予当事人司法救济具有宪法上的意义,同时,法院完全可以通过审查的尺度(实质审查或形式审查)和审查的结果(撤销或宣布无效)来调

---

① 参见 1998 年《斯德哥尔摩商会加速仲裁规则》第 16 条。

② 参见邓杰:《论快速仲裁》,《法制与社会发展》2000 年第 1 期,第 89 页。

节对不同 ADR 和 ODR 程序的监督和支持。例如,如果法院在司法审查后对仲裁裁决和调解协议支持率高,当事人在仲裁和调解之后自然就不会再轻易发动诉讼,法院也可以通过对行政裁决的处理,调节行政处理的合法性与合理性,同时达到尊重行政处理的结果。[1]

(一)公益诉讼制度

经营者的违法行为以个别市场主体的不经济为代价来实现其过度经济利益,以全社会的不经济来谋求其过度经济利益,从而造成整个国民经济运行的无序状态和全社会的不经济(不普遍经济和不持续经济),严重破坏了社会的整体利益。[2] 随着民主政治的发展,国家与社会越来越依赖于公民对社会事务的参与,公民需要从法律程序上找到关心、参与的途径。因此,在我国的消费者保护法律制度中,公益诉讼问题已经成为一个迫切的问题。在国外,许多国家都建立了公益诉讼制度和消费者公益诉讼制度,赋予了社会成员对侵犯消费者权益的行为起诉的权利,而不管起诉人的合法权利是否受到了侵害。在我国关于消费者公益诉讼的研究还不是很充分的情况下,我们非常有必要借鉴国外的做法。只有在一个建立起完善的消费者权益公益诉讼的制度体系的国家中,消费者的合法利益才能得到切实的维护,同时,无疑将在全社会范围内动员公民提升法律意识,积极利用法律手段,配合国家机关行政职能的优化改革,营造一个优良和谐的消费环境。因此,研究消费者公益诉讼很有必要。建立公益诉讼是市场经济发展的要求,这一制度能够对经济活动进行监督,有效维护正常的经济活动,通过它

233

---

① 参见范愉:《浅谈当代"非诉讼纠纷解决"的发展及其趋势》,http://www. civillaw. com. cn/weizhang/default. asp? id = 14236,2005 年 1 月 22 日浏览。

② 秦美娇主编:《医疗消费者行为学》,上海交通大学出版社 2007 年版,第58 页。

可以实现消费者的权利,有效遏制垄断等不正当竞争行为的发生,促进行业管理的规范和完善,最终达到维护社会主义市场经济良性运行、促进经济发展的目的。① 笔者重点探讨群体诉讼和代表诉讼制度。

群体诉讼制度最早起源于 17 世纪的英国,当时处于原始积累时期的英国社会矛盾重重,群体性冲突频频发生,特别是圈地运动导致的土地纠纷,一再以相同形式大量涌入法院。1676 年,英国法院应教区居民的请求做出了适用于全体居民的判决,从此确立了英国群体诉讼制度。② 它作为民事诉讼的一种特殊方式,在传统民事诉讼中并不具有突出的地位,但在现代社会中,群体诉讼制度由于具有以下几个方面的特点而受到各国的普遍重视和强化,获得了前所未有的发展。表现在:第一,群体诉讼方式中,受害人一般只需要登记即可取得原告资格;第二,民事判决的效力在运用上具有推及性,即判决对每一个群体诉讼参与人均具有法律效力;第三,判决对滞后起诉的权利人具有追及效力,即未参加登记的权利人只要在诉讼时效期间内提起诉讼的,适用该案先前的判决或裁定。③ 特别是在 20 世纪中叶以来,环境问题、产品责任、证券交易、反垄断诉讼等等,成为困扰各国的普遍社会问题,群体诉讼也就成为民事诉讼中的一项重要制度,各国也逐步建立了具有本国特色的群体诉讼制度。较有代表性的是欧盟关于团体诉讼的规定,《欧盟93/13 号指令》消费者合同中的不公平条款第 7 条"团

---

① 参见檀月:《公益诉讼的价值刍议》,《锦州医学院学报》2004 年第 2 卷第 4 期,第 23 页。

② 参见马国川:《确立群体诉讼制度:有助消费者维权》,《中国审计报》2005 年 4 月 13 日。

③ 国世平:《从国际消费维权角度分析中国消费维权》,《消费经济》2008 年第 1 期,第 5 页。

体诉讼"规定：（1）成员国应当确保，为了消费者以及竞争者的利益，存在充分有效的手段防止消费者与经营者签订的合同中继续存在不公平条款。（2）本条第 1 款的手段也包括，依照国内法代表消费者合法利益的个人或团体，可以根据国内法在法院或者主管的行政机构采取行动，以便裁决通用的合同条款是否公正，使这些人或团体可以采取适当而有效的措施，防止此种条款的继续适用。（3）在充分考虑国内法的前提下，本条第 2 款的法律救济措施，可适用于同一通用的合同条款或者类似条款的同一经济行业的若干经营者或者团体。目前，中国消费诉讼主要是由消费者个人提起，没有适用于消费者群体诉讼的程序，这种诉讼制度已经不适应消费者维权的实践需要。在消费纠纷中，无论是涉及商品质量、格式合同、商品房，还是涉及物业管理、公共服务价格、旅游等服务，侵权的对象往往都是群体消费者，而且这些侵害群体消费者利益的行为同时具有扰乱社会经济秩序的双重性质。为消费者讨回公道的过程，也是惩罚违法行为、建立信用社会的过程。因此，应当完善现行消费纠纷的诉讼程序，建立适合于解决群体消费纠纷的诉讼程序。同时，赋予消费者协会和有关行政执法机关代表消费者利益和国家利益提起诉讼的职权，既可以平衡冲突双方的诉讼能力，从实质上保障诉讼权利平等，依法追究经营者的法律责任，也有益于消费者整体利益维护机制的建设，还可以节约维权成本，从而有利于建立良好的经济秩序。德国《侵害消费者权益及其他违法行为的不作为诉讼法》赋予某些协会（如消费者协会）以诉权的做法值得借鉴。《侵害消费者权益及其他违法行为的不作为诉讼法》第 3 条、第 4 条专门对这些协会的分类、名单管理、登记及公布做了规定。这些协会可以就违反有关法律规定的一般交易条件向州法院（Landgericht）提起诉讼。存在侵犯消费者权益的情形，即使行为人未使用一般交易条件，上述协会也可以对其提起诉讼。一旦法院做出支持原告诉讼请求的判决，原告可以要求将判决书在联邦公报（Bundesanzeiger）上公布，费用由被告承担。如果原告要求将判决书在其他出版物或者以其他方式公布，费用应由自己承担。出现一般交易条件已被判决无效的情形，如果行为人继续使用一般交易条件，其他相对人也可以以法院判决为由，主张该一般交易条件无效。"中国《消费者权益保护法》第6条第1款明确规定：'保护消费者的合法权益是全社会的共同责任。国家鼓励、支持一切组织和个人对损害消费者合法权益的行为进行社会监督。'因此，消费者个体、组织，包括受害的消费者都有权提起经济公益诉讼。而对于特定的消费者而言，其有权提起经济公益诉讼和附带民事诉讼，附带民事诉讼当然解决的就是对其实际损失的赔偿，应当适用民法的有关规定，而经济公益诉讼的提起则是源于《消费者权益保护法》第6条的有关规定。经济公益诉讼是以社会公共利益为基点，目的和任务是维护社会公共利益和社会经济秩序。因此经济公益诉讼的提起将最终维护消费者群体的利益，维护每一个消费者的合法权益，也是将对损害消费者合法权益的社会监督权落到实处的最有效的方式之一。"①

　　1891年，世界上第一个旨在保护消费者权益的消费者组织，即"纽约消费者协会"成立；1898年美国成立了世界上第一个全球性消费者联盟；1960年国际消费者组织联盟（简称IOCU）成立。1983年，国际消费者组织联盟将每年的3月15日确定为"国际消费者权益日"。1984年9月，广州市消费者委员会作为中国第一个消费者组织率先成立，1984年12月，中国消费者协会经国务院批准成立，并被国际消费者组织联盟接纳为正式会员。之后，我国

①　周皓、陈乃新：《论消费者权利的两重性》，《湘潭大学社会科学学报》2003年第23卷第6期，第86页。

各省市县等相继成立了消费者协会。2004年初,上海市率先将消费者协会更名为"消费者权益保护委员会",更好地体现消费者权益保护运动的趋势,彰显其本质和职能,从形式上更加贴近了消费者。我国消费者权益保护虽然起步较晚,但随着消费者权益保护法律、法规的颁布实施,以及消费者权益保护组织的发展和"3·15"宣传活动的深入,消费者权益保护意识和能力日益增强,消费者的权益得到了较好的保护。[①] 我国目前立法只承认消费者协会有支持起诉的职能,没有起诉的权利。"借鉴我国台湾地区《消费者保护法》第52条第1款,当经营者有重大违反该法规的行为时,由消费者保护官或消费者保护团体向法院诉请停止与禁止。这种不作为之诉主要针对经营者侵害社会公众利益的违法行为,为克服单个消费者力量薄弱,将诉权赋予专门的官员或团体,以平衡双方诉讼实力,此类诉讼具有典型的公益诉讼性质。因此,我们可以借鉴其做法,建立一个独立的拥有起诉资格的机构,由政府、民间组织来监督。这样,可以节省足够多的社会资源。"[②]

（二）小额诉讼制度

在民主法治社会,不论权利所指标的额的大小,其权利都应该受到法律的保护;不论何种权利受到侵害,受害者都有权诉诸司法,请求司法救济。如何方便、快速、低成本地行使司法裁判权,建立与之相适应的诉讼程序,是近年来法学界和人民法院广为探讨的问题,小额诉讼程序就是这一司法改革的产物。

"为方便受害消费者投诉,许多国家设立了手续简便、受理小

---

①　王德山、吕雁华:《论消费者权益保护制度的完善》,《中国市场》2009年第3期,第81页。

②　沈杰峰、冯辉:《消费者公益诉讼制度的法律经济学分析》,《法制与社会》2009年第1期,第139页。

额诉讼请求的法庭，在保护消费者权益中发挥着重要作用。这种小额投诉法庭具有诉讼标的小，审判原则灵活，诉讼程序简捷且费用低廉，纠纷解决迅速，符合消费者意愿等优点。美国在 20 世纪 30 年代就设立了小额法院，专门受理消费者纠纷案件；澳大利亚的消费者保护法律制度中专门制定了方便消费者投诉的简易程序，在各州都设立了小额投诉法庭，可以判决 10 万澳元以下的赔偿；新加坡设立的小额投诉裁判庭，专门受理数额不超过 2000 美元的消费者或商人的投诉；我国香港设有小额钱债审裁处，审理不超过 5000 港元的钱债纠纷。近年来，欧洲许多国家也开始采用小额投诉法庭制度来解决消费者索赔问题"。① 从我国民事诉讼一审程序的实践看，相对于普通程序的简易程序只适用于案件事实清楚、权利义务关系明确、争议不大的简单民事案件。简易程序对于小额诉讼标的的诉讼，突出显现的不足是，原告获得司法保护的诉讼成本仍然较大，诉讼程序不灵活，很难体现"便利群众进行诉讼"的民事诉讼特点。小额诉讼程序在我国民事诉讼法以及司法解释中也无明确规定，只是在 2003 年 9 月 10 日最高法院《关于简易程序审理民事案件的若干规定》第 14 条(六)对"诉讼标的额较小的纠纷"，人民法院在开庭审理前应当先行调解，但也无具体可操作的程序。小额诉讼程序，通常是指从民事诉讼简易程序中单独分离出来的对诉讼标的额更小的案件所适用的更加简易化的程序。是专门用来对小额诉讼权利进行的司法救济。小额诉讼程序追求的主要目标是简便、快速、低廉。首要目的是保护当事人平等诉诸司法的权利和公民合法的私有财产权利，并降低诉讼成本和提高诉讼效率，从而实现民事诉讼程序效益价值。如德国在 1990

---

① 国世平：《从国际消费维权角度分析中国消费维权》，《消费经济》2008 年第 1 期，第 5 页。

年出台的《审判简化修正案》规定了小额诉讼程序;英国在 1973
年建立了专门的小额诉讼法庭,其民事诉讼改革又提出小额诉讼
迅速程序;意大利也在 1973 年设立了简易快速的劳动诉讼程序,
判决可由法官口头宣布;韩国也在 1973 年规定了小额诉讼程序;
1998 年日本耗时六年的修改民事诉讼法的重要成果之一,是规定
了区别于简易程序的小额诉讼程序;我国的台湾地区、香港和澳门
特别行政区的民事诉讼法,都对小额诉讼程序做了专门规定。①
虽然以上国家和地区设置小额诉讼程序的社会背景和法律体制各
不相同,但是,这种通过小额诉讼程序来提高诉讼效率,实现诉讼
效益的做法,值得借鉴,也为司法改革提供了良好的思路。"我国
有的法院已有这方面的尝试,深圳罗湖区法院推出了全国第一个
'速裁法庭'。该庭规定,凡是双方争议不大的民事、经济案件,只
要被告放弃 15 日的答辩期,当事人随时可以申请进入'速裁程
序'。从立案到拿到裁定文书,最快只要十几分钟,最慢不超过 3
天。这种做法无疑是一种抛砖引玉,值得借鉴"。② 可见,面对日
益增多的案件和司法资源紧缺的现状,尽快设置小额诉讼程序是
我国民事诉讼制度改革的重要任务。我国现行的民事诉讼法中虽
有简易程序的规定,但对于争议标的较小,发案又较多的消费者权
益纠纷来说仍显繁琐,消费者往往不堪费时、费力的诉讼拖累。在
小额索赔法庭中,可以实行巡回法庭办、独任审判、一审终审、经营
者分担举证责任等特殊诉讼制度,以解决诉讼途径的高成本、低效
率,使消费者提高进行诉讼的积极性。

239

---

① 参见蔡剑定:《司法公正与诉讼成本和效率》,《人民法院报》2000 年 6 月
19 日。
② 张雪菲:《浅谈我国消费纠纷解决制度的完善》,《法制与社会》2008 年第
8 期,第 150 页。

第二节　消费者原地管辖权

网络空间的形成与发展为人类的交流与生活空间的拓展提供了全新的媒介和载体,市场主体空前活跃,互联网消费合同打破了时间、空间的概念,从而由网络引发的法律冲突与矛盾首先不可避免地呈现全球性,在消费者保护国际执法的合作和协调中越来越不可或缺。人们提出了两个疑问:(1)经营者在线经营时,就可能受到全世界各国法律的管辖,这是否公平? 经营者一旦在线经营,对于谁能够获知其广告和销售信息就无从控制。而各国对销售对象、折扣、产品安全和要求的披露程度差别极大。(2)消费者在线消费时,可能丧失本国消费者保护法的保护,这是否公平? 消费者熟悉保护其权益的国内法及其适用情况,不熟悉其他国家的法律,如果进行网上跨国消费,从遥远的他国购买商品,往往对销售方所在国的法律一无所知。由于旅途费用、时间跨度、不熟悉当地法律及其救济方式,就很可能得不到任何救济。① 要通过法律途径解决这些冲突和矛盾,又必须先确定案件司法管辖权以及法律适用。如果仍然适用与传统消费者合同相同的管辖权规则,将难以体现公正,因此,有必要对现行的管辖制度存在的缺陷进行研究,并探讨其完善的措施。

一、网络经济对现行管辖制度的挑战

互联网消费纠纷的可能的管辖权基础主要有:一般管辖、专属管辖、协议管辖和特别管辖四种。

---

① 参见蓝宝:《电子商务与消费者权益保护》,《中国工商管理研究》2002年第11期,第33页。

240

1. 一般管辖——被告所在地

根据1991年《民事诉讼法》和1992年最高人民法院发布的关于适用该法的意见,除专属管辖外,其他管辖中被告住所地和经常居所的法院对案件均有管辖权。总体上体现了一种以"原告就被告"为原则,"被告就原告"为例外①,兼顾民事法律关系发生、变更、消灭的法律事实所在地来确定管辖权的立法思想。海牙国际私法会议1999年《民商事管辖权和外国判决公约草案》(以下简称《海牙公约草案》)②与欧盟2000年《民商事管辖权和判决承认与执行规则》(以下简称《布鲁塞尔规则》)③中也分别规定了被告(惯常)居所地国和住所国的管辖权。

"原告就被告"不仅是我国普通地域管辖的一般原则,也是世界各国民事诉讼中普遍采用的一个原则,这种以被告为中心的民事诉讼地域管辖制度,在诉讼的便利上,存在轻原告重被告,漠视了原告的权益问题,有失公平。从《民事诉讼法》第22条至第31条的规定,可以看出绝大多数案件被告住所地的法院均有管辖权,

---

① 《民事诉讼法》规定的例外情况有四种:对不在中国领域内居住的人提起的有关身份关系的诉讼;对下落不明或者宣告失踪的人提起的有关身份关系的诉讼;对被劳动教养的人提起的诉讼;对被监禁的人提起的诉讼。

② 自1997年6月起,海牙国际私法会议召开第一次会议,开始讨论和制定一个统一的国际民事诉讼程序公约,后又有三次会议的讨论,直至1999年10月拟出《民商事管辖权和外国判决公约(*Convention on Jurisdiction and Foreign Judgments in Civil and Commercial Matters*)》的草案,但这一草案并未得到大多数国家的认同。在此情况下,海牙国际私法会议不得不推迟该公约的通过计划,并缩小公约的适用范围,经成员国同意,决定制定一个仅仅规范民商事交往中排他性选择法院协议的公约。2005年6月14日,海牙国际私法会议第20届外交大会上,各国代表以协商一致为原则,采取逐条通过的方式,最终通过了《选择法院协议公约》(*Convention on Choice of Court Agreements*)的全部条文。

③ 欧盟2000年11月30日通过了新的《布鲁塞尔规则》,2002年3月1日在除丹麦外的所有欧盟成员国生效。

而原告住所地法院能管辖的案件十分稀少,明显地漠视了原告的权益,从审判的实践看,民事案件的判决结果原告胜诉的占绝大多数,它反映出了现实社会的一种普遍现象,即在绝大多数的民事纠纷中,原告往往是合法权益的受侵害者,而被告往往是侵害他人合法权益、不履行法定或约定义务的人。这就要求我们在民事诉讼地域管辖制度的设置上,充分体现保护原告的权益,把便利原告进行诉讼和合法权益的实现,作为设置民事诉讼地域管辖的重要因素。而现行民事诉讼地域管辖制度恰恰相反,把所有的便利都让给了被告。特别是社会上的弱势群体,当他们的合法权益受到侵害时,由于受到民事诉讼地域管辖制度的制约,许多人从时间和经济上无力承受诉讼所引起的沉重负担,而只能无奈地放弃诉讼。在传统的诉讼中,由原告向被告住所地人民法院起诉被认为是理所当然,而且,应该予以优先考虑的原则。这是"正当程序"原则在诉讼法中的体现,也是从诉讼经济、取证容易、判决有利于执行等角度所做的制度设计。但在网络环境下,被告的住所地的确定本身就存在着问题,网络上的活动者应该知晓他自己的行为结果会在世界范围内发生,但他往往不能准确地预见到其活动直接或者间接延伸到的具体区域,而且,网络侵权案件原被告往往相距甚远,因此,如果继续适用"原告就被告"的管辖理论,则无论从经济学的角度来看,还是从是否有利于判决的承认和执行的角度来看,往往会使原告获得司法救济的难度增大,而且不利于纠纷的解决。

因此,互联网消费合同纠纷中,不宜将被告所在地作为一般性管辖原则。

2. 专属管辖

专属管辖是指通过国内立法或者国际条约规定,一国法院对某些具有特别性质的民商事诉讼案件具有独占的或排他的管辖权,他国法院若受理此类案件,所做出的判决将不为本国法院承认和执行,当事人不能以协议变更这类案件的管辖。它是一种排他性的管辖,因为它不仅排除了一般地域管辖和特殊地域管辖的适用,而且还排除了打官司当事人以协议的方式选择其他法院管辖的可能性。《海牙公约草案》第12条规定了四种专属管辖权:(1)以不动产物权或不动产租赁为标的的诉讼,由该不动产所在地国法院专属管辖,除非承租人惯常居住在另一国;(2)以法人的有效、无效或解散或其机构决定的有效、无效为标的的诉讼,由支配该法人的法律所属的国家法院专属管辖;(3)以公共登记项目的有效、无效为标的的诉讼,由登记保存地国法院专属管辖;(4)以专利、商标、外观设计或其他要求注册或登记的类似权利的登记、有效、无效为标的的诉讼,由注册或登记申请地、注册或登记地或根据国际公约被视为注册或登记地的国家法院专属管辖。《民事诉讼法》第34条和第246条也规定了四种中国法院可行使专属管辖权的诉讼:(1)因位于中国境内的不动产的纠纷提起的诉讼;(2)因中国港口作业纠纷提起的诉讼;(3)被继承人死亡时住所地或主要遗产所在地位于中国时,因遗产继承纠纷提起的诉讼;(4)因在中国履行的中外合资经营企业合同、中外合作经营企业合同、中外合作勘探开发自然资源合同纠纷提起的诉讼。其中,(2)和(4)两种情形是中国法律的特有规定。

专属管辖是基于案件的特别类型、涉及的特别领域、指向的特别客体或者规范的特别主体而产生,各国一般都有特定事项的专属管辖规定,这是案件特殊性的客观要求,也是维护国家主权的必然体现,因此,互联网消费合同纠纷中,也应当优先服从专属管辖。

3. 协议管辖,又称合意管辖或约定管辖

协议管辖是指当事人在纠纷发生之前或纠纷发生之后,可以在书面合同中以协议的方式选择管辖法院或者协商选择管辖法院。《民事诉讼法》第 24、25 条规定,因合同纠纷提起的诉讼,由被告住所地或者合同履行地人民法院管辖。合同的双方当事人可以在书面合同中协议选择被告住所地、合同履行地、合同签订地、原告住所地、标的物所在地人民法院管辖,但不得违反本法关于级别管辖和专属管辖的规定。第 224 条规定,涉外合同或者涉外财产权益纠纷的当事人,可以用书面协议选择与争议有实际联系的地点的法院管辖。选择中华人民共和国法院管辖的,不得违反本法关于级别管辖和专属管辖的规定。《海牙公约草案》和《布鲁塞尔规则》均对协议管辖在消费者合同中的适用进行了限制,防止经营者利用格式合同排除消费者原地管辖。

在现代国际社会中,由当事人意志决定某些案件管辖权的原则为许多国家所承认,在解决网络消费者纠纷中具有明显的优越性。一方面,协议管辖可以消除管辖权冲突。在国际民事诉讼中,由于各国确定管辖权的原则不同,同一个案件可能会出现若干个国家法院都有管辖权的情况,而当事人之间的协议可以使法院管辖权得到进一步明确;另一方面,使当事人具有一定的预见性。在争议之前(或之后)当事人共同选择了管辖法院,就可以使当事人对法院地国家的实体法和程序法有所了解,对当事人双方来说都能充分体现法律适用上的公平与平等。但是,由于网上格式条款的特殊性,必须保证当事人双方实现"真正的合意",而非经营者强加于消费者的选择,尤其是不能排除消费者原地管辖,以弥补消费者在网络经济生活中事实上的弱势地位,保证消费者权益的顺利实现。

因此,互联网消费合同纠纷中,在不违背专属管辖的前提下,如果当事人有协议管辖,则审查管辖协议的性质和效力,依其有效约定确定管辖法院,即尊重双方的协议管辖;如果没有管辖协议或者管辖协议无效,则遵从消费者原地管辖,尤其要防止经营者利用格式合同排除消费者原地管辖。

4. 特别管辖——履行地或行为地管辖

特别管辖①,是以案件与法院地的特定联系因素为根据来确定管辖权,虽然有了协议管辖和一般管辖的规定,但许多国家仍认为应对合同案件管辖权做出特别规定。《民事诉讼法》第 24 条规定,因合同纠纷提起的诉讼,由被告住所地或者合同履行地人民法院管辖。第 243 条规定,因合同纠纷或者其他财产权益纠纷,对在中华人民共和国领域内没有住所的被告提起的诉讼,如果合同在中华人民共和国领域内签订或者履行,或者诉讼标的物在中华人民共和国领域内,或者被告在中华人民共和国领域内有可供扣押的财产,或者被告在中华人民共和国领域内没有代表机构,可以由合同签订地②、合同履行地、诉讼标的物所在地、可供扣押财产所在地、侵权行为地或者代表机构住所地人民法院管辖。《海牙公约草案》第 6 条规定:"原告可就合同案件在下列国家的法院提起诉讼:a)与提供货物有关的事项,货物全部或部分提供地国;b)与提供服务有关的事项,服务全部或部分提供地国;c)与提供货物和服务均有关的事项,主义务全部或部分履行地国。"

由此可见,中国的特别管辖的适用,不仅要在专属管辖和协议

245

---

① 特别管辖一般包括以下几种:关于合同的诉讼,由合同缔结地或者履行地法院管辖;关于侵权行为的诉讼,由侵权行为地法院管辖;由刑事诉讼而提起的附带民事诉讼,由刑事诉讼审理的法院管辖;由公司商行的分支,代理或者其他机构经营业务而引起的争议,由该分支,代理或其他分支机构所在地法院管辖;关于物权诉讼由该物之所在地法院管辖。

② 《合同法》第 34 条规定,承诺生效的地点为合同成立的地点。采用数据电文形式订立合同的,收件人的主营业地为合同成立的地点;没有主营业地的,其经常居住地为合同成立的地点。当事人另有约定的,按照其约定。该条款的规定为确定电子合同成立的地点,明确合同的法律适用和合同纠纷的管辖权提供了重要的法律依据。

管辖范围之外,还要在一般管辖(如果被告在中国有住所)的范围之外,而《海牙公约草案》第6条已抛开一般管辖原则,只从合同案件的特性出发来确定管辖权。根据《海牙公约草案》表达的观念可知,被告在一国境内是否有住所或惯常居所,不是确定该国对该被告参与的合同案件有否管辖权的条件,关键是看该国是否是约定的货物提供地或服务提供地。而且,中国法律的追求是尽量扩大中国法院对涉外合同案件的管辖权,几乎是只要合同案件与中国有联系,中国法院就可主张管辖,无论这种联系所导引的管辖是否合理。而《海牙公约草案》重在考虑管辖的合理性,因此,以最能体现合理性的特征性履行理论为确定合同案件管辖权的依据,排除可能导致不合理管辖的若干标准。① 更重要的问题是,互联网消费合同除具备一般合同的共同特征外,还具有其他特有的特征,那么,特别管辖——履行地或行为地管辖是否适用,是否能够真正保证消费者合法权益的实现,的确有待商榷。

因此,针对互联网消费合同,由于将被告所在地作为一般性管辖原则的不适宜,合同的特别管辖——履行地或行为地管辖的不明确,以及专属管辖和协议管辖的条件和范围的有待商榷,需要更新互联网消费合同管辖的理念,从而建立互联网消费合同管辖的新规则。

在我国的《民事诉讼法》中虽未明确规定网络消费纠纷案件的诉讼管辖权,但我国于2000年11月22日由最高人民法院审判委员会第1144次会议通过,并自2000年12月21日起施行的《最高人民法院关于审理涉及计算机网络著作权纠纷案件适用法律若

---

① 参见沈娟:《存异以求同　他石可攻玉——评海牙〈民商事管辖权和外国判决公约〉(草案)并比较中国相关法律》,http://www.iolaw.org.cn/paper/paper168.asp,2005年1月23日浏览。

干问题的解释》（以下简称《解释》）中第一条规定了网络著作权纠纷案件中的管辖权问题。该条规定："网络著作权侵权纠纷案件由侵权行为地或者被告住所地人民法院管辖。侵权行为地包括实施被诉侵权行为的网络服务器、计算机终端等设备所在地。对难以确定侵权行为地和被告住所地的，原告发现侵权内容的计算机终端等设备所在地可以视为侵权行为地。"可见，《解释》对网络案件的管辖原则是以被告住所地和侵权行为实施地管辖为一般，以侵权结果发生地管辖为例外。我国立法的这种局面不利于消费者权益的保护。

　　电子商务消费纠纷管辖中的主要问题包括：一是没有区分传统消费合同与电子商务消费合同。通过上述案例我们可以发现，我国法院在处理电子商务消费合同纠纷时，并没有特别的将其与传统合同纠纷的处理区分开来，对于管辖权的确定还是由被告住所地或者合同履行地的法院管辖。这种做法首先是非常落后的，它抹杀了电子商务领域下消费合同纠纷的特殊性，不利于电子商务的发展；其次，在涉外电子消费合同纠纷中，依据传统的管辖规则，我国消费者可能会在繁重的诉讼负担面前望而却步，而放弃跨国诉讼，其合法权利得不到应有的保护。二是对消费者利益的保护力度不够。商家和消费者之间的电子商务合同中一般都含有管辖权条款，而这些条款甚至整个合同往往都没有通过协商，这些合同由商家起草，属于格式合同。由于商家起草的管辖协议往往约定纠纷的管辖地在商家所属国。在涉外消费纠纷中，消费者不得不跨国打官司，由于旅途费用、时间跨度、不熟悉当地法律及其救济方式，消费者的合法权益就很可能得不到任何救济。三是缺乏相关的电子商务消费合同管辖权的立法规定。中国《消费者权益保护法》和《合同法》并未对网络消费合同的管辖问题做出明确规定。为顺应网络的飞速发展，2005 年我国相继出台了《互联网 IP

地址备案管理办法》、《电子签名法》、《网络交易平台服务规范》、《互联网安全保护技术措施规定》等有关电子商务和互联网服务的法律法规。遗憾的是,这些法律法规对于网络合同管辖问题还是默示推定适用《民事诉讼法》和《民法通则》的相关规定。《民事诉讼法》关于涉外合同纠纷的一般管辖,我国现有的关于国际民商事管辖权的法律规范主要见于《民事诉讼法》第24条的规定,由合同签订地、合同履行地、诉讼标的物所在地、可供扣押财产所在地、侵权行为地或者代表机构住所地人民法院管辖。这是我国对一般合同纠纷或其他财产权议纠纷的管辖权规定。但是专门关于网络消费合同管辖的法律规范,目前我国还没有统一的立法。①

二、建立消费者原地管辖制度

出于保护弱者权益的目的,对于消费者合同,很多国家特别采取了对消费者相对有利的管辖权规则,主要体现为消费者原地管辖权(Home Jurisdiction),将消费者合同的管辖权与消费者所在地(如消费者住所地或者惯常居所地)联系起来。

1968年《布鲁塞尔公约》为保护消费者也做了特别规定。根据第13条,如果在合同②之缔结经过了向消费者发出的特定邀请,或在消费者住所地国进行的广告宣传,以及消费者自身在其住所地国为缔结合同采取了必要步骤的情况下,消费者可以选择在其住所地或对方当事人住所地法院就合同争议提起诉讼。但是何为"向消费者发出的特定邀请",如何构成"在消费者住所地国进行的广告宣传",以及如何衡量"消费者自身在其住所地国为缔结

---

① 孙娟:《我国电子商务消费合同管辖权的发展与完善》,《湖北经济学院学报(人文社会科学版)》2009年第6卷第1期,第101页。

② 这些合同是指:(1)分期付款的货物销售合同;或(2)为货物销售融资而订立的分期还款合同,或其他任何信贷合同;或(3)以提供货物或服务为目的的其他任何合同。

合同采取了必要步骤"? 基于电子商务的特殊性,《布鲁塞尔公约》无法合理进行界定和诠释。欧盟 2000 年 11 月 30 日通过了新的《布鲁塞尔规则》,它覆盖了通过互联网购买产品的各类消费者,并为之提供保护性管辖,其第 16 条规定,消费者可以选择在自己住所地或卖方住所地起诉卖方,但经营者只能在消费者住所地起诉消费者。《布鲁塞尔规则》取消了《布鲁塞尔公约》第 13 条中"消费者自身在其住所地国为缔结合同采取了必要步骤",代之以合同是与此类当事人缔结的所有其他情形:此人在消费者住所所在的缔约国内从事商业或专业行为,或者用任何方法使这种行为指向该缔约国或包括该缔约国在内的数个国家,并且合同属于定向行为的范围内,即经营者对消费者住所地国实施了定向行为(Activities Directed to Consumer's Domicile),商业网站能否被认为是向消费者实施了定向性行为,不仅取决于这一网站是否在该国可以进入,更重要的是,应考察网站的行为是否与交易构成必要联系(Necessary Link)。①

249

　　1999 年《海牙公约草案》第 7 条对消费者订立的合同做了专门规定,根据该条第 1 款,当具备以下条件时,消费者可以在其惯常居所地起诉商家:(1)作为诉讼基础的合同与被告的商业或专业行为有关,特别是通过公开手段招揽生意——第 1 款 a)项;(2)这些行为是在消费者惯常居所地国进行的或者指向该国(Engaged in or Directed to that State)——第 1 款 a)项;(3)消费者在该国为缔结合同采取了必要步骤——第 1 款 b)项。第 2 款规定,当消费者为被告时,诉讼只能在消费者惯常居所地国法院提起。第 3 款规定了对消费者原地管辖的变通,即当事人协议管辖的情形。可

---

　　①　夏晓红:《互联网消费者合同的管辖权问题——消费者原地管辖规则》,参见张平主编:《网络法律评论》第 4 卷,法律出版社 2004 年版,第 40 页。

见，《海牙公约草案》第 7 条的规定显然有利于保护消费者利益。但是，该条的起草并没有针对电子商务情形，有的甚至对电子商务难以适用，所以，2001 年 6 月新的草案修改稿问世，价值取向是更多地限制了消费者原地管辖权的适用，平衡了经营者的利益，主要体现在对消费者重新进行了定义，提出排除第 7 条适用的条件（未获得一致同意），增加了"小商店"例外方案和"商家能够证明的非定向行为指向"（未获得一致同意）。

唯一明确采用消费者住所地管辖原则的是美国。美国 1999 年通过的《统一计算机信息交易法》（*Uniform Computer Information Transactions Act*，UCITA）规定，网络消费者合同双方可以协议选择管辖法院；除非协议明确规定，否则，协议选择的法院不具有排他性；[1]同时，该法又进一步规定，双方不能通过协议改变消费者保护法的强制性规定；[2]如某一合同条款违反了基本公共政策，则法院可拒绝执行该合同；除非另有规定，如本法与消费者保护法发生冲突时，则优先适用消费者保护法。[3] 可见，在美国，有关网络消费者合同的管辖与传统消费者合同的管辖并无二致，仍适用消费者住所地原则。在加拿大，目前虽没有网络消费者合同管辖的法律规定，但在 1998 年英联邦哥伦比亚上诉法院对涉及网络货物销售合同管辖权 Old North State Brewing 一案的判决采取了购买者住所地管辖原则。加拿大工业协会在 1998 年 3 月提交的关于电子商务中的消费者权利保护的报告中，建议网络消费者合同仍适用传统的消费者住所地管辖原则；为此，应对现行立法进行修改，把网络消费者合同的订立地视为消费者住所地，从而达到对网络

---

① See *UCITA*, art. 110.

② See *UCITA*, art. 104(1).

③ See *UCITA*, art. 105(b)(c).

消费者合同适用传统的消费者住所地管辖原则的目的。在巴西，虽然没有对网络消费者合同管辖做出特别规定，但学者们认为，根据其《消费者保护法》第 101 条的规定，网络消费者合同仍适用传统消费者住所地管辖原则。① 欧盟法对电子商务的规范首先体现在"欧盟法优先"这一原则之中。该原则是指欧盟法（包括基础条约、欧盟机构的立法以及欧盟与非成员国的条约协议等）优先于成员国法律。因此，欧盟关于电子商务的各项指令对任何成员国都有约束力，成员国有义务将指令转化为本国法律。如《关于电子商务的指令》第 22 条就规定，"各成员国应在 2002 年 1 月 17 日之前通过制定必要的法律法规以确保本法令得以贯彻实施，并须将执行情况从速向欧盟委员会通报"。"成员国在制定各自法律法规时，应注明本指令的原始依照地位，或于法律法规正式颁布时附带刊发本指令以示依照。具体采取何种处理方式，成员国可自行决定。"欧盟在电子商务的管辖方面，采用了设立地国管辖的原则。在欧洲委员会 1997 年《关于欧洲委员会有关欧洲电子商务方案的报告》中规定："一个企业只要符合其设立地国的法律要求，就可以在全欧洲自由地开展业务"，从事电子商务的企业首先受到的是本国法律的约束。在该方案中进一步表述为"在通常情况下，成员国通过相互承认国内立法和适当的行业自律规范，可有效地实现电子商务的自由流通。这意味着从事跨国业务的司法要依据所在国法律经营。只有当相互承认不足以消除经常出现的障碍或无法实现保护共同利益的目标时，才需要在欧盟层次上采取共同行动"。在保护消费者的问题上，欧盟法依旧强调适用消费者住所地国法作为适用信息服务商所在地法的一种例外，目的在于

251

---

① 转引自孙娟：《我国电子商务消费合同管辖权的发展与完善》，《湖北经济学院学报（人文社会科学版）》2009 年第 6 卷第 1 期，第 100～101 页。

加强对消费者的保护。欧盟对于电子商务的管辖还设定了政策透明原则。在欧盟《关于信息社会服务的透明度机制指令》中确立了政策透明机制，要求成员国将其有关网络服务立法的情况及时通报给欧洲委员会审议。主要措施是：(1)成员国有关网络服务的法案在正式通过之前，都须向欧盟委员会通报，并提供给其他成员国审议，以确认其符合服务自由流通原则和设立地管辖原则。(2)法案在进入通报程序时，有三个月的冻结期，以便于听取欧盟委员会及成员国和有关方面的意见或修正建议。

2000 年，由中国国际私法学会起草制定的《国际私法示范法》(以下简称《示范法》)对消费合同的管辖权做出了规定。《示范法》第 31 条规定，对因消费者权益纠纷提起的诉讼，如消费者住所地或者惯常居所地位于中华人民共和国境内，中华人民共和国法院享有管辖权。但是，《示范法》的这条管辖权规定并没有指明适用于电子商务领域，而且，该《示范法》是学术性的，仅供立法、司法机关或其他从事涉外事务的政府部门以及法学院校、法学科研单位参考使用。不过，我们仍可以看出这条规定实际上是欧盟消费者原地管辖规则的体现。

一般推论，一国会给予在其境内有惯常居所的消费者以最好的保护，且消费者的惯常居所也与之有最密切的联系，由消费者惯常居住地国法院管辖消费者提起的诉讼应具有较强的合理性。协议管辖也明显向消费者倾斜，要么是协议使消费者握有选择法院的决定权，即只有消费者有权选择于其惯常居住地国之外的国家起诉，要么是协议在争议产生后签订。而且，将他人对消费者提出的请求限于消费者惯常居所地法院管辖，仍是体现对消费者的保护。当然，这也会产生一些副作用，因为在虚拟开放的互联网上，经营者的知情与控制能力也会弱化，这会增大企业电子商务的风险，尤其是中小企业处于极端不利的境况，所以，在对消费者进行特别保护的同时,也要考虑经营者和消费者的平衡协调,以及电子商务的顺利发展,可见,如何合理界定消费者原地管辖权的适用条件是长期而艰巨的任务。

第七章　电子商务中消费者权益法律保护的立法趋势与展望

第一节　电子商务中消费者权益法律保护的立法趋势

"法律作为政府保护社会正常运转发展的机制而对经济活动进行干预的手段,其功能在于保障社会公平,保证市场机制的正常有效,反不正当竞争,保护消费者利益,实行有效和必要的国家宏观调控,打击犯罪违法,保障经济发展稳定有序。"①然而,相对于社会发展来说,法律的相对滞后性总是客观存在的,但法律的发展毕竟应当与科技、经济和社会的发展相适应。英国法学家亨利·梅因曾经这样揭示法律相对于社会发展来说的相对滞后性,以及法律完善的社会意义:"社会的需要和社会的意见常常是或多或少地走在法律的前面的。我们可能非常接近地达到它们之间缺口的结合处,但永远存在的趋向是要把这缺口重新打开来。因为法

---

① 参见肖扬:《法制建设与市场经济必须同步发展》,《新华文摘》1994年第3期,第18页。

律是稳定的,而我们所谈的社会是进步的,人民幸福的或大或小,完全决定于缺口缩小的快慢程度。"①到2009年,《消费者权益保护法》已经实施了16年,包括其在内的与消费者权益保护相关的现有法律、法规,已经无法应对复杂的消费者问题,无法满足消费者运动的蓬勃发展,无法适应新时代消费者的维权要求。笔者从立法精神、立法体系和立法技术角度探讨包括网络消费在内的消费者权益保护的立法趋势,以解决立法中"为什么保护、保护什么、如何保护"等基本问题。

一、以人为本、平衡协调和社会责任本位的立法精神

（一）以人为本的精神

人从生命初始,就开始作为一个消费个体而存在,"对消费者的认识仅从技术层面入手还是不够的,不能忽略对人的观念及其演变的思考"。② 以人为本,是时代发展的要求、历史进步的结论。"消费者"这一新的人类形象,是"人"的进化中法律主体分化与整合的结果,其本质回归于人,即使是经营者,也仅仅因为其从事生产经营活动而具有多面角色的特征,在一定的场合成为与消费者对立的经营者,他终究是要以消费者为归依,他同样面临消费者的烦恼和焦灼,其消费者的"身份"是与生命同在的。③ 据此,"具有普遍性的法律规则只能根据人的普遍类型来制定,而且对不同的法律时代而言,多样态的不同特性表现为典型的、本质性的,是法

①　吴伟光:《电子商务法》,清华大学出版社2004年版,第87页。

②　赵晓力:《民法传统经典文本中的"人"的概念》,《北大法律评论》第1卷第1辑,法律出版社1998年版,第142页。

③　参见谢小尧:《消费者:人的法律形塑与制度价值》,《中外法学》2003年第3期,第22页。

律规范化的重要出发点"。① 因此，消费者身份的确立、法律权能的认可和责任体系的构建应当以人为本。

消费是我们与生俱来的要求，并且每个人都在通过消费影响、促进、设计并决定社会发展。《消费者权益保护法》中明文规定的是"消费者权益"，而不是"消费者权利"。什么是权益？它是"权利"（right）与"利益"（interest）的合称，包括受法律保护的权利和法律不否定、不禁止的利益，而不仅仅是该法第二章所规定的"消费者的权利"。"法律上还尚未实现，只要是合理的、应该的和可能实现的利益，要求保证其实现，也仍然是消费者的权利。"②当然，"权利永远不能超出社会的经济结构以及由经济结构所制约的社会文化发展"，③它既是具体的，又是相对的。任何将权利抽象化、绝对化、超社会化的倾向和观点都是错误的。"《消费者权益保护法》所规定的消费者权利并非单一的权利，而是一个包含多项具体权利的'权利束'，就是国家法律规定或确认的公民为生活消费而购买、使用商品或者接受服务时享有的不可剥夺的权利。从该法第 2 条规定的'消费者'、'生活消费'、'购买、使用商品或者接受服务'等关键词看，该条规定为消费者权利的存在划定了时空范围：消费者权利是消费者在消费过程之时（时间要素），在与经营者进行购买商品或接受服务的交往之中（空间要素）所享有的权利。结合紧跟其后的第 3 条一起理解，第 2 条实质上将消费者权利'锁定'在消费者与经营者之间的法律关系中。紧接着，该法第 5 条和第 6 条分别规定'国家'和'全社会'在保护消费者

① ［德］古斯塔夫·拉德布鲁赫：《法律上的人》，舒国滢译，载方流芳主编：《法大评论》，中国政法大学出版社 2001 年版，第 487 页。

② 徐洪烈等：《保护消费者权益理论与实践》，北京出版社 1990 年版，第 11 页。

③ 《马克思恩格斯全集》第 19 卷，人民出版社 1972 年版，第 22 页。

权利方面的责任,从而对第 2 条和第 3 条形成了制约和平衡,并因此淡化了将消费者权利局限于消费者与经营者之间的色彩"。①《消费者权益保护法》规定消费者对政府的权利,即我国消费者保护政策的要点如下:(1)我国消费者政策的目的是保护消费者的合法权益,维护社会经济秩序,促进社会主义市场经济健康发展。(2)经营者与消费者进行交易,应当遵循自愿、平等、公平、诚实信用的原则。(3)国家保护消费者的合法权益不受侵害。国家采取措施,保障消费者依法行使权利,维护消费者的合法权益。(4)保护消费者的合法权益是全社会的共同职责。国家鼓励、支持一切组织和个人对损害消费者合法权益的行为进行社会监督。大众传播媒介应当做好维护消费者合法权益的宣传,对损害消费者合法权益的行为进行舆论监督。(5)国家制定有关消费者权益的法律、法规和政策时,应当听取消费者的意见和要求。(6)各级人民政府应当加强领导,组织、协调、督促有关行政部门做好保护消费者合法权益的工作。各级人民政府应当加强监督,预防危害消费者人身、财产安全行为的发生,及时制止危害消费者人身、财产安全的行为。《消费者权益保护法》规定消费者对经营者的权利,既包括消费者的生命安全权、公平交易权等人身和财产方面的实体性权利,又包括注重程序保障的索赔权等程序性权利;既有可以从传统民法理论得到部分解释的安全权、知情权等私权性较强的权利,又有民法理论根本无法说明的结社权、受教育权等社会性权利等。②

　　以人为本,就是一切从人民群众的需要出发,促进人的全面发

257

---

①　管斌:《论消费者权利的人权维度——兼评〈中华人民共和国消费者权益保护法〉的相关规定》,《法商研究》2008 年第 5 期,第 65 页。

②　参见梁慧星:《中国的消费者政策和消费者立法》,《法学》2000 年第 5 期,第 7 页。

展,实现人民群众的根本利益。人的需求具有与时俱进性,随着经济的发展和社会的进步,人们的需要呈现丰富和多元化趋势,如果还停留在过去人的需求层次上,则难以满足新时代的人的种种需求,这就违背了以人为本的实质。据此,笔者在探讨消费者的安全权实现时,提出安全权应当涵盖人身安全、财产安全和网络隐私安全,并在安全消费基础上提出了绿色消费和可持续性消费。人的需求还具有个体差异性,这是不容忽视和否认的。"消费者权益保护这一提法,本身就内含着这样一个价值因素:保护个体的多样性,维持个体的不容消逝性,否则无所谓保护。"①基于此,笔者在探讨消费者的自主选择权时,提出了垃圾邮件判断的主观价值因素,从而明晰合法邮件营销和商业垃圾邮件的关系。因此,以人为本,就是一切从人的需要出发,促进人的全面发展。具体而言,有三项权利有待法律政策的保障和拓展。

一是接受教育权。《宪法》中也有体现,即第46条:"中华人民共和国公民有受教育的权利和义务。"因此,接受教育首先是一项宪法性的权利。《消费者权益保护法》第13条:"消费者享有获得有关消费和消费者权益保护方面的知识的权利。消费者应当努力掌握所需商品或者服务的知识和使用技能,正确使用商品,提高自我保护意识。""接受教育权在我国同时作为由知情权引申出来的一项权利,消费者的接受教育权也是一项经济法权利。这是因为,消费者由于自身教育程度、所处环境的缺陷以及在信息占有方面难以避免的缺失,极易在交易中受到损害,而且在受到损害之后不知道如何运用法律手段来维护自身的利益。因此,消费者应当有权利获得消费知识和消费维权知识,国家和社会应该承担起消

---

① 谢小尧:《消费者:人的法律形塑与制度价值》,《中外法学》2003年第3期,第23页。

费教育的义务和责任,生产经营者也应该在一定程度上负担消费知识宣传教育的义务。这一权利的实现需要国家、社会、商家和消费者的良性互动,才能从整体上促进社会经济的良性运转。加强网络消费者的消费教育的内容非常广泛,包括消费活动的方方面面,从提高消费者对商品的质量、性能的识别能力,到帮助消费者掌握和应用法律武器来保护自己的权利,以及培养健康的消费文化等。当然消费教育不单单只是对消费者进行教育,同时还应该包括对经营者和生产者进行教育。这样可以减少在交易中的信息不对称,从而减少消费者权益受损害的现象发生。同时消费教育也可以提高消费者的消费文化和生活质量。它还在促进产业结构优化,保证国民经济持续、健康、快速发展中有重要作用"。① 因此,消费者的接受教育权是一种同时具有宪法性质和经济法性质的权利。

二是监督权。《消费者权益保护法》第15条:"消费者享有对商品和服务以及保护消费者权益工作进行监督的权利。消费者有权检举、控告侵害消费者权益的行为和国家机关及其工作人员在保护消费者权益工作中的违法失职行为,有权对保护消费者权益工作提出批评、建议。"消费者的监督权表现在两个方面,一方面是对消费者权益保护工作进行监督的权利;另一方面是对商品和服务进行监督的权利。就前者而言,可以认为是《宪法》第41条即公民对于国家机关和国家工作人员监督权在消费者保护法中的体现,因而是一种宪法性权利。就后者而言,这种监督权不同于宪法中规定的对国家机关及其工作人员的监督权,而是国家通过消费者保护法赋予原本应当平等的交易双方中弱势一方的维护己方

---

① 梁政、李丹星:《论网络环境下的消费者权益保护》,《科技资讯》2006年第2期,第163页。

利益的手段,是一种新的监督权。该权利对于消费者其他权利的具体实现,对于形成消费者保护法运行的良性反馈机制是不可或缺的。①

三是网络环境权。网络环境权是指消费者在安全舒适的网络环境里实现消费的权利。因此,有必要进行适当的制度设置,对妨碍这一权利实现的行为进行规制。"网络消费作为一种新的消费形态是社会信息化的标志和推动力量。发展网络消费,首先必须强化信息基础设施和信息资源设施建设。国家尤其应该在政策、资金、人才等方面制定优惠政策,加快西部地区和落后地区的信息基础设施建设,降低网络消费成本,使大多数家庭和贫困者都有能力进行网络消费,尤其是通过网络信息消费获取重要的生产、生活信息资源,为这些地区脱贫致富与经济发展创造良好的条件。政府部门还应该塑造科学、健康、文明的网络文化环境,科学引导网络消费的发展"。②

(二)平衡协调的精神

经济学中的均衡(Equilibrium)最初引自于物理学,其本意是相反力量的均衡。均衡,同时也是个数学概念,借自于微积分的理论。从经济学意义分析,均衡是指因为每一方都同时达到最大目标而趋于持久存在的相互作用形式。③ 党的十六届三中全会通过的《关于完善社会主义市场经济体制若干问题的决定》提出了"五个统筹":统筹城乡发展,统筹区域发展,统筹社会经济发展,统筹人与自然和谐发展,统筹国内发展和对外开放。五个统筹从更广

---

① 参见朱雯、陈乃新:《论消费者权利的性质及经济法消费权的设立》,《经济研究导刊》2007 年第 7 期,第 132 ~ 134 页。

② 任志强:《营造和谐网络消费环境 保护网络消费者权益》,《消费经济》2006 年第 6 期,第 87 ~ 88 页。

③ 参见钱弘道:《经济分析法学》,法律出版社 2003 年版,第 166 页。

义的时空上表述了科学的发展观,统筹即是统筹兼顾,统筹兼顾就是全面平衡协调发展,就是正确处理新形势下的各种社会矛盾,就是建设一个社会主义和谐社会。"我们所要建设的社会主义和谐社会,应该是民主法治、公平正义、诚信友爱、充满活力、安定有序、人与自然和谐相处的社会"。① 典型的营销学术语"双赢"(Win-Win)便由此演化而来,双赢营销战略策略强调的是双方的利益兼顾,即所谓的"赢者不全赢,输者不全输,是你赢我才赢,是你先赢我后赢"的战略策略。对于消费者权益保护而言,主要是指政府和市场的互动协调,以及经营者与消费者的利益制衡。

在市场经济条件下,财产不平等、收入不平等与消费不平等处于三个不同的层次。从不平等的程度来说,只要是市场经济国家,都有一个共同的趋向,那就是:财产不平等 > 收入不平等 > 消费不平等。而从对人的重要程度来看,这个序列刚好相反:消费不平等 > 收入不平等 > 财产不平等。就消费、收入、财产对人的重要性而言,消费的平等性要求远大于收入和财产的平等性要求。换言之,消费是生产的目的,是社会再生产过程的出发点和归宿,但市场推动的社会再生产过程不会自动实现这一点,经济权利的不平等总是在消解它。当代国家,尤其是像我国这样的发展中国家,其社会生产力所能容纳的"平等"只能是基本消费平等,消费、收入和财产的全面平等还难以达成。基本消费应包括保障基本营养、基本住房、基本教育和基本保健的消费。这"四个基本"是改善和保障民生的基本内容,是所有社会成员都应当平等享有的。改善民生,保障民生,就要借助于政府与社会的力量来构建一种新的制度安排。这就要求国家的积极介入,强调国家在保护和帮助消费

261

① 胡锦涛 2005 年 2 月 19 日《在省部级主要领导干部提高构建社会主义和谐社会能力专题研讨班开班式上的讲话》,《人民日报》2005 年 6 月 27 日第一版。

者方面的职责和义务,以使民生问题——基本消费的平等化——能被"锁定"在社会再生产过程之中,以避免重蹈历史的覆辙。①政府与市场的互动,实际上就是政府与包括消费者在内的各种市场主体的互动。在消费者与政府的互动过程中,消费者通常以交易关系中的弱者身份和税收关系中的纳税人或税负人的身份,对政府享有权利。其主要有二:(1)政府对消费者与经营者之间利益关系的协调,应当以偏重保护消费者为政策目标。为确保这一目标的实现,有必要赋予消费者参与政府干预的权利,如通过消费者协会参与有关行政机关对商品和服务的监督、检查,通过消费者协会或选派代表参与法规、政策、计划的制订,选派代表参与政府定价和政府指导价的制定或调整的听证等。这些属于消费者政策法的内容。(2)消费者既是消费税的纳税人,也是增值税等间接税的税负人。依据现代税法理论,纳税人与税负人都有权对作为征税主体和用税主体的政府享有知情权、监督权等相关权利。消费者可以利用这种身份和权利,对政府制定消费政策和法规发挥参与、影响、监督等作用。与前两个维度权利的私权性质不同,这一维度的消费者权利公权的意味较强。这也决定了消费者对政府的上述权利,还可以利用公益诉讼机制如美国通行的纳税人诉讼来实现。② 政府与消费者治理伙伴关系的构建,消费者的主体性一旦通过权利义务规则得以确立,必然要发挥其参与经济治理的作用。消费者要想成为经济生活的主体,国家与公民之间传统的鸿沟必须填平,消费者与政府间必须建立起新的治理伙伴关系。治理伙伴关系的构建需要政府角色、行为方式的转变,需要经济法

---

① 参见刘尚希:《实现基本消费的平等化是民生问题的要义》,《学习月刊》2007年第7期,第29页。

② 管斌:《论消费者权利的人权维度——兼评〈中华人民共和国消费者权益保护法〉的相关规定》,《法商研究》2008年第5期,第65页。

制的变革,走公共治理之道。(1)政府角色的转变,政府面对消费者的传统作用应当有所转变,包括但不限于:吸收消费者参加职能部门的行动;设立专门机构培训、教育、通告消费者;建设高效、廉价、便民的意见听取与纠纷解决机制。也就是说,消费领域的治理,政府既是管理者也是服务者。政府的治理手段除了强制和约束的手段、方法(如对待不法经营者)外,还要重视引导、激励、教育、指导、给付等方式;其治理机制既包括刚性的正式制度和规则,也包括柔性的各种非正式的制度安排与措施(如发布消费者信息指引等)。通过非强制性的治理手段、柔性的制度安排可以有效增进政府与消费者的伙伴关系。(2)消费者组织作用的发挥,虽然目前我国的消费者组织还只是一个官办的民间机构,但它不可替代的优势还是存在的。消费者组织作为消费领域的社会中间层主体,已成为政府与消费者进行有效沟通的桥梁,是构建政府与消费者伙伴关系的纽带。但是,从发挥消费者的主体性、参与经济社会治理的角度来看,我国消费者组织的作用还远未充分发挥。国家应当积极推进政府职能的转变,重视消费者组织作用的发挥,授予合理的市场监管权力,给予必须的财政支持;同时,确立消费者组织的诉讼主体地位,规范消费者组织的行为,使消费者组织的运作制度化。①

从经济学意义上说,消费者保护立法是解决生产与消费关系的一个重要部分,生产、分配、交换、消费是经济生活正常运转不可缺少的过程,消费是生产、分配、交换等经济活动的目的和归宿,它对生产、分配、交换的效果具有最终的检验作用和信息反馈功能,同时消费又是产品的最后完成阶段。没有消费,生产就失去了意

263

---

① 张永忠:《消费者主体地位的理论反思与制度重塑》,《法商研究》2009年第3期,第99页。

义。消费出现问题,生产的进一步发展就会受阻。产品的经济效益和社会效益就无从实现,因此,不能忽视消费问题。在消费过程中,消费者的生活消费是生产者进行生产的动力和最终结果,如果消费者的消费出现问题,消费者的利益得不到保护,受到损害的不仅是消费者,最终生产者的生产也会遭到重创,因此,保护消费者权益,促进经济发展,实际上是经营者与消费者实现双赢的一个问题。① 在电子商务时代,消费者与经营者的合作更鲜明,EC123 网上折扣店②所提出的"厂商挣钱＋百姓省钱＝电子商务"的经营理念正是从简化贸易流程、降低贸易成本,进而增加贸易机会、提高贸易效率的角度诠释双赢的内涵的。以网络隐私权保护为例,一方面,信息技术和网络技术的发展,使对用户信息的收集、储存、处理具有了前所未有的能力和规模,网络用户的隐私受到前所未有的威胁,所以,人们渴望在网络环境中拥有享受生活的权利,即不受干扰的权利(the right to enjoy life,the right to be let alone)。③ 另一方面,从经营者角度,访客资料是一笔宝贵的财富,现在的许多网站通过 cookies 等技术了解网站的流量和页面浏览数量,从而分析访客的上网习惯,并由此调整销售策略,提供更人性化的商品和服务。正因为经营者对消费者个人资料有其需求,也就出现了个人想要使这些信息保持其私有化状态的相对需求,市场因此成型。所以,滥用隐私是被禁止的,绝对隐私又是不现实的,应该在隐私权市场的平衡协调过程中实现双赢。双赢策略更加注重互动性和

----

① 包锡妹:《消费立法问题研究》,《中青年政治学院学报》2004 年第 3 期,第 78 页。

② "EC123 网上折扣店"是隶属实华开公司在线销售事业部的专业化的消费类电子商务网站。网址 http://www.ec123.net.cn。

③ Louis. D. Brandeis,Samnel. D. Warren,"The Right of Privacy",15 December 1890,Vol. IV,No. 5,*Harvard Law Review*,pp. 193 - 220.

整合性。既要体现消费者参与营销的思想,又要把各类互联网技术与新的营销变量结合起来,达到与广泛的利益相关者进行沟通协调的目的,利益的双赢成为消费者权益保护的重要目的之一,消费者与经营者之间形成了相辅相成、对立统一的关系。一方面,经营者要诚信经营,避免"经营强权"。市场经济是信用经济,"诚信经营",就是要求经营者在市场活动中以诚实信用作为基本的商业道德标准和根本的行为准则,切实履行《消费者权益保护法》等法律、法规规定的义务,全面、充分地履行与消费者约定的义务,守诺践约,反对规避自身义务及各种商业欺诈行为,形成"守信光荣、失信可耻"的市场监督机制,促进社会主义市场经济健康、快速、协调发展。在宏观上,必须看到诚信经营的建设,绝不是单个企业的事情,而是一项系统工程,需要全社会的努力,才能形成诚信经营的氛围。为此,政府应该大力推进社会主义市场经济的发展,制定各种诚信经营的政策、法律、法令、法规,保证企业诚信经营既有强大的物质基础,又有章可循。在微观上,经营者由原来的经营的销售(Managerialmarketing)理念向社会的销售(Socialmarketing)理念转变是一个比较关键的环节。经营的销售理念包括:能否销售(商品)？能否体现企业的利益？能否带来长期或短期的利益？怎样降低生产及流通费用？投资的效率怎样？注重对商品或者服务特色的广告宣传。社会的销售理念包括:销售是否有社会效益？与社会的目标是否一致？能否给社会带来贡献与利益？怎样把对环境的影响降至最低？投资资源能否有效地回收？注重对商品或者服务的生活实用性的广告宣传。①"必须看到全社会企业诚信经营的实现,是通过一个个企业来完成的。

---

① 郑顺泰:《社会销售理念的性质考察》,《釜山大学商科大学论文集》1977年12月第39辑,第229页。

265

为此，企业必须建立诚信经营的自律机制：一是认真制定诚信经营准则；二是企业家群体应注重自律垂范，做到组织诚信与个体诚信协调统一；三是要加强诚信经营教育；四是建立诚信经营的奖惩机制"。① 另一方面，消费者要理性维权，防止"消费强权"。随着消费者权益保护意识的提升，其改变自身"消费劣势"的意愿也不断增强，利益受损之后的理性维权，不但能够提高消费者的理性消费能力，还可以减少由于供求双方信息不对称造成的"销售强权"，从而缓解社会经济矛盾。然而，如果维权过程中情绪愤懑，走向极端反抗，采取过激行为，其结果往往适得其反，进入"消费强权"的极端逻辑当中，不但不能优化消费环境，反而使市场各主体向着更加不和谐的方向发展。② 自 1962 年的 3 月 15 日，美国总统肯尼迪首次提出消费者的四大权利——讲求安全、知道真相、选择及表达意见的权利。1963 年，国际消费者组织联盟（IOCU）根据这四项权利，再加上消费者教育、求偿、基本需求及健康的环境等四项权利，提出了消费者的八大权利及认知、行动、关心社会、保护环境、团结等五大义务，并且将每年 3 月 15 日定为世界消费者日。这八大权利及五大义务不仅成为各国消费者的共识，而且，在消费者保护运动的发展过程中，无疑也是一项卓越的成就，成为国内及国际推动消费者保护运动的共同目标。这也成为各国立法所借鉴、贯彻的理念，即消费者在享有权利的同时，也应当承担相应的义务，经营者合法利益应当得到保护，不良消费者侵犯经营者合法利益的违法行为应当得到制止和法律制裁。"理性维权"，就是号召广大的消费者积极行动起来，依法保护自身的合法权益，坚决抵

---

① 参见陈璟：《企业呼唤诚信经营》，《企业导报》2004 年第 3 期，第 35 页。

② 参见东方愚：《也说苏丹红风波之下的消费者非理性维权》，《中国青年报》2005 年 3 月 25 日。

制市场交易中的各种违反诚实信用原则的行为,按照诚信原则解决消费者面临的问题,进一步推动全社会共同关注消费者权益。"理性维权",就是不能脱离各国社会、经济和文化的发展水平,形成全社会"适度保护"消费者权益的新机制。

"平衡协调原则作为经济法制社会本位的体现和基本要求,无论在宏观抑或微观领域的调整中均发挥着基本指导准则的作用",①因此,消费者权益保护法作为经济法的一部分,必然将平衡协调理念贯彻始终。

(三)社会责任本位的精神

可持续发展(Sustainable Development)是 20 世纪 80 年代提出的一个新概念。1987 年世界环境与发展委员会在《我们共同的未来》报告中第一次阐述了可持续发展的概念,得到了国际社会的广泛共识。可持续发展是指满足现代人的需求应不损害后代人满足需求的能力,换言之,就是指经济、社会、资源和环境保护协调发展,它们是一个密不可分的系统。可持续发展的理论,深刻揭示了"自然—社会—经济"复杂系统的运行机制,这正是社会责任本位的集中体现,即无论是此国还是彼国,无论是国家还是企业,无论是个人还是集体,都必须对社会负责,在对社会共同尽责的基础上,处理和协调好彼此的关系,实现可持续发展。

一方面,中国网络消费立法是中国电子商务发展整体战略中的一部分,这是实现可持续发展的基础。随着全球信息化和经济全球化的发展,我国加入 WTO,我国电子商务正逐步走向全面应用,并渗透到社会经济的各个层面。大力发展电子商务,对于我国实现跨越式发展,确立我国未来的世界经济地位具有十分重要的

267

---

①　潘静成、刘文华主编:《经济法》,中国人民大学出版社 1999 年版,第 74 页。

战略意义。从国际上看，发展电子商务是我们融入世界经济大潮、参与经济全球化竞争的需要；从国内来看，发展电子商务，是提高国民经济的整体素质、加快产业结构调整的需要，也是我们推进国民经济信息化非常重要的组成部分，是以信息化带动工业化的突破口。中国消费者协会将2007年国际消费者日的主题定位为"消费和谐"。所谓"消费和谐"就是在消费领域中全社会要树立一种"消费和谐"的理念，经营者、消费者、政府和相关部门要履行应尽的社会责任，共同努力营造一个"消费和谐"的市场环境，推动扩大内需，促进我国经济又好又快发展，维护社会稳定，促进社会主义和谐社会建设。因此，我们应当从国家电子商务发展战略的角度审视中国网络消费立法。

另一方面，中国网络消费立法是国际消费者保护理论与实践中的一部分，这是实现可持续发展的途径。"网络无国界"，跨国消费、跨国欺诈日益增多，由此而涉及的各国立法的差异、管辖等法律冲突也将日益突出。"在当代国际市场经济环境下，公正和效益相互竞合冲突的更为明显。在价值冲突中，人们将更多的关注给予了法律的效益性。这种效益性，是一种把公正内化在效益之中的法律效益，包括法律本身具备的公平正义的社会效益与法律在调整社会经济关系中所产生的效益两层含义"。① 这就要求我们研究、整合和借鉴国际组织、各国和各地区成熟的立法经验，吸取国际立法资源，在立法上相互参考，尽量避免与国际通用规则相抵触，促进各国消费者组织的合作和交往，推动保护消费者的活动。

二、修订现有法律与新立法两步走的立法体系建设

虽然网络经济对法律体系的挑战是全面的，但是，是否就要进

---

① 何松明、刘满达：《电子商务立法三题》，《中国法学》2002年第1期，第79页。

行全方位的立法呢？笔者认为,这样做只会使问题更复杂,并扰乱已有的法律体系。因为,"法律选择和协调利益的目的首先是为了达到利益的最大化,在利益最小耗费和损失的情况下达到社会利益总量的最大化",①而且,"有效率的法律制度是努力使法律供求取向平衡。中国法律改革的目标就是要使法律制度和市场供求之间从不均衡过渡到均衡,即我们要充分保证避免市场经济中法律服务严重短缺或过滥。这种均衡应当体现在立法、司法、执法、守法各个方面"。② 一般认为,除电子商务中的特殊问题,如数字签名等问题,只有当法律关系的主体、客体、内容都发生根本变化时,才有单独立法的必要。基于此,笔者认为,网络消费者权益保护立法应当分两步走,即修订现有法律和新立法。

　　一般情况下,现有的法律体系一般都适用于网络世界,并不会因其虚拟化而有所不同。对现有法律没有完全涵盖的内容,尽量通过修改法律或发布司法解释的方式解决。比如,通过修改著作权法、商标法来涵盖电子商务的知识产权问题,通过修改税法来适应电子商务的要求,通过修改广告法来规范网上广告等。各国立法的实践已证明,这是行之有效的途径之一。如美国《邮件或电话购物规则》,将过去使用邮件或电话购物的类型扩及利用传真与计算机,用以解决网上的购物纠纷。在中国,比较可行的方案是,先行修改现有的《消费者权益保护法》,在《消费者权益保护法》上增设"电子商务中消费者权益的保护"专章,做好既有规则的衔接和协调,目的是充分利用已有的法律体系,保持现有法律体系的完整性与稳定性。

269

---

①　[美]庞德:《通过法律的社会控制法律的任务》,商务印书馆1984年版,第71页。

②　钱弘道:《经济分析法学》,法律出版社2003年版,第114页。

法律效率是"法律作用于社会生活所产生的实际结果同颁布该法律时所要达到的社会目的之间的比"①，"公式为法律效率＝法律的社会目标/法律作用的结果"②。实现法律效率不仅是立法者的初衷，同样是法律适用者和使用者的目标。应当看到，网络经济对传统法律制度的冲击是全方位的，有些甚至是根本性的。网上消费主体的虚拟性、新兴客体的涌现、侵犯消费者权益行为的复杂化与隐蔽性强等问题，导致消费者权益实现之路愈发曲折。针对层出不穷的新问题，简单的涵盖和修订是无法解决根本问题的。借鉴电子商务发达国家的经验，从我国消费者权益保护的实际出发，时机成熟时③，可以制定专门的网络法，设立"消费者权益保护"专章或者制定专门的"网络消费者权益保护法"及相关法律，构建有利于促进我国消费者权益保护和电子商务健康发展的法律体系，使之具有规范交易程序和行为、保障交易公平和安全、实现交易效率的法律功效。

三、完善立法技术，提高立法质量

广义的立法技术泛指在法的创制过程中，所形成的一切知识、经验、规则、方法和技巧的总和，包括立法体制技术、立法程序技术和立法表达技术。狭义的立法技术专指如何表达规范性法律文件规定的一切知识、经验、规则、方法和技巧，一般要求包括确定性、合法性、无矛盾性、联系性、逻辑性和简明性。④

---

① 孙国华：《法律的效率》，《法律社会学》，山西人民出版社1988年版，第293页。
② 胡卫星：《论法律效率》，《中国法学》1992年第3期，第66页。
③ 笔者强调"时机成熟"，而非动辄制定专门立法解决问题。是否新立法，何时新立法，一定要视法律需求与供给的关系来确定。
④ 参见孙国华主编：《法理学教程》，中国人民大学出版社1994年版，第349～351页。

　　探讨网络消费者权益保护的立法技术,首先应当从其作为电子商务立法的一部分的角度来考察,注重立法适度的超前性,保持规则一定的柔韧性。从民商法原理上讲,电子商务法是关于以数据电讯进行意思表示的法律制度,而数据电讯在形式上是多样化的,并且还在不断发展之中。而且,"摩尔定理告诉人们,计算技术的发展是每 18 个月,其性能增长一倍,而其价格将减少一半"。① 因此,包括消费者权益保护在内的电子商务法与那些"刚性法"相比,应当是给通讯计算技术和电子商务的发展留下法律空间的"柔性"的规范,从而实现电子商务发展和法律规范制定的协调互动,这是互联网的基本特征在法律规范上的反映。以法律规范确定该原则,是电子商务健康发展的基本要求。

　　同时,网络消费者权益保护的立法技术还应当作为消费者权益保护立法的一部分研究,除应当遵循确定性、合法性、无矛盾性、联系性、逻辑性和简明性等一般规则,更要注重可操作性。这样,才能将消费者权利落到实处。例如,网络隐私保护问题,简单地规定"不得侵犯消费者的网络隐私",或者"不得要求消费者提供与消费无关的信息",是没有实践意义的。必须在确认网络隐私权作为一项独立权利的基础上,对网络隐私权的范围做出合理的界定,并明确经营者有义务依据法律法规、行业惯例等制定出规范的隐私权保护政策,而且,必须切实履行告知义务、合法收集和依法使用义务、防范泄密义务和提供信息救济等义务。同时,还应对违反此规定应负的法律责任等做出规范。

　　消费者运动经历了一个从自发的群众性活动到有组织的群众性活动,从生产者、经营者对保护消费者的放任状态到积极参与的

271

----

　　① 冯鹏志:《延伸的世界——网络化及其限制》,北京出版社 1999 年版,第 209 页。

历史过程,从政府的行政干预到运用法律保护消费者利益的状态,从一国保护消费者权益到世界性国际化的消费者保护的理论与实践。现在,全球的总趋势是,世界各国政府越来越关注国民生活,把保护消费者利益列为社会及经济政策的重要组成部分。面对电子商务这一国际化的现代经济模式,唯一的选择是勇敢地加入"游戏",并且制定出对自己有利,也对国际上其他交易方有利的"平衡协调规则"。包括网络消费者权益保护在内的电子商务的法制建设是中国法制现代化建设的重要组成部分,是一项"任重而道远"的社会系统工程。

第二节 消费者权益保护法 修订建议稿

第一章 总则

第一条(修订目的)

为保护网络经济中消费者的合法权益,规范网上交易行为,维护网上交易秩序,《中华人民共和国消费者权益保护法》已由中华人民共和国第×届全国人民代表大会常务委员会第×次会议于×年×月×日修订通过,现将修订案公布,自×年×月×日起施行。

第二条(适用范围)

1.(法律关系范围)本法适用电子商务中 B2C 主体间的法律关系。电子商务是指交易双方利用互联网从事的商品或服务的交易行为。B2C 交易方式是指经营者利用互联网与消费者进行的商品或服务交易。不适用经营者的网上竞价销售活动以及 C2C 主体之间的网上交易活动。

2.(主体范围)消费者为生活消费需要购买、使用商品或者接受服务,其合法权益受本法保护。法律另有规定的,从其规定。经营者为消费者提供其生产、销售的商品或者提供服务,应当遵守本法。法律另有规定的,从其规定。

3.(客体范围)网上消费行为客体是指通过互联网交易的商品或服务,包括在线交付的客体(数字化商品和在线服务)和离线交付的客体(非数字化商品和离线服务)。经营者提供产品或服务应当是合法流通的产品或服务,禁止购买、使用属于禁止流通的商品和接受属于禁止流通的服务。

第三条(基本原则)

1.(同等保护原则)依据非歧视性原则与功能性平等原则,网上消费者应当与离线消费者享有同等的保护水平。

1.1 消费者在利用互联网站购买商品、接受服务的过程中,享有《中华人民共和国消费者权益保护法》和相关法律、法规中规定的各项权利。

1.2 经营者利用互联网站提供商品、服务的过程中,应当依照《中华人民共和国消费者权益保护法》和相关法律、法规中的规定,履行经营者应尽的义务。

2.(特别保护原则)保护消费者的合法权益是全社会的共同责任,任何单位和个人有权对损害消费者合法权益的行为进行社会监督,国家给予消费者特别保护。

2.1 各级人民政府应当建立经营信用体系、消费维权体系、责任监督体系,采取措施营造文明、安全、健康的消费环境。

2.2 各级工商行政管理部门和质量技术监督、食品药品监督、商务、物价、卫生、城建、交通等行政部门在各自职权范围内,认真履行职责,维护消费者合法权益,加强对经营者的监督管理,依法查处侵害消费者合法权益的违法行为。

2.3 确定保护消费者合法权益的专门机构和"12315"消费者

申诉举报中心。

2.4 司法机关应当依法及时受理和审结侵害消费者合法权益的案件。

2.5 大众传播媒介应当做好维护消费者合法权益的宣传，对损害消费者合法权益的行为予以批评、揭露。

3.（综合保护原则）消费者合法权益的保护应当坚持消费者的自我保护、行业自律与政府管理的基础保护、司法最终解决相结合的原则。

3.1 国家确认消费者进行自我保护的合法性，消费者应当理性维权。

3.2 明确政府角色定位，构架促成市场自治和行业自律的推动型与服务型相结合的政府，加强信息化和电子政务建设。

3.3 明确立法规划，加强立法的系统性和协调性，贯彻与执行司法作为解决社会纠纷最彻底、最权威和最具有约束力的方式，法院是解决权益纠纷的主要的和终局的机关。

第二章 消费者的权利与经营者的义务

消费者享有安全权、知情权、自主选择权、公平交易权、无因退货权、求偿权、监督权等各项权利，经营者应当依法履行义务，保证消费者权利的顺利实现。

第一条 消费者享有人身安全权、财产安全权和隐私安全权，经营者应当保证实现安全消费、绿色消费和可持续消费。

1. 经营者应当负有保证商品或者服务质量的义务，经营者提供的商品和服务应当符合保障人身和财产安全的强制性国家标准、行业标准和地方标准；没有强制性国家标准、行业标准和地方标准的，应当符合社会普遍公认的安全、卫生要求。

2. 经营者应当保障消费场所清洁（无病毒、预防黑客等），保证消费通道畅通（数据传输），保证消费信息具有可追溯性。

3. 经营者应当依据法律法规、行业惯例等制定出规范的隐私权保护政策，履行告知义务、合法收集和依法使用义务、防范泄密义务、提供信息救济义务。

第二条　消费者享有知情权，经营者负有在线披露义务。

2.1 信息应当以公开为原则，不公开为例外的原则，除了涉及国家机密、个人隐私、商业秘密等不宜公开的内容和法律法规、禁止公开的其他信息以外，有责任公开其他的任何信息。

2.2 获取信息的性质应当是便捷、真实充分和容易理解的。

2.3 获取信息的内容包括交易对象的知情、交易标的的知情、交易条件的知情和救济途径及程序的知情。

2.3.1 经营者应当提供法定名称、相关资质等身份信息。经营者应当提供其营业地地址和其他包括电话、传真和电子邮件地址在内的联络方式，并保证其真实有效。经营者应当提供所在的专业协会或类似组织的名称、规范性管理部门的名称信息。

2.3.2 经营者不得在互联网站上利用广告或者其他方法对商品的品种、规格、质量、制作成分、价格、性能、用途、生产者、有效期限、产地等作引人误解的或者虚假的宣传。经营者必须明示提供商品或服务的特点、性质、价格、产地、生产者、规格、等级、质量等情况。

2.3.3 经营者应当预先提供合同的一般性条款，并明示合同的订立程序和步骤。

2.3.4 经营者应当告知消费者投诉的程序、方式，以及如何查阅相关行业准则。

第三条　消费者享有自主选择权。禁止经营者发送商业电子邮件，除非获得消费者事前许可或事后许可。

3.1 事前许可，是指经营者在发送前获得消费者明示同意，经营者负有证明责任。

3.2 事后许可,是指经营者必须在信件中包含一种能够让收信人停止接收此类信件的方式,或者通过电子邮件回信,或者通过提供 Web 链接。

第四条　消费者享有公平交易权。只有在网上格式合同满足以下条件时,才能有效纳入合同。

4.1 经营者应当在实际订购商品或服务之前或当时做出指示,而且应为相对方提供足够的时间阅读一般交易条件。

4.2 经营者提供的条款应当是消费者能够以便捷方式复制并储存的。

4.3 经营者提供的合同语言应当表达得真实准确、清楚明白、通俗易懂。

4.4 经营者提供的条款应当在表达清晰的前提下尽量简短。

4.5 经营者提供的条款应该醒目,易于辨认、索取和阅读。

第五条　消费者享有无因退货权,经营者不得拒绝,并负责退还货款,承担消费者为此付出的额外费用。

5.1 消费者有权自收到经营者商品之日起,或者与经营者缔结服务合同之日起 7 日内,解除合同。合同解除后,经营者必须在收到通知 30 日内,返还消费者已经支付的全部价款。

5.2 如果供应商没有以适当方式提供必要信息,犹豫期将延长为 3 个月。

5.3 如果经营者存在恶意,则不受上述时间限制。

第六条　消费者因购买、使用商品或者接受服务受到人身、财产损害的,享有依法获得人身损害赔偿、财产损害赔偿、精神损害赔偿和惩罚性损害赔偿的权利。

6.1 电子交易平台供应商应当履行注意义务,未履行或履行不当应当依法承担损害赔偿等责任。

6.1.1 建立健全包括用户注册制度、用户交易规则、交易安全保障与备份制度、信息披露与审核制度、隐私权与商业秘密保护等制度在内的规章制度。

6.1.2　进行信息监管和交易过程监管,采取适当措施及时制止并及时向有关部门反映。

6.2　经营者提供商品或服务有欺诈行为的,应当依据合同的具体情况加倍赔偿其受到的损失。

第三章　消费者组织

第一条　消费者协会和其他消费者组织是依法成立的对商品和服务进行社会监督的保护消费者合法权益的社会团体。

第二条　消费者协会享有消费者的委托或者主动提起代表诉讼、群体诉讼、公益诉讼的权利。

第四章　争议解决

消费者和经营者发生消费者权益争议的,可以通过下列途径解决:

第一条　有权进行在线投诉

第二条　自主选择网上和解或者网上调解

第三条　有权申请在线快速仲裁

第四条　有权提起个体诉讼或者群体诉讼

第五章　法律责任(略)

第六章　附则

1. 本法规定与其他法律法规有冲突的,以本法为准;未做规定的,依据相关法律法规执行。

2. 本法自发布之日起施行。

参 考 文 献

一、著作

（一）中文著作

《马克思恩格斯全集》，人民出版社1972年版。

《马克思恩格斯选集》，人民出版社1995年版。

阿拉木斯、高富平主编：《电子商务与网络法规汇编》，法律出版社2002年版。

阐凯力、张楚主编：《外国电子商务法》，北京邮电大学出版社2000年版。

程汝康：《英汉法律用语正误辨析》，法律出版社1997年版。

董杜骄：《论电子证据法律地位》，载《中国当代思想宝库》，中国经济出版社2002年版。

杜军：《格式合同研究》，群众出版社2001年版。

范建行：《消费者，向前行——谈消费者保护的内涵》，台湾汉行书局有限公司1994年版。

冯鹏志：《延伸的世界——网络化及其限制》，北京出版社1999年版。

冯英健：《Email营销》，机械工业出版社2003年版。

高富平主编：《电子商务法律指南》，法律出版社2003年版。

公丕祥：《马克思法哲学思想论述》，河南人民出版社1992

年版。

郭卫华、金朝武、王静等:《网络中的法律问题及其对策》,法律出版社 2001 年版。

郭懿美、蔡庆辉:《电子商务法经典案例研究》,中信出版社 2006 年版。

何家弘:《电子证据法研究》,法律出版社 2002 年版。

何家弘:《法律英语》,法律出版社 2002 年版。

胡永、范海燕:《网络为王》,海南出版社 1997 年版。

蒋安:《经济法理论研究新视点》,中国检察出版社 2002 年版。

蒋平、杨莉莉编著:《电子证据》,清华大学出版社、中国人民公安大学出版社 2007 年版。

蒋志培主编:《网络与电子商务法》,法律出版社 2002 年版。

经济与合作发展组织:《关于电子商务中消费者保护指南的建议》,载《国内外信息化政策法规选编》,上海信息化办公室编译,中国法制出版社 2001 年版。

李昌麒、许明月:《消费者保护法》,法律出版社 1997 年版。

李适时:《各国电子商务法》,中国法制出版社 2003 年版。

梁慧星:《民法学说判例与立法研究》,中国政法大学出版社 1993 年版。

刘德宽:《民法诸问题与新展望》,三民书局股份有限公司 1980 年版。

刘文华、肖乾刚主编:《经济法律通论》,高等教育出版社 2000 年版。

刘文华、徐孟洲主编:《经济法》,法律出版社 2009 年版。

刘文华:《中国经济法基础理论》,学苑出版社 2002 年版。

柳经纬主编:《电子商务法》,厦门大学出版社 2004 年版。

279

卢代富：《企业社会责任的经济学与法学分析》，法律出版社2002年版。

马原主编：《消费者权益保护法分解适用集成》，人民法院出版社2004年版。

梅绍祖、范小华、黎希宁编著：《电子商务法律规范》，清华大学出版社2000年版。

闵治奎、郭伟华主编：《中国典型消费者纠纷法律分析》，中国法制出版社2000年版。

聂光铭编著：《网络经济》，地震出版社2000年版。

聂元铭、王生卫编著：《网络经济》，地震出版社2000年版。

聂振光：《香港消费者权益保护》，工商出版社1997年版。

潘静成、刘文华主编：《经济法》，中国人民大学出版社1999年版。

漆多俊：《经济法学》，武汉大学出版社1998年版。

齐爱民、徐亮：《电子商务法原理与实务》，武汉大学出版社2001年版。

钱弘道：《经济分析法学》，法律出版社2003年版。

秦美娇主编：《医疗消费者行为学》，上海交通大学出版社2007年版。

史际春、邓峰：《经济法总论》，法律出版社1998年版。

史际春：《探索经济与法互动的真谛》，法律出版社2002年版。

苏惠祥主编：《中国当代合同法论》，吉林大学出版社1992年版。

孙国华主编：《法的形成与运作原理》，法律出版社2003年版。

孙国华主编：《法理学教程》，中国人民大学出版社1994

年版。

孙哗、张楚:《美国电子商务法》,北京邮电大学出版社 2001
年版。

覃征、岳平、田文英编著:《电子商务与法律》,人民邮电出版
社 2001 年版。

唐应茂:《电子货币与法律》,法律出版社 2002 年版。

万以娴:《论电子商务之法律问题——以网络交易为中心》,
法律出版社 2001 年版。

王利明、崔建远:《合同法新论·总则》,中国政法大学出版社
2000 年版。

王利明主编:《电子商务法律制度:冲击与因应》,人民法院出
版社 2005 年版。

吴宏伟:《竞争法有关问题研究》,中国人民大学出版社 2000
年版。

吴玲娣:《新编法律英语术语》,法律出版社 2000 年版。

吴伟光:《电子商务法》,清华大学出版社 2004 年版。

谢次昌主编:《消费者保护法通论》,中国法制出版社 1994
年版。

徐洪烈等:《保护消费者权益理论与实践》,北京出版社 1990
年版。

徐孟洲:《经济法教程》,中共中央党校出版社 2004 年版。

杨坚争、杨晨光:《电子商务基础与应用》,电子科技大学出版
社 2004 年版。

杨立新:《人身权法论》,中国检察出版社 1996 年版。

杨卫东:《中华人民共和国电子商务与网络法规汇编》,法律
出版社 2001 年版。

杨紫烜:《经济法(第二版)》,北京大学出版社、高等教育出版

社 2006 年版。

张楚、郭斯伦编著：《网络与电子商务法教程》，首都经济贸易大学出版社 2005 年版。

张楚主编：《外国电子商务法》，北京邮电大学出版社 2000 年版。

张楚主编：《网络法学》，高等教育出版社 2003 年版。

张楚：《电子商务法》，中国人民大学出版社 2001 年版。

张楚：《电子商务法初论》，中国政法大学出版社 2000 年版。

张为华：《美国消费者保护法》，中国法制出版社 2000 年版。

张严方：《消费者保护法研究》，法律出版社 2003 年版。

朱家贤、苏号朋：《e法治网——法上纠纷·立法·司法》，中国经济出版社 2000 年版。

朱岩编译：《德国新债法条文及官方解释》，法律出版社 2003 年版。

（二）译著

［德］恩斯特·卡西尔：《人论》，甘阳译，上海译文出版社 1985 年版。

［德］亨特·雅克布斯：《规范·人格体·社会（法哲学前思）》，冯军译，法律出版社 2001 年版。

［德］罗伯特·霍恩、海因·科茨、汉斯·G.莱塞著：《德国民商法导论》，托尼·韦尔英、楚健译，中国大百科全书出版社 1996 年版。

［美］E.博登海默：《法理学——法律哲学与法律方法》，邓正来译，中国政法大学出版社 1999 年版。

［美］阿尔温·托夫勒：《第三次浪潮》，朱志焱等译，香港三联书店 1984 年版。

［美］拜尔：《法律的博弈分析》，法律出版社 1999 年版。

［美］保罗·海恩等：《经济学的思维方法》，马昕、陈宇等译，

世界图书出版公司 2008 年版。

〔美〕贝克尔:《人类行为的经济分析》,王业宇、陈琪译,上海三联书店、上海人民出版社 1995 年版。

〔美〕加尔布雷思:《加尔布雷思文集》,沈国华译,上海财经大学出版社 2006 年版。

〔美〕理查德·A.波斯纳:《法律的经济分析》,蒋兆康译,大百科全书出版社 1997 年版。

〔美〕理查德·A.波斯纳:《正义/司法的经济学》,苏力译,中国政法大学出版社 2002 年版。

〔美〕曼昆:《经济学原——微观经济学分册》,梁小民译,北京大学出版社 2006 年版。

〔美〕尼葛洛庞蒂:《数字化生存》,胡泳等译,海南出版社 1996 年版。

· 〔美〕庞德:《通过法律的社会控制 法律的任务》,商务印书馆 1984 年版。

〔英〕P. S.阿蒂亚:《法律与现代社会》,范悦等译,辽宁教育出版社、牛津大学出版社 1998 年版。

〔英〕弗里德利希·冯·哈耶克:《法律、立法与自由》(第一卷),邓正来等译,北京,中国大百科全书出版社 2002 年版。

(三)外文著作

Christina Ford Haylock & Len Muscarella, *Net Success*, Adam Media Corporation, 1999.

David Kosiur, *Understanding Electronic Commerce*, Microsoft Press, 1997.

Edward A. Cawazos and Gavino Morin, *Cyberspace and the law-Your Rights and Duties in the Online World*, (1994) The MIT Press, 4th Printing in 1996.

Engel J. F. , Blackwell R. D. , Miniard P. W. ,*Consumer behavior*, Orlando, FL: Dryden, 2000.

Geriant G. Howells & Thomas Wilhelmsson,*EC Consumer Law*, Dartmouth Publishing c. s. , 1997.

Goldman Sachs (Global Equity Research),*Internet Technology-Commerce United States*, 9 May 2000.

IDC,*Analysis of E-Commerce Market in China*,November 2000.

Jonathan Rosenoer,*Cyber Law—the Law of the internet*, Springer Verlag New York, Inc. , 1997.

Michael Chissick & Alistair Kelman,*Electronic Commerce: Law and Practice*, Sweet & Maxwell, 2000.

Michael Chissick,*Electronic Commerce: Law and Practice*, Sweet & Kelaman,1999.

Polinsky & Shavell,*Punitive Damages*, an Economic Analysis,1998.

R. M. Goode,*Consumer Credit Law*, Lon-don Botterworths, 1999.

Rajeev Gupta, *Asia Internet*, Goldman Sachs (Asia) LLC, July 1999.

Smith, Graham J. H. ,*Internet Law and Regulation*, 1995.

Thomas Hoeren,*International Review of Competition Law*, 1999.

Thomas J. Smedinghoff, *Online Law-The SPA's Guide to Doing Business on the Internet*, Addison-Wesley Longman Publishing Co. , 1996,1sted. ,4th printing in Septemper 1999.

二、论文

（一）中文论文

《金蝶人行携手共建》,《EB 电子商务世界》2004 年第 1 ~ 2 期。

《社会主义和谐社会的基本特征》,《实事资料手册》2005 年第 2 期。

阿拉木斯:《反垃圾邮件的法律困惑》,《软件世界》2006 年第 5 期。

包锡妹:《消费立法问题研究》,《中国青年政治学院学报》2004 年第 3 期。

蔡剑定:《司法公正与诉讼成本和效率》,《人民法院报》2000 年 6 月 19 日。

陈函辉:《中国互联网产业第一个自律性的行业协定诞生》,《北京青年报》2000 年 2 月 28 日。

陈璟:《企业呼唤诚信经营》,《企业导报》2004 年第 3 期。

邓杰:《论快速仲裁》,《法制与社会发展》2000 年第 1 期。

邓磊:《韩国政府促进电子商务发展的举措》,《全球科技经济瞭望》2004 年第 4 期。

丁天明:《资本所有者和经营者应追求的企业价值取向——利润和社会责任的平衡发展》,《安徽农业大学学报(社会科学版)》2008 年第 6 期。

东方愚:《也说苏丹红风波之下的消费者非理性维权》,《中国青年报》2005 年 3 月 25 日。

董文军:《消费者的知情权》,《当代法学》2004 年第 3 期(总第 105 期)。

董新凯、夏瑜:《冷却期制度与消费者权益保护》,《河北法学》2005 年第 5 期。

冯果:《由封闭走向公开——关于商事信用的若干理论思考》,《吉林大学社会科学学报》2003 年第 1 期。

管斌:《论消费者权利的人权维度——兼评〈中华人民共和国消费者权益保护法〉的相关规定》,《法商研究》2008 年第 5 期。

郭兵：《让营销远离"垃圾"邮件》，《企业研究》2008 年第 12 期。

韩洪今：《电子商务交易前消费者权益的法律保护》，《广西政法管理干部学院学报》2009 年第 2 期。

何蕾：《由垃圾电子邮件论我国网络隐私权的法律保护》，《甘肃科技纵横》2006 年（第 35 卷）第 3 期。

何松明、刘满达：《电子商务立法三题》，《中国法学》2002 年第 1 期。

胡锦光：《论以人为本的"人"》，《法商研究》2008 年第 1 期。

胡坤：《政府推动电子商务发展——电子商务应用与经济发展研讨会在北大光华学院举行》，《EB 电子商务世界》2004 年第 1～2 期。

胡卫星：《论法律效率》，《中国法学》1992 年第 3 期。

胡佐超：《互联网产业被动的自律到主动自律》，《国门时报》2005 年 3 月 31 日。

华东政法学院电子商务法研究所高富平、苏静、刘洋：《易趣平台交易模式法律论证报告》，第三届中国电子商务政策法律研讨会论文，2002 年 6 月。

蓝宝：《电子商务与消费者权益保护》，《中国工商管理研究》2002 年第 11 期。

李传水：《网上购物顾客仍难亲近》，《经济参考报》2003 年 2 月 12 日。

李佳、魏玄：《对垃圾邮件的实证研究》，《重庆邮电大学学报（社会科学版）增刊》2008 年 6 月。

李思志：《中日韩电子商务法律环境比较及启示》，《商业时代》2007 年第 34 期。

李晓东：《电子商务——21 世纪全球商务主导模式》，《国际贸易问题》2000 年第 3 期。

梁慧星:《中国的消费者政策和消费者立法》,《法学》2000 年第 5 期。

梁政、李丹星:《论网络环境下的消费者权益保护》,《科技资讯》2006 年第 2 期。

廖文彬:《欧盟电子商务合同中消费者权益保护制度述评之——合同订立前的消费者权益保护》,参见张平主编:《网络法律评论》第 4 卷,法律出版社 2004 年版。

廖勇:《对电子格式合同的法律规制》,《法学杂志》2006 年第 1 期。

林波、孙晓梅:《B2C 电子商务模式中逆向物流的管理》,《物流科技》2006 年第 1 期。

刘国华:《中国民间论战软件保护立法》,《21 世纪经济报道》2001 年 12 月 27 日。

刘尚希:《实现基本消费的平等化是民生问题的要义》,《学习月刊》2007 年第 7 期。

刘文华:《传统法律理论需要改革与发展》,中国人民大学法学院中国特色社会主义法律体系学术研讨会论文,2004 年 12 月。

刘文华:《经济法本原论——"社会基本矛盾论"是解释和解决经济法系列问题的理论基础》,《经济法制论坛》2003 年 12 月号。

刘文华:《科学发展观与经济法》,中国法学会经济法学研究会 2004 年年会暨第十二届全国经济法理论研讨会论文,2004 年 11 月。

刘文华:《中国经济法的基本理论纲要》,《江西财经大学学报》2001 年第 2 期。

刘文华:《中国经济法是十一届三中全会思想路线的产物》,

《法学家》1999 年第 12 期。

刘旭东、吕昊：《盗版软件的经济学分析》，《大众科技》2007年总第 98 期。

马国川：《确立群体诉讼制度：有助消费者维权》，《中国审计报》2005 年 4 月 13 日。

马守莉：《企业社会责任中消费者责任毋庸置疑》，《滁州学院学报》2007 年第 1 期。

马秀杰：《网络市场环境下的消费者购物行为》，《北方经济》2007 年第 10 期。

齐恩平：《论网上交易合同中对消费者个人信息隐私权的侵害及保护》，《当代法学》2002 年第 10 期。

任志强：《营造和谐网络消费环境保护网络消费者权益》，《消费经济》2006 年第 6 期。

沈杰峰、冯辉：《消费者公益诉讼制度的法律经济学分析》，《法制与社会》2009 年第 1 期。

宋斌：《浅议网络营销与消费者权益保护》，《今日南国》2008年总第 91 期。

孙国华：《论法是"理"与"力"的结合》，参见张文显、李步云主编：《法理学论丛》第 1 卷，法律出版社 1999 年版。

孙娟：《我国电子商务消费合同管辖权的发展与完善》，《湖北经济学院学报(人文社会科学版)》2009 年第 6 卷第 1 期。

檀月：《公益诉讼的价值刍议》，《锦州医学院学报》2004 年第 2 卷第 4 期。

王德山、吕雁华：《论消费者权益保护制度的完善》，《中国市场》2009 年第 3 期。

王利明：《消费者的概念及消费者权益保护法的调整范围》，《政治与法律》2002 年第 2 期。

王全弟、陈倩:《德国法上对格式条款的规制——"一般交易条件法"及其变迁》,《比较法研究》2004 年第 1 期。

王巍:《电子商务企业的成长阶段及其分析》,《中国信息导报》2003 年 2 月 10 日。

温晓芸:《对垃圾邮件侵犯网络隐私权的法律规制》,《西部法学评论》2008 年第 5 期。

文晓庆:《网络购物的消费者行为研究》,《兰州学刊》2009 年第 6 期。

翁国民、汪成红:《论隐私权与知情权的冲突》,《浙江大学学报(人文社会科学版)》2002 年第 2 期。

乌家培:《信息化与网络经济》,《人民日报》2002 年 8 月 13 日。

吴越:《德国债法改革对中国未来民法典的启示》,参见朱岩编译:《德国新债法——条文及官方解释》,法律出版社 2003 年版。

夏晓红:《互联网消费者合同的管辖权问题——消费者原地管辖规则》,参见张平主编:《网络法律评论》第 4 卷,法律出版社 2004 年版。

肖扬:《法制建设与市场经济必须同步发展》,转载于《新华文摘》1994 年第 3 期。

谢波:《电子格式合同的法律效力》,《中国科技成果》2005 年第 12 期。

谢小尧:《消费者:人的法律形塑与制度价值》,《中外法学》2003 年第 3 期。

徐剑:《试论网络垃圾邮件的法律监管》,《国际新闻界》2007 年第 4 期。

杨端、朱宇航:《电子格式合同问题及其立法规制》,《广西社会科学》2004 年第 9 期。

杨端奎：《对付垃圾邮件？定义是阻止的第一步》，载《网络世界》2006 年总第 43 期。

逸然：《卖东西的人是谁？》，《经济参考报》2003 年 2 月 12 日。

游植龙：《论电子商务消费者权益的法律保护》，《信息网络安全》2002 年第 1 期。

袁晓东、戚昌文：《电子商务与知识产权》，《商贸经济》2002 年 1 月 14 日。

张邦铺：《论网络消费者合同中的格式条款及规制》，《特区经济》2007 年第 3 期。

张楚：《关于电子商务立法的环顾与设想》，《法律科学（西北政法学院）》2001 年第 1 期。

张辉：《柠檬问题与网络消费者行为》，《南京审计学院学报》2009 年第 6 卷第 2 期。

张鹏：《e－bank 在中国》，《IT 经理世界》1999 年第 17 期。

张新宝：《重视对互联网隐私权的保护》，《中国社会科学院院报》2003 年 10 月 14 日。

张学锋：《欧盟电子商务合同中消费者权益保护制度述评之二——合同订立过程中的消费者权益保护》，参见张平主编：《网络法律评论》第 4 卷，法律出版社 2004 年版。

张雪菲：《浅谈我国消费纠纷解决制度的完善》，《法制与社会》2008 年第 8 期。

张永忠：《消费者主体地位的理论反思与制度重塑》，《法商研究》2009 年第 3 期。

张永忠：《消费者主体地位的理论反思与制度重塑》，《法商研究》2009 年第 3 期。

赵秋雁：《B2C 电子商务中冷却期制度的国际借鉴》，《国际经济合作》2008 年第 3 期。

赵秋雁:《WTO 规则与中国个人信用征信立法的价值取向》,《国际经济合作》2007 年第 5 期。

赵秋雁:《电子商务立法与国家经济安全》,《中国经济时报》2004 年 2 月 5 日。

赵秋雁:《关于网上银行的若干法律问题》,《黑龙江金融》2002 年第 4 期。

赵秋雁:《行业自律与政府管理的经济法学分析——电子商务活动与电子商务立法》,《学习与探索》2005 年第 3 期。

赵秋雁:《网络隐私权保护模式的构建》,《求是学刊》2005 年第 3 期。

赵晓力:《民法传统经典文本中的"人"的概念》,《北大法律评论》第 1 卷第 1 辑,法律出版社 1998 年版。

郑成思、薛红:《国际上电子商务立法状况》,《科技与法律季刊》2000 年 3 月。

郑东平:《关于〈消费者权益保护法〉的若干思考》,《法制日报》2004 年 6 月 1 日。

郑淑荣:《关注反垃圾邮件立法——从国外反垃圾邮件立法现状看我国应注意的问题》,《计算机安全》2006 年第 6 期。

郑顺泰:《社会销售理念的性质考察》,《釜山大学商科大学论文集》1977 年 12 月第 39 辑。

周皓、陈乃新:《论消费者权利的两重性》,《湘潭大学社会科学学报》2003 年第 23 卷第 6 期。

周显志、陈小龙:《英美日消费信用合同"冷却期"制度及其借鉴》,《世界经济》2002 年第 8 期。

朱雯、陈乃新:《论消费者权利的性质及经济法消费权的设立》,《经济研究导刊》2007 年第 7 期。

（二）译文

［德］古斯塔夫·拉德布鲁赫："法律上的人"，舒国滢译，载方流芳主编：《法大评论》，中国政法大学出版社 2001 年版。

［法］罗歇·布特："法国合同法上的滥用权利条款"，陈鹏译，载《法学家》1999 年第 6 期。

（三）外文论文

Ching-Yi Liu, "Intellectual Property Protection and Online Privacy in the Cyber Age", Pacific Neighborhood Consortium Conference, 1999.

Dr Emmanuel Laryea, "Opportunities, Challenges and Solutions", http://www. law. monash. edu. au/staff/elaryea/cv. html.

George C. C. Chen, "The Internet and Its legal Ramifications in Taiwan", *Seattle University Law Review*, Vol. 20, No. 3, Spring1997.

K. Harris & C. Middlehurst, "International Legal Issues and Resources on the Internet", California State Bar Annual Meeting, 12 October 1996.

Lan F. Fletcher, "Centrepoint of the Distance Selling Directive", J. B. L., Nov. Issue, 1998.

Louis D. Brandeis, Samnel D. Warren, "The Right of Privacy", Vol. IV, No. 5, *Harvard Law Review*, 15 December 1890.

Neil Weinstock Netanel, "Cyberspace Self-Governance: A Skeptical View from Liberal Democratic Theory", 88 Cal. L. Rev. 435 – 40, 2000.

Oscar H. Gandy, Jr., "Legitimate Business Interest: No End in Sight? An Inquiry of Privacy in Cyberspace", 1996 U. Chi. Legal F. 77, 1996.

Pamela Samuelson, "Privacy as Intellectual Property?", 52 Stan.

L. Rev. 1125 ,2000.

R. Mattews,"The Economics of Institutions and the Sources of Growth",Economic Journal 96, December 1996.

Robert O. Harrow, Jr. ,"Fearing a Plague of 'Web Bugs', Invisible. Fact-Gathering Code Raises Privacy Concerns", Wash. Post, Nov. 13, 1999.

三、其他

《2008 年全国消协组织受理投诉情况统计分析》,http://www.cca.org.cn/web/xfxx/picShow.jsp？id＝42544,2009 年 2 月 11 日浏览。

《2009 年第一季度中国反垃圾邮件状况调查报告》,http://www.anti－spam.cn/pdf/2009_01_mail_survey.pdf,2009 年 6 月 10 日浏览。

《ChinaODR 典型案例列表》,http://www.odr.com.cn/Cases/Case_typical_list.aspx,2005 年 4 月 5 日浏览。

《第二十四次中国互联网络发展状况统计报告》(2009 年 7 月),http://www.cnnic.cn/html/Dir/2009/07/15/5637.htm。

《电子商务服务业及阿里巴巴商业生态的社会经济影响》,http://info.china.alibaba.com/news/detail/v5003256_d1004417727.html？own_flag＝alyj0,2009 年 2 月 10 日浏览。

《国内首家全数字化商城面世》,http://www.81890.net/gb/node2/node14/node34/userobject1ai1723.html,2003 年 1 月 16 日浏览。

《恒升案二审宣判　王洪败诉(附判决书)》,http://tech.sina.com.cn/h/n/46907.shtml,2008 年 12 月 19 日浏览。

《揭开网上销售商品诈骗黑幕》,http://www.enet.com.cn/

enews/inforcenter/A20040302290370. html,2004 年 9 月 30 日浏览。

《企业间电子商务现状调查报告》,http://www. telepower. com. cn/21ctp/company3w/index. asp? id = 56,2004 年 2 月 10 日浏览。

《"世界互联网项目"报告 2009 年摘要》[EB/OL],http:// ohmymedia. com/2008/12/14/1032/,2009 年 6 月 10 日浏览。

《味道也可网上卖 日本公司试验网络下载香味》,http:// www. northeast. cn/sjpd/sjxw/80200412120006. htm,2004 年 12 月 10 日浏览。

《亚马逊网站收购一出版公司推按需出书业务》,http://tech. sina. com. cn/i/2005 – 04 – 06/0957572988. shtml,2005 年 4 月 6 日浏览。

《中国网络购物调查报告之用户网络购物行为特征:用户在网上购买的商品或服务》,http://tech. sina. com. cn/other/2004 – 11 – 15/1842459542. shtml,2004 年 11 月 11 日浏览。

阿拉木斯:《政府管理网络与电子商务的原则初探》,http:// www. chinaeclaw. com/readArticle. asp? id = 2478,2004 年 4 月 5 日浏览。

巴金松:《电子商务的发展趋势与立法原则的调整》,http:// www. chinese-voices. net/tanpanjuaiche/0995, htm,2005 年 2 月 24 日浏览。

范愉:《浅谈当代"非诉讼纠纷解决"的发展及其趋势》, http://www. civillaw. com. cn/weizhang/default. asp? id = 14236, 2005 年 1 月 22 日浏览。

高雁:《从垃圾邮件看网络隐私权的法律保护(上)》,http:// www. 51lawyer. com/news1/Html/200522004638 – 1. html,2004 年 6 月 21 日浏览。

高云:《微软:踏入中国法律雷区》,http://tech.sina.com.cn/
it/e/2001 – 12 – 23/97048.shtml,2001 年 12 月 23 日浏览。

胡锦涛:《在省部级主要领导干部提高构建社会主义和谐社
会能力专题研讨班开班式上的讲话》,《人民日报》2005 年 6 月 27
日第一版。

[韩]李闰哲:《消费者保护法律制度比较研究》,西南政法大
学 2007 年博士学位论文。

刘林森:《电子商务"新境界"》,http://www.gog.com.cn/
jqpd/pd02009/ca347664.htm,2003 年 3 月 3 日浏览。

沈娟:《存异以求同? 他石可攻玉——评海牙〈民商事管辖权
和外国判决公约〉(草案)并比较中国相关法律》,http://www.
iolaw.org.cn/paper/paper168.asp,2005 年 1 月 23 日浏览。

宋玲:《把握机遇 与时俱进 开创我国电子商务发展的新
局面》,2003 年 10 月 15 日在 2003 年中国电子商务协会年会的讲
话,http://www.ec.org.cn/2003 – 12/16/content_1233747.htm,
2004 年 3 月 2 日浏览。

王孛:《我国电子商务消费者争端解决机制研究》,重庆大学
2008 年硕士学位论文。

王骏勇、岳崴、孟昭丽:《预防垃圾邮件:专家教你几招》,
http://www.china.org.cn/chinese/EC – c/407323.htm,2004 年 9
月 18 日浏览。

王明明:《电子商务与隐私权保护》,http://www.51lw.com/
article/business_manage/1136.htm,2004 年 8 月 13 日浏览。

杨望远:《软件的网络经济学分析》,http://www.netlawcn.
com/second/article.asp? artno = 14,2004 年 5 月 2 日浏览。

后　记

回首撰写《电子商务中消费者权益的法律保护：国际比较研究》的日子，感慨万千，这是一段快乐、艰苦而难忘的岁月。

最初是在 1999 年，提交给北京市经济法学会的年会论文《网上银行的法律问题与对策初探》，得到了与会法学专家的认可和好评，并获得二等奖，这给予我极大的鼓舞和信心。2002 年，在导师刘文华教授的肯定、鼓励与指导下，选定"电子商务法"作为博士论文研究方向。无疑，我进入了一个极富挑战性的法学、经济学和网络技术的交叉领域，开始了艰苦的跋涉。论题的研究与论文的写作几乎占据了我攻读博士三年的全部生活，我始终怀着浓厚的兴趣搜集、学习和消化各种资料，对思考论题、伏案写作和反复修改论文几近痴迷。2003 年 4 月至 2004 年 12 月，我主持了北京师范大学青年教师社会科学研究基金项目《中国电子商务政策法律环境研究》。2005 年，我的博士论文《电子商务中消费者权益的法律保护》得到史际春教授任专家组长的专家答辩组的高度评价，并顺利取得博士学位。期间，相继发表了《电子商务立法与国家经济安全》、《电子商务法的立法精神》、《行业自律与政府管理的经济法学分析——电子商务活动与电子商务立法》、《网络隐私权保护模式的构建》、《WTO 规则与中国个人信用征信立法的价值取向》、《B2C 电子商务中冷却期制度的国际借鉴》等学术论文，可以说,通过十年的学习和积累,我对该领域进行了一定程度的探索和研究,但是,我深知自己的知识结构、驾驭能力和研究条件十分有限,本书的每一章节虽投注了很大的心力,但疏漏之处在所难免,尚祈同仁不吝指正。

　　我要衷心感谢中国人民大学法学院的敬爱的老师们,师恩浩瀚,没齿难忘。感谢恩师刘文华教授和甘师母,博士生学习的三年,先生传道授业解惑,先生教诲如何做人。我的论文,凝聚着先生大量的心血。从博士论文的选题到大纲的设计,再到内容,都得到了先生的悉心指点。始终牢记先生教诲:"一定要写出法学理论,一定要写出经济法学理论。"先生在百忙之中抽出大量时间仔细审阅全稿,并提出了许多宝贵的修改意见,甚至包括写作文句的通畅和标点符号的运用,令我感动之余不禁汗颜。先生孜孜不倦做学问的精神和严谨的学风将使我终生受益;先生崇高的人格、谦虚豁达的宽广胸怀和学术上取得的公认的成就,将永远激励我努力学习、开拓进取。感谢我的硕士生导师吴宏伟教授和徐师母,他对论题的精要分析和建议使我获益良多,他说,这是个"新"而"难"的问题,微观制度的研究必须到位。感谢徐孟洲教授和王欣新教授,他们对论题的肯定和鼓励是我不断深入写作的巨大动力,在开题报告会上针对我的论题提出的宝贵修改意见,使我的思路逐渐清晰和明确,从最初的大而全的"电子商务中的法律问题研究",逐步深入到"电子商务中消费者权益的法律保护"问题的研究。感谢史际春教授的指点和帮助,请教论文时,他意味深长地说,"多在网上买买东西",的确,实践是检验真理的唯一标准,论文中的诸多探讨,得益于笔者网上购物的亲身体验。感谢周珂教授在经济法专题讲座中,关于和平崛起理论和可持续发展理论的精辟讲解,对论文"电子商务中消费者权益法律保护的立法趋势与展望"章节的写作有诸多促进。感谢办公室的黄晓蓉老师、谭文辉老师和韩松老师，在职读书的我，常常要奔波于人大和北师大之间，有时时间难免冲突，他们不仅给予了充分的理解，而且提供了各种力所能及的便利。还要感谢关心和支持我的李艳芳老师、李延荣老师、朱大旗老师、王宗玉老师、宋彪老师……

我怀着深深的敬意感谢北京师范大学的老师们，在这里的每一刻都使我感到温暖。感谢北师大樊秀萍副校长，她的人格魅力时刻感染着我，对我的关爱和培养促进了我的成长。感谢首都教育经济研究院常务副院长王善迈教授，他对学术孜孜以求、精益求精的态度和对我科研规划的指点使我获益匪浅。感谢时任社科处处长、现任经济与工商管理学院院长的赖德胜教授，申请北京师范大学青年教师社会科学研究基金项目《中国电子商务政策法律环境研究》时，他的热情鼓舞和学术建议，至今仍指导启迪着我的教学科研工作。感谢原经济与工商管理学院院长李翀教授，清晰地记得，2000年底在北师大求职试讲时，他就鼓励我继续深造，并自始至终给予支持和帮助。感谢经济与工商管理学院副院长赵春明教授，他始终关注我的学习、工作和生活，并提出中肯的建议和给予切实的帮助，激励我进步。感谢法学院副院长黄振中教授，他资深的律师经验为我的案例分析注入了活力，促进了本书的理论性与应用性的结合。感谢经济与工商管理学院分党委书记沈越教授，他叮嘱我一定要重视经济法的经济研究与法学研究的结合，实践证明，这是非常重要的。感谢图书馆馆长刘松柏教授的诸多指点和关心。感谢同事兼好友、国际经济与贸易系主任曲如晓教授和仲鑫教授，她们美丽可爱的笑容、真切暖人的鼓励，时时鼓舞着我前进。还要感谢白暴力老师、于然老师、张瑞敏老师、徐星老师、葛玉良老师、刘鼎铨老师、赵敏老师、武美芳老师……，他们对我的关心，也是对我的鞭策，促使我不断努力，再努力。

感谢我的朋友们，感谢中国政法大学民商经济法学院、知识产权研究所主任张楚教授,他对电子商务法的深入研究和一丝不苟的治学态度使我钦佩不已,所赠送的最新的电子商务法书籍,不仅对论文写作产生了直接的推动作用,而且对我是巨大的精神鼓励。感谢北京大学软件学院院长陈钟教授,得知我的写作,他热心推荐关于网络技术和电子支付安全等方面的文章,帮助我解决了很多"技术难题"。感谢北京工业大学经管学院法学系谭柏平博士、黑龙江大学法学院孙毅博士、苏州大学出版社康敬奎编辑、北师大刑事法律科学研究院郭理蓉博士,感谢他们多次与我就本书的写作深入交谈,并提出具有洞察力的意见。感谢北师大 2003、2004、2005、2006 级电子商务专业的易恒锐、万丽等所有的本科生,在《电子商务法》课程的讲授中,师生共同思考碰撞的火花激发了我的写作灵感。感谢清华大学法学院 2009 级本科生刘业帆同学,她协助搜集和翻译的国际资料,促进了本书的国际比较研究和借鉴。感谢人民出版社经济·综合编辑室副主任郑海燕女士,对本书的格式编排给予了非常专业的建议。

　　感谢我的家人,他们是我的坚实后方,感谢他们对我的无比信任和多方面的关爱、帮助。感谢亲爱的爸爸和妈妈,感谢妈妈对我的学习和工作表现出极大的关注和欣赏,感谢她与日俱进的厨艺。爸爸是享受国务院特殊津贴的重点中学优秀校长,他以特有的严谨和热情,投入到我的论文审校中,初稿、二稿和三稿都反复阅读、仔细推敲,大到研究目的、小至遣词造句都精益求精,论文的每一页都渗透了他的辛勤付出。感谢亲爱的公公和婆婆,他们对我视同己出的理解和爱护,对我父母从北安到北京安家的鼎力相助,都让我感激不尽并愿意竭尽孝道。感谢我的哥哥、嫂子和所有的兄弟姊妹,他们不断给予我热情的鼓舞和积极的支持。感谢我的先生张雪枫,他深深的理解和坚定的支持,是我永远的幸运与幸福。感谢我挚爱的儿子——乖巧而灵秀的洋洋,他也是我快乐学习、工作和生活的动力。感谢亚凤二姐,她对洋洋无微不至的关爱和照顾,使我能够安心学习和工作。

　　"书山有路勤为径,学海无涯苦作舟。"我深知,"坚持终生学习,全面提高自身素质"是现代社会对我们的基本要求,我将以更大的激情投入到今后的学习、工作和生活中去,为自己所热爱的教育事业,为所热爱的经济法事业贡献微薄之力!

赵秋雁

策划编辑:郑海燕

封面设计:肖　辉

图书在版编目(CIP)数据

电子商务中消费者权益的法律保护:国际比较研究/赵秋雁 著.
-北京:人民出版社,2010.3
(世界经济重点学科建设丛书)
ISBN 978 - 7 - 01 - 008696 - 5

Ⅰ.电…　Ⅱ.赵…　Ⅲ.电子商务-消费者权益保护法-对比
　研究-世界　Ⅳ.D913.04

中国版本图书馆 CIP 数据核字(2010)第 024181 号

电子商务中消费者权益的法律保护:国际比较研究
DIANZI SHANGWU ZHONG XIAOFEIZHE QUANYI DE
FALÜ BAOHU:GUOJI BIJIAO YANJIU

赵秋雁　著

人民出版社 出版发行
(100706　北京朝阳门内大街 166 号)

北京瑞古冠中印刷厂印刷　新华书店经销

2010 年 3 月第 1 版　2010 年 3 月北京第 1 次印刷
开本:880 毫米×1230 毫米 1/32　印张:9.875
字数:237 千字　印数:0,001-3,000 册

ISBN 978 - 7 - 01 - 008696 - 5　定价:25.00 元

邮购地址 100706　北京朝阳门内大街 166 号
人民东方图书销售中心　电话 (010)65250042　65289539